suhrkamp taschenbuch 1952

Ist die Aushöhlung, das Scheitern, der Zerfall einer Liebe so zwangsläufig wie das Altern, wie der Tod? Der Titel *Unaufhaltsame Entzweiung* könnte das suggerieren; doch schon ein kurzer Blick auf die
AutorInnenliste zeigt, daß es den Herausgebern nicht darum ging,
Belege für ein der Liebe innewohnendes Selbstzerstörungsprogramm
zu sammeln. Eine andere Erfahrung, ein anderer Gedanke leitete die
beiden: Keine Liebe muß zwangsläufig enden, aber jede Liebe, die
endet, wurde von einer »Auszehrung« befallen, der auch mit Willen
nicht beizukommen war, die sich, zunächst fast unbemerkt, einnisten
und ausbreiten konnte.

Nach Verliebtheit und Leidenschaft und nach Zeiten der Beständigkeit nun also Texte über das Auseinandergehen, das keiner der Liebenden mehr abwenden kann. Der vierte Band der Sammlung »Der lange
Augenblick der Liebe« enthält Geschichten über Wunden, die nicht
mehr heilen, über letzte Schnitte, die, obgleich absehbar, doch wie eine
Todesnachricht den Verlassenen treffen: über Lähmung vor und nach
dem Schock des Endes.

Bereits erschienen sind die Bände *Niemandstage der Verliebtheit*
(st 1624), *Ewige Sekunden der Lust* (st 1732) und *Jahre wie nichts*
(st 1870).

Unaufhaltsame Entzweiung

Ein Lesebuch

Herausgegeben und
mit einem Vorwort versehen
von Ulrike Bauer
und Bodo Kirchhoff

Suhrkamp

Umschlagfoto: Thomas Simpfendoerfer

suhrkamp taschenbuch 1952
Erste Auflage 1993
© Suhrkamp Verlag Frankfurt am Main 1993
Quellennachweise am Schluß des Bandes
Suhrkamp Taschenbuch Verlag
Alle Rechte vorbehalten, insbesondere das
des öffentlichen Vortrags, der Übertragung
durch Rundfunk und Fernsehen
sowie der Übersetzung, auch einzelner Teile.
Satz: Uhl + Massopust, Aalen
Druck: Ebner Ulm
Printed in Germany
Umschlag nach Entwürfen von
Willy Fleckhaus und Rolf Staudt

1 2 3 4 5 6 – 98 97 96 95 94 93

Unaufhaltsame Entzweiung

Ist das allmähliche Brüchigwerden, das schleichende Scheitern, ist der Zerfall einer Liebe so zwangsläufig wie das Altern, wie der Tod? – Der Titel *Unaufhaltsame Entzweiung* für den vorletzten Band unserer Sammlung *Der lange Augenblick der Liebe* könnte dies nahelegen. Doch schon ein kurzer Blick auf die Liste der Autorinnen und Autoren zeigt, daß es hier nicht darum ging, Belege für ein der Liebe innewohnendes Selbstzerstörungsprogramm in einem Buch zu vereinen und dadurch den Titel zum Programm zu erheben. »Unaufhaltsame Entzweiung« ist keine These, die wir verifizieren wollten, sondern Ausdruck von Erfahrungen, die jeder schon auf seine Weise gemacht hat, die für den einen böse endeten und für den anderen gut. Die ausgewählten Texte belegen eher diese Vielfalt als einen bestimmten Gang der Dinge. Der Ausgangsgedanke war: Keine Liebe muß zwangsläufig versiegen, aber jede Liebe, die versiegt, wurde schon lange vorher von einer Auszehrung befallen, der auch mit gutem Willen nicht beizukommen ist, die sich, zunächst unbemerkt, zwischen den beiden Liebenden einschleicht und sich dann, wenn sie bemerkt wird, ja, vielleicht gerade weil sie bemerkt wird und sich die Liebenden auf die verschiedenste Art gegen sie wehren, erst recht ausbreitet.

Nach den Geschichten und Romanausschnitten über Verliebtheit und Leidenschaft und über die Zeiten der Beständigkeit jetzt also Beispiele für das Auseinandergehen, das keiner der Liebenden mehr abwenden kann.

Geschichten über das Ende, welches beide, teils gewollt, teils ungewollt, betreiben, das sich sowohl hinterrücks wie auch sehenden Auges vollzieht – eine Entzweiung, die sowohl tragisch ist wie auch komisch, sowohl lähmend wie erlösend, sowohl richtig wie falsch, in jedem Fall aber: menschlich.

In allen ausgewählten Geschichten steht einer dieser Aspekte im Vordergrund, doch nie geht es um ihn allein; gerade beim Thema Entzweiung/Trennung zeigt sich die ganze Zwiespältigkeit des Einzelnen, unabhängig von seinem Alter und seiner Lebenserfahrung, sowenig, wie wir souverän lieben, trennen wir uns auch souverän. Alle Trennungen und damit alle Trennungsgeschichten sind Beispiele für Ohnmacht und Hilflosigkeit, wobei es große Abstufungen gibt; Abstufungen, die sich in der Reihenfolge der Geschichten niederschlagen. Neben der Abwechslung im Hinblick auf Ton, Tempo und Umstände zählte für uns die menschliche Logik im Gang des Sich-Auseinanderlebens: Der Bogen spannt sich von einem kaum faßbaren Gefühl der Entfremdung über den Ehebruch bis hin zur vollzogenen Scheidung mit all ihren Kleinlichkeiten.

Für die Anfänge von Entzweiung steht der Ausschnitt aus dem Roman von Ivan Bunin »Mitjas Liebe« – schon während des Verliebtseins zeigt sich der erste Anfang von Mißtrauen; und von einem tiefen unübersehbaren Einschnitt in eine Beziehung erzählt zum Beispiel Brigitte Kronauer im Roman »Berittener Bogenschütze«: ein Mann sieht seine Frau neben einem anderen in einem Lokal, so entrückt für ihn und so zugewandt dem anderen. Von dem traurigen Nachspiel der Entzweiung handelt dagegen Renate Rubinsteins kurze Erzählung »Das Büchergestell« – wie entwirrt man einen über Jahre entstandenen Knoten aus Besitz? Es gibt aber auch Geschichten von Paaren, die ihre Beziehung Tag für Tag zerstören, ohne sie je aufzulösen, bei denen die Entzweiung das Wesen ihrer Verbindung ist, wie man bei Wang Anyi lesen kann oder in Dalton Trevisans Erzählung »Bei lebendigem Leibe geschunden«. Den Übergang von der Trennung zur Einsamkeit finden wir schließlich in Marlen Haushofers dunkler Erzählung »I'll be glad when you're dead«. Diese Beispiele klingen alle sehr düster, aber es schwingt in dem Band noch etwas anderes mit – etwa das Groteske einer Trennung bei Luigi Malerba; oder das Surreale in der Erzählung von Federigo Tozzi.

Unaufhaltsame Entzweiung enthält Geschichten über Wunden, die sich nicht mehr schließen, und Vernarbungen, vor denen keiner mehr die Augen schließen kann; über finale Schnitte, die, obgleich absehbar, doch wie ein plötzlicher Todesfall den Verlassenen treffen; über die Lähmung vor und nach dem Schock des Endes und über die Gefühle der Erleichterung, ja Erlösung, wenn auf einmal das Schlimmste geschehen ist.

Ulrike Bauer/Bodo Kirchhoff

Ivan Bunin

I

Der letzte glückliche Tag Mitjas in Moskau war der neunte März. So zum mindesten schien es ihm.

Er ging mit Katja um die zwölfte Mittagsstunde den Twerskoj-Boulevard herauf. Der Winter war unversehens dem Frühling gewichen, in der Sonne war es fast heiß. Als ob wahrhaftig die Lerchen angekommen wären und Wärme, Glanz und Freude mitgebracht hätten. Alles war naß, überall taute es, Tropfen fielen von den Häusern, die Hausverwalter hackten das Eis von den Bürgersteigen, warfen den klebrigen Schnee von den Dächern herunter, und überall war es belebt und voll von Menschen. Hochziehende Wolken lösten sich in feinen weißen Dunst auf, verschmolzen mit dem feuchten blauenden Himmel. In der Ferne war der Querschnitt des Boulevards schwarz von Menschen, in gütigem Sinnen thronte Puschkin auf seinem Postament, das Strastnoikloster leuchtete weithin. Aber das beste von allem war doch, daß Katja, die an diesem Tag besonders hübsch war, ganz Treuherzigkeit und traute Nähe atmete, des öfteren mit kindlicher Zutraulichkeit Mitjas Arm nahm und ihm, dem geradezu ein wenig vermessen Glücklichen, der so ländlich ausschritt, daß sie kaum Schritt mit ihm zu halten vermochte, von unten herauf ins Gesicht schaute.

Am Puschkindenkmal sagte sie unvermutet:

»Wie komisch du bist, mit welch lieber jungenhafter Unbeholfenheit ziehst du deinen großen Mund breit, wenn du lachst! Sei nicht gekränkt, eben wegen dieses Lächelns liebe ich dich ja gerade. Und dann auch noch wegen deiner byzantinischen Augen...«

Bemüht, nicht zu lächeln, unterdrückte Mitja ein Gefühl der geheimen Befriedigung wie auch einer leichten Kränkung und antwortete liebenswürdig, indem er auf das Denkmal blickte, das jetzt hoch vor ihnen in den Frühlingshimmel emporragte:

»Was die Jungenhaftigkeit anbelangt, so geben wir, ungeachtet deiner achtzehn Jahre, in dieser Beziehung nicht allzuviel nach. Und einem Byzantiner bin ich so ähnlich wie du einer chinesischen Kaiserin. Ihr seid alle einfach verrückt mit eurem Byzanz, überhaupt mit euren Stilen und eurer Ästhetik. Ich verstehe deine Mutter nicht!«

»Du würdest mich an ihrer Stelle wohl in den Frauensöller einsperren, wie?« fragte Katja.

»Nicht in den Söller, aber ich würde einfach diese ganze sogenannte Künstlerboheme nicht über meine Schwelle lassen, alle diese künftigen Berühmtheiten aus den Ateliers, aus den Theaterschulen«, erwiderte Mitja und bemühte sich, weiter ruhig und nachlässig freundlich zu scheinen. »Du hast mir selbst gesagt, daß Bukowjezkij dich aufgefordert hat, mit ihm im Restaurant ›Strielna‹ zu Abend zu essen, und daß Jegorow dir vorgeschlagen hat, dich nackt zu modellieren, in Gestalt einer sterbenden Meereswoge oder sonstwie, und natürlich fühlst du dich sehr geschmeichelt durch solche Ehre.«

»Trotzdem werde ich auch nicht um deinetwillen der Kunst entsagen«, sagte Katja. »Kann sein, daß ich wirklich abscheulich bin, wie du oft sagst«, fuhr sie fort, obwohl Mitja nie dergleichen zu ihr gesagt hatte, »mag sein, daß ich verderbt bin, aber nimm mich, wie ich bin. Wir wollen uns auch nicht streiten; höre doch auf, mich mit deiner Eifersucht zu verfolgen, wenigstens heute, an solch einem wundervollen Tag! Begreifst du denn nicht, daß du trotz alledem für mich der Beste, der Einzige bist?« fragte sie halblaut und eindringlich, indem sie ihm jetzt gespielt verführerisch mit runden Augen in die seinen blickte, und versonnen zögernd deklamierte sie:

»Es webt Geheimnis zwischen uns,
Und Seel' mit Seele tauscht den Ring...«

Diese Verse berührten Mitja vollends schmerzhaft. Überhaupt war selbst an diesem Tag vieles unangenehm und schmerzlich. Unangenehm war der Scherz über seine jungenhafte Unbeholfenheit: es war nicht das erstemal, daß er ähnliche Scherze von Katja zu hören bekam, und sie waren nicht zufällig – nicht selten zeigte sich Katja bald in diesem, bald in jenem erwachsener als er, nicht selten (und unwillkürlich, das heißt: vollkommen natürlich) trug sie ihre Überlegenheit über ihn zur Schau, und er nahm das voll Schmerz hin, als Anzeichen einer irgendwie geheimen, verderbten Erfahrung ihrerseits. Unangenehm war das »trotz alledem« (»trotz alledem bist du für mich der Beste!«), und daß dieses aus irgendeinem Grund plötzlich mit gedämpfter Stimme gesagt worden war, und besonders unangenehm waren die Verse, der gezierte manierierte Vortrag derselben gewesen.

Allein, selbst die Verse und ihren Vortrag, das heißt, eben das, was Mitja am meisten an den Kreis erinnerte, der ihm Katja wegnahm und seinen brennenden Haß und seine leidenschaftliche Eifersucht erregte, ertrug er verhältnismäßig leicht an diesem glücklichen Tag des neunten März, seinem letzten glücklichen Tag in Moskau, wie es ihn später häufig dünkte.

An diesem Tag, auf dem Rückweg von der Kusnjezkij-brücke, wo Katja bei Zimmermann einige Sachen von Skriabin gekauft hatte, begann sie unter anderm von seiner, Mitjas, Mutter zu reden und sagte lachend:

»Du kannst dir nicht vorstellen, wie ich mich schon im voraus vor ihr fürchte!«

Nicht ein einziges Mal hatten sie bisher während der ganzen Zeit ihrer Liebe die Frage nach der Zukunft berührt, die Frage, womit ihre Liebe enden würde. Und da nun begann Katja plötzlich von seiner Mutter zu reden, und zwar nicht einfach, schlechthin, sondern so, als ob es sich ganz von selbst verstünde, daß seine Mutter ihre zukünftige Schwiegermutter sei...

II

Danach ging anscheinend alles wie früher.

Mitja begleitete Katja ins Studio des »Künstlerischen Theaters«, in Konzerte, in literarische Abende, oder er saß bei ihr in der Kislowkastraße, blieb oft bis zwei Uhr nachts sitzen, nutzte die merkwürdige Freiheit, die ihr die Mutter gewährte, eine immer rauchende, immer ge-schminkte Dame mit himbeerroten Haaren (die schon lange von ihrem Mann, der eine zweite Familie besaß, getrennt lebte). Auch Katja kam zu Mitja, in sein Gast-hauszimmer in der Moltschanowkastraße, und ihre Zu-sammenkünfte verflossen, wie auch früher, in einem fast ununterbrochenen dumpf-schweren Taumel von Küssen. Aber hartnäckig wollte es Mitja so scheinen, als habe etwas Schreckliches seinen Anfang genommen, als habe sich etwas geändert, als beginne sich etwas in Katja, in ihren Beziehungen zu ihm, zu ändern.

Rasch flog jene unvergeßliche Zeit dahin, da sie sich eben erst begegnet waren, da sie, noch kaum miteinander bekannt geworden, plötzlich fühlten, daß es für sie nichts Interessanteres gäbe, als beieinander zu sein, als miteinander zu plaudern (und sei es von Morgen bis Abend), da Mitja sich so gänzlich unerwartet in jener märchenhaften Welt der Liebe fand, auf die er insgeheim seit seiner Kindheit, seit seiner Knabenzeit gewartet hatte. Es war Dezember um jene Zeit – ein frostiger, beständiger Dezember, der Tag für Tag Moskau mit dickem Reif und der dunstig-roten Kugel einer tiefstehenden Sonne schmückte. Die Monate Januar und Februar wirbelten Mitjas Liebe in einem Strudel ununterbrochenen Glückes herum, das schon verwirklicht oder zum mindesten bereit schien, sich jeden Augenblick zu verwirklichen. Doch auch schon damals begann etwas (und zwar öfter und immer öfter) sein Glück zu trüben, zu vergiften. Auch schon damals schien es nicht selten so, als ob es zwei Katjas gäbe: die eine, die Mitja vom ersten Augenblick ihrer Bekanntschaft an inständig ersehnt, begehrt hatte, die andere – die wirkliche, alltägliche, die so qualvoll nicht mit der ersten zusammenfiel. Und dennoch hatte Mitja nichts empfunden, was dem jetzigen Zustand geglichen hätte.

Es ließ sich zwar wohl alles erklären. Die weiblichen Frühjahrssorgen hatten eingesetzt, Bestellungen, endlose Umarbeitungen von diesem und jenem, und Katja mußte in der Tat häufig mit ihrer Mutter zur Schneiderin, zur

Modistin; außerdem stand ihr eine Prüfung bevor – in jener privaten Theaterschule, die sie besuchte. Daher konnten ihr Besetztsein, ihre Zerstreutheit vollkommen natürlich sein. Damit tröstete sich auch Mitja jeden Augenblick. Aber der Trost wollte nicht helfen – was das argwöhnische Herz ihm entgegenhielt, war stärker und fand immer augenfälligere Bestätigung: Katjas innere Unaufmerksamkeit Mitja gegenüber wuchs immer mehr, zugleich damit wuchs aber auch sein Argwohn, seine Eifersucht. Der Direktor der Theaterschule verdrehte Katja den Kopf mit seinen Lobeserhebungen, sie konnte sich nicht enthalten und erzählte Mitja davon. Der Direktor hatte zu ihr gesagt: »Du bist der Stolz meiner Schule« – er duzte alle seine Schülerinnen –, und neben den gemeinsamen Studien begann er sich in der Fastenzeit noch mit ihr allein zu beschäftigen, um bei den Prüfungen mit ihr besonders zu glänzen. Es war aber bekannt, daß er seine Schülerinnen zu verführen pflegte und in jedem Sommer eine von ihnen mit nach dem Kaukasus, nach Finnland oder ins Ausland nahm. Und Mitja begann es sich in den Kopf zu setzen, daß der Direktor jetzt Absichten auf Katja hätte, welche, obgleich sie nicht schuld daran war, dieses wahrscheinlich dennoch fühlte, begriff, und darum schon gewissermaßen in gemeinen, strafbaren Beziehungen zu ihm stand. Der Gedanke daran beunruhigte und quälte ihn um so mehr, als die Verminderung von Katjas Aufmerksamkeit allzu sichtbar war.

Es war, als ob überhaupt irgend etwas sie von ihm abzog. Er konnte nicht ruhig an den Direktor denken. Aber nicht nur der Direktor! Es war, als ob überhaupt irgendwelche andern Interessen die Oberhand über Katjas Liebe gewönnen. Interesse für wen? für was? Mitja wußte es nicht, er war auf alle und auf alles eifersüchtig bei Katja, hauptsächlich aber auf jenes Ganze, das seine Einbildung ihm ausmalte und das heimlich vor ihm schon ihr Leben auszufüllen schien. Ihm war, als ob es sie unbezwinglich von ihm fortzog, irgendwohin, vielleicht sogar zu etwas, woran auch nur zu denken schon schrecklich war.

Einmal sagte Katja halb scherzend in Gegenwart ihrer Mutter zu ihm:

»Mitja, Sie urteilen über Frauen überhaupt wie nach dem ›Domostroi‹, unserm alten Familien- und Haushaltsbrevier! Aus Ihnen wird ein richtiger Othello werden. Daß ich mich nur nicht in Sie verliebe und Sie heirate!«

Die Mutter entgegnete:

»Ich aber kann mir Liebe ohne Eifersucht nicht vorstellen. Wer nicht eifersüchtig ist, der liebt meiner Meinung nach auch nicht.«

»Nein, Mama«, sagte Katja in ihrer beständigen Neigung, anderer Leute Worte nachzusprechen, »Eifersucht ist Nichtachtung desjenigen, den man liebt. Das heißt: wenn man mir nicht glaubt, liebt man mich nicht«, sagte sie und blickte Mitja absichtlich nicht an.

»Aber meiner Meinung nach ist Eifersucht gerade Liebe«, versetzte die Mutter. »Ich habe das sogar irgendwo einmal gelesen. Es wurde einem da sehr gut auseinandergesetzt und sogar mit Beispiel aus der Bibel belegt, wo Gott selbst ein Eiferer und Rächer genannt wird.«

Was Mitjas Liebe anbetraf, so drückte sie sich jetzt fast ausschließlich in Eifersucht aus. Und diese Eifersucht war keine gewöhnliche, sondern, wie es ihm schien, eine ganz besondere. Er und Katja hatten die letzte Schranke der Vertraulichkeit noch nicht überschritten, obgleich sie sich in jenen Stunden, in denen sie allein blieben, allzuviel gestatteten. Und jetzt war Katja in diesen Stunden noch leidenschaftlicher als zuvor. Allein auch dies begann nun verdächtig zu erscheinen und weckte zuweilen in ihm ein entsetzliches Gefühl. Alle Gefühle, aus denen seine Eifersucht sich zusammensetzte, waren entsetzlich, aber darunter war eines, das entsetzlicher als alle andern war, und das Mitja ganz und gar nicht näher bestimmen, ja nicht einmal begreifen konnte und mochte. Es bestand darin, daß jene Offenbarungen der Leidenschaft, die auf sie – Mitja und Katja – angewendet, so selig und himmelsüß, erhabener und schöner als alles andere in der Welt waren, unaussprechlich widerlich wurden und sogar durch irgend etwas widernatürlich schienen, wenn Mitja an Katja und einen andern Mann dachte. Dann erregte Katja ihm brennenden Haß und Widerwillen, sogar körperlichen Widerwillen. Alles, was er Aug' in Auge selbst mit ihr tat, war voller paradiesischer Entzückungen und Keuschheit. Sowie er sich aber nur irgendeinen andern an seiner Stelle vorstellte, veränderte sich alles im Nu – es verwandelte sich in etwas Schamloses, Ekelhaftes, in etwas, das die Begier erweckte, Katja zu erwürgen, und zwar vor allen Dingen gerade sie und nicht den eingebildeten Nebenbuhler.

III

Am Tag der Prüfung, der endlich gekommen war (in der sechsten Fastenwoche), schien sich die Berechtigung von Mitjas Qualen besonders zu bestätigen.

Da sah und beachtete Katja ihn überhaupt nicht, sie war eine völlig Fremde, gehörte nur der Öffentlichkeit.

Sie hatte große Erfolge. Sie war ganz in Weiß, wie eine Braut, und die Erregung machte sie reizend. Sie wurde freundschaftlich und warm beklatscht, und der Direktor, ein selbstzufriedener Schauspieler mit leidenschaftslosen und traurigen Augen, der in der ersten Reihe saß, machte ihr nur zuweilen des größeren Prahlens halber einige Ausstellungen, indem er dabei nicht laut sprach, doch so, daß es im ganzen Saal zu hören war und für Mitjas Ohren unerträglich klang.

»Nicht so abgelesen«, sagte er wichtig, ruhig und so machtbewußt, als ob Katja ganz und gar sein Eigentum wäre, »nicht spielen, sondern erleben«, sagte er scharf betont.

Und auch das war unerträglich. Unerträglich war außerdem der Vortrag selbst, der Beifallsklatschen entfesselte. Katjas Wangen hatten sich mit lichtem heißem Rot gefärbt, ihr Stimmchen brach zuweilen ab, der Atem langte nicht, und das war rührend, bezaubernd. Aber sie trug mit jenem singenden, abgeschmackten Tonfall vor, mit jener Unechtheit und dummen Verständnislosigkeit in jedem Laut, die als höchste Vortragskunst in dem Mitja so verhaßten Kreise galt, in welchem Katja schon mit all ihren Gedanken lebte. – Sie sprach nicht, sondern erging sich die ganze Zeit in Ausrufen voll von einer aufdringlichen schmachtenden Leidenschaftlichkeit –

und Mitja wußte nicht, wohin mit seinen Augen aus Scham für sie. Am entsetzlichsten aber war das Gemisch aus engelhafter Reine und Verderbtheit, das in Katja war, in ihrem erhitzten Gesichtchen, in ihrem weißen Kleid – das auf dem Podium kürzer erschien, weil alle im Saal Sitzenden von unten herauf auf Katja blickten –, in ihren weißen Schühchen und in ihren mit weißseidenen Strümpfen straff bespannten Beinen. »Die Jungfrau sang im Kirchenchor«, rezitierte (sang vielmehr ebenfalls) Katja mit gemachter übertriebener Naivität von einer angeblich englisch unschuldigen Jungfrau. Und Mitja hatte sowohl ein verstärktes Gefühl der Zusammengehörigkeit mit Katja – wie man das immer in der Menge dem gegenüber empfindet, den man liebt – wie auch einer an Haß grenzenden Feindseligkeit, er empfand Stolz auf sie, in dem Bewußtsein, daß trotz allem sie doch ihm angehörte – und gleichzeitig einen herzzerreißenden Schmerz: nein, alles war aus, sie gehörte ihm schon nicht mehr an!

Nach der Prüfung kamen wieder glückliche Tage. Aber Mitja traute ihnen nicht mehr mit der Leichtgläubigkeit wie ehemals. Katja sagte, an die Prüfung zurückdenkend: »Wie dumm du bist! Hast du denn nicht gefühlt, daß ich nur für dich, für dich allein so gut gesprochen habe!«

Er hielt sie auf dem Schoß, küßte vornübergeneigt ihr entblößtes perlmutterweißes Knie, küßte ihre entblößte Brust und schwieg. Er konnte nicht vergessen, was er bei der Prüfung durchgemacht hatte, und mochte nicht bekennen, daß diese Gefühle ihn auch jetzt nicht verließen, daß sie beständig mehr oder minder stark in ihm aufstiegen. Auch Katja spürte seine verborgenen Empfindungen, und einmal, während eines Zwistes, rief sie aus: »Ich begreife nicht, weswegen du mich liebst, wenn alles, deiner Ansicht nach, so schlecht an mir ist. Und was verlangst du denn schließlich von mir?!«

Aber er begriff selber nicht, weswegen er sie liebte, obgleich er fühlte, daß seine Liebe sich nicht nur nicht verringerte, sondern immer mehr wuchs, zugleich mit jenem eifersüchtigen Kampf, den er mit jemandem (nicht vor allen Dingen mit Katja selber?) bestand um ihretwillen, um dieser Liebe willen, um ihre Stärke, die immer angespannter wurde, um ihr Begehren, das sich immer mehr vertiefte.

»Du liebst nur meinen Leib, aber nicht meine Seele!« sagte Katja einmal voll Bitterkeit.

Das waren wieder jemandes andern theatralische Worte, allein bei aller ihrer Albernheit und Abgedroschenheit rührten sie ebenfalls an etwas quälend Unlösliches. Er wußte nicht, weswegen er sie liebte, vermochte nicht genau zu sagen, was er wollte, wünschte... Was hieß das überhaupt – lieben? Darauf die Antwort zu finden, war um so unmöglicher, als weder in dem, was Mitja über Liebe gehört, noch in dem, was er über sie gelesen hatte, auch nur ein klar umgrenzendes Wort über sie gesagt worden war. In den Büchern wie auch im Leben schienen sich alle ein für allemal das Wort gegeben zu haben, immer nur von irgendeiner fast ganz unfleischlichen Liebe zu reden, oder von dem, was sich Leidenschaft und Sinnlichkeit nennt. Seine Liebe aber glich weder der einen noch der andern, so wie auch Katja nicht nur den Charlotte, Gretchen, der Tatjana Puschkins und den Heldinnen Turgenjews nicht glich, sondern ebensowenig den Heldinnen Zolas und Maupassants, ganz wie seine Gefühle nicht den Gefühlen eines Werther, eines Romeo, eines Onegin oder eines jener andern zahllosen Helden glichen, die einfach verführten. Was empfand er für sie? Das, was man Liebe, oder das, was man Leidenschaft nennt? War es Katjas Seele oder ihr Leib, der ihn fast an den Rand einer Ohnmacht, einer vorahnenden Todesseligkeit brachte, wenn er ihr Mieder öffnete und ihren paradiesisch liebreizenden jungfräulichen Busen küßte, der sich ihm mit einer die Seele erschütternden demütigen Ergebenheit, mit der Schamlosigkeit reinster Unschuld enthüllte?

IV

Im April veränderte Katja sich noch mehr, sie war einfach nicht wiederzuerkennen.

Der Erfolg bei der Prüfung spielte seine Rolle dabei. Aber dennoch war es nicht das allein, was sie so veränderte. Zweifellos mußte es noch irgendwelche andere Ursachen haben. Aber Mitja begriff sie nicht, kannte sie nicht und wurde nur stutzig. Wie mit einemmal hatte Katja sich bei Anbruch des Frühlings gewissermaßen in eine junge Dame von Welt verwandelt, die fast jeden Tag in neuen, unauffälligen, aber kostbaren Toiletten glänzte und angeregt beständig irgendwohin eilte. Mitja schämte sich jetzt geradezu seines dunkeln Flurs, wenn sie zu ihm gefahren kam – sie kam jetzt nie mehr zu Fuß, sondern immer angefahren –, wenn sie, seidenraschelnd, den Schleier über das Gesicht gezogen, hastig über diesen Flur ging. Sie war jetzt unveränderlich zärtlich zu ihm, kam aber unveränderlich zu spät und kürzte ihre Zusammenkünfte ab, indem sie sagte, daß sie wieder mit der Mama zur Schneiderin fahren müsse.

»Du verstehst, wir machen jetzt Staat auf Mord und Tod!« sagte sie, ihn mit runden fröhlichen und erstaunten Augen anblitzend, und begriff sehr wohl, daß Mitja ihr nicht glaubte, daß ihre Worte gemacht, verlogen klangen, sprach sie aber dennoch, da es jetzt nichts mehr gab, worüber sie sonst hätten reden können.

Auch nahm sie jetzt den Hut fast nie mehr ab und ließ den Schirm nicht aus den Händen, während sie nur einen fliegenden Augenblick auf Mitjas Bett saß und ihn durch ihre mit seidenen Strümpfen umspannten Waden um den Verstand brachte. Und ehe sie wieder fortfuhr und ihm sagte, daß sie heute abend wieder nicht zu Haus sein würde – wieder mußte sie mit der Mama zu irgend jemandem gehn! –, vollführte sie unabänderlich immer ein und dasselbe, offenbar mit dem Ziel, ihn zum Narren zu machen, ihm die Besinnung zu rauben und ihn für seine »dummen Qualen«, wie sie sich ausdrückte, zu belohnen: sie warf einen heuchlerisch verstohlenen Blick nach der Tür, glitt vom Bett herunter und flüsterte hastig mit maßloser Leidenschaft:

»Nun, küsse mich, küsse mich!«

Und sie umwand fest seinen Nacken, schmiegte sich schlängelnd mit dem ganzen Körper an ihn, und einmal, während eines besonders langen Kusses, tat sie sogar etwas mit ihrer Zunge, drängte sich mit den Schenkeln eng um seine Beine und flüsterte zurückspringend dann hastig:

»Nein, du bringst mich um den Verstand!«

Dieser Kuß machte Mitja vollends stutzig. Wie und wo hatte sie solche Küsse kennenlernen können? Mitja hatte sogar darin noch nicht die geringste Erfahrung – sein erster Winter in Moskau fiel mit seiner ersten Liebe zusammen —, aber er konnte nicht umhin, in vollem Umfang das Unalltägliche, Ungewöhnliche zu verstehen, das Katja tat, wenn sie ihn küßte.

V

Ende April beschloß Mitja endlich, sich eine Erholung zu gönnen und aufs Land zu fahren.

Er hatte sowohl sich selbst wie auch Katja vollkommen zerfoltert, und seine Qual war um so unerträglicher, als es anscheinend gar keine Ursachen für sie gab: was war denn tatsächlich geschehen, was hatte Katja sich zuschulden kommen lassen? Und einmal sagte Katja mit der Entschlossenheit der Verzweiflung zu ihm:

»Ja, reise, reise, es geht über meine Kraft! Wir müssen uns auf eine Weile trennen, unsere Beziehungen klären. Du bist so abgemagert, daß Mama überzeugt ist, du hättest die Schwindsucht. Ich kann nicht mehr!«

Und Mitjas Abreise wurde beschlossen. Mitja aber reiste zu seinem höchsten Erstaunen, obwohl er vor Kummer schier von Sinnen war, dennoch fast glücklich ab.

Kann ich dich anrufen? sagte ich.

Du hast Glück, gab er strahlend zur Antwort.

Zum erstenmal seit Monaten besaß er eine Nummer, wo man ihn erreichen konnte.

Ruf doch mal an, sagte er. Das war ein paar Wochen später. Meine Hoffnung, dadurch, daß ich seine Telephonnummer besaß, unabhängiger zu werden, hatte sich nicht erfüllt. Ich hätte vorher wissen müssen, daß das Gegenteil eintraf. Ich hatte nur zusätzliche Sorgen, seit ich mir auch überlegen mußte, ob ich ihn anrufen wollte oder nicht. Auf keinen Fall wollte ich ihm mit meinen unerfüllten Wünschen zur Last fallen. Das hat niemand gern. Trotzdem habe ich es versucht. Wenn sich jemand meldete, war es eine weibliche oder eine männliche Stimme, die jeweils versprachen, ihm etwas auszurichten. Mit der Zeit war es mir am liebsten, wenn niemand abnahm. Für eine Weile fühlte ich mich dann leicht und frei. Ich mußte nicht mehr darüber nachgrübeln, wann ich mir leisten konnte, es wieder zu versuchen. Außerdem schien mir, daß er jetzt, da das Anrufen an mir war, überhaupt nichts mehr von sich hören ließ.

Einmal hatte er angerufen, als ich in der Schule war, und versprochen, sich wieder zu melden. Um ihn nicht zu versäumen, ging ich von nun an nach dem Unterricht sehr schnell nach Hause. Ich begann mich zu ärgern, wenn die Stunde länger dauerte oder wenn die Straßenbahn auf sich warten ließ, und überlegte mir, ob es nötig war, Brot zu kaufen, oder ob ich es auf morgen verschieben konnte. Neben der Tatsache, daß ich schnell zu

Hause sein mußte, erschien mir alles andere belanglos.

Die Wünsche, die sich bemerkbar machen, wenn man allein ist, und schweigen, sobald der eine da ist, der sie erfüllen könnte. Wie gern würde ich seine Hand in meinem Nacken fühlen, warm und hoffnungsvoll. Und ich kann ihn nicht darum bitten. Es ist etwas ganz anderes, wenn er es nicht von sich aus tut. Eine Welle von Verlassenheit, die sich ausbreitet. Sein Blick, der unterwegs ist. Seine Hand, die an etwas anderes denkt. Sein Kopf von hinten. Sein Rücken, der nicht friert.

Seine Hand hängt aus dem Bett. Sie ist ein wenig braun, diese Hand, sehr fein. Zwei Finger fehlen.

Was willst du, sagt er. Mehr?

Die Hand hängt sehr weit herunter, wenn er schläft. So taucht sie immer wieder in meinem Kopf auf und nimmt andern Bildern den Platz weg, diese Hand. Aber warum sollten andere Bilder besser sein? Sollten sie nicht alle gleich sein?

Worüber rest du am liebsten? hat er mich gefragt.

Willst du die Wahrheit wissen?

Ja.

Da war ich nicht so sicher. Aber ich sagte ihm die Wahrheit.

Über die Liebe.

Er lachte eine Weile. Verstehst du was davon?

Alles, sagte ich, weil ich nicht wußte, was ich sonst sagen sollte.

Trotz seines Lachens hatte er vorübergehend besorgt ausgesehen. Jetzt lächelte er erleichtert.

Du brauchst es nicht zu glauben, sagte ich.

Was?

Ich habe nie Glück gehabt in der Liebe. Nichts als

Fehlschläge, Verirrungen, Falschmeldungen.

Du mußt verrückt sein, sagte er.

Es war seine Stimme. Ich erkannte sie genau. Sie war sehr nah, hatte aber kein Gesicht.

Vielleicht hast du recht, sagte ich fröstelnd, weil es mir Angst machte, mit einer Stimme zu reden, die ihr Gesicht verloren hatte. Ich schloß die Augen und versuchte, mich zu erinnern. Der graue Blick seiner dreieckigen Augen schaute mich auf eine Weise an, die mich sehr traurig machte. Es gelang mir nach einer Weile, die Umrisse seiner Backenknochen hinzuzufügen, und dann suchte ich in meinem Gedächtnis nach den Augenbrauen, die aber nie ganz den richtigen Ausdruck annehmen wollten, so daß ich es erst mit den unteren Partien versuchte. Das hätte ich nicht tun sollen, denn sogleich zerfiel alles, was ich bereits zusammengesetzt hatte, in seine Bestandteile und blieb dann zwischen Bartfetzen, Stirnfalten, einer halben Oberlippenlinie und anderen Bruchstücken liegen. Ich saß vor einem Haufen von Splittern, von denen ich nicht wußte, wohin sie gehörten, und scheiterte mit immer neuen Versuchen, sie zusammenzusetzen.

Ich brachte nicht ein einziges Bild zustande, das ihm ähnlich gesehen hätte.

Trotzdem rief er an.

Ich meldete mich so schnell, daß er einen Augenblick stutzte und ich schon fürchtete, er würde wieder auflegen, weil er mich doch nicht wollte. Dann hörte ich seine wirkliche Stimme. Er lachte und sagte:

Stehst du neuerdings neben dem Telephon und wartest, daß es klingelt?

Ich fühlte, wie ich errötete, den ganzen Rücken hinunter bis zu den Zehen. Er will nicht, daß ich auf ihn warte, ich weiß es. Er will auch nicht, daß ich ans Telephon renne, weil ich hoffe, daß er es ist. Ich muß es in Zukunft anders machen.

Ich darf das Telephon nicht mehr abnehmen. Ich muß warten, bis der Vermieter hingeht, und mir auch dann, wenn er mich ruft, noch Zeit lassen. Wenn ich schon im Treppenhaus bin, darf ich nicht zurücklaufen, wenn es klingelt. Wenn ich allein bin, sollte ich am besten gar nicht abnehmen.

Das wird ihm beweisen, daß ich ohne ihn zurechtkomme. Dann bin ich die Frau, die ich sein sollte. Er wird mich lieben. Die Sehnsucht in seinem Kopf wird so laut rauschen, daß er nicht mehr weiß, was er tut. Er wird den Hörer auf die Gabel werfen und das Telephon zertreten, weil er mich nicht erreichen kann, und wird sich dafür verwünschen, wenn er herausfindet, daß es eine Weile dauert, bis man ein neues Telephon bekommt. Die Telephonzelle wird seine Zuflucht. Sturm und Regen werden ihm gleichgültig sein. Seine Tage werden ein neues Gesicht bekommen. Warten wird er auf den Augenblick, auf die mühselig ausgerechnete Minute, in der er Hoffnung hat, mich zu Hause zu finden. Und wenn es nicht gelingt, wird er mit sich zu Rate gehen, wann frühestens er sich einen neuen Versuch erlauben kann. Während der Arbeit, während längeren Busfahrten, an langen Abenden mit andern wird er unruhig auf die Uhr sehen. Oft wird er glauben, den letzten Termin versäumt zu haben, und in so tiefen Gram versinken, daß er dem Gespräch nicht mehr folgen kann.

Er wird erwägen, sich eine andere Wohnung zu suchen, eine, von der aus er sehen kann, wie ich auf die Straße trete. Er wird am Fenster stehn und warten, bis ich nach Hause komme. Genau fünf Minuten später wird er anrufen.

Will ich das alles?

Ja, das will ich. Genau das. Das einzige, was ich dafür tun muß, ist, das Telephon klingeln lassen, ohne es abzunehmen.

Plötzlich wußte ich, wie sehr er mich liebte.

Meine Gedanken werden vollkommen klar und durchsichtig und ordnen sich wie von selber, während mir all die Zeit, die wir miteinander erlebt haben, noch einmal und noch einmal durch den Kopf geht. Ich weiß, wie schwer Liebe zu ertragen ist. Ich weiß, daß es unmöglich ist, darüber zu sprechen, und nicht nur, weil es keine Worte gibt. Auch nicht, weil Worte das, worüber sie zu sprechen hoffen, in Worte verwandeln. Es ist etwas anderes. Er will nicht, daß ich es weiß. Seine Liebe ist seine Sache. Sie erschreckt ihn, und darum muß er sie vor mir verbergen. Ich weiß, wie es ist, mit den Schrecken der Liebe zu leben.

Es ist besser für ihn, wenn er weniger Zeit hat für mich. Er will nicht unglücklich werden.

Die Zeit der Mißverständnisse ist vorbei. Jetzt kommt die Wahrheit. Ich muß ihn als das nehmen, was er ist. Dieses Bild, das er von sich entworfen hat, um sein Unglück nicht so zu merken, ich glaube nicht mehr daran. Ich liebe das, was darunter ist, sein Unglück, seine Schwäche, seine Einsamkeit. Das muß er wissen. Alles wird gut.

Warum hat er sonst vor meiner Tür gesessen?

Jetzt bin ich auf dem richtigen Weg. Das ist die Sicherheit, die ich suche.

Und dann klingelt es an der Wohnungstür. Ich weiß, daß er es ist, obwohl ich keine Schritte gehört habe oder vielleicht deswegen. Und er ist es.

Er braucht mich.

Nein, der Satz ist nicht von mir. Er sagt ihn.

Es ist sehr wichtig.

Es ist so einfach zu sehen, was er braucht. Er sucht die vollkommene Liebe, um ihn aus dem Grauen eines Lebens herauszureißen, das keinen Boden hat, und um ihm einen festen Platz zu geben. Einen festen Platz, wie ihn der Mensch oft sucht, wo er sich zusammenkauern oder lächeln oder ganz er selber sein kann, ohne daß ihn jemand daran erinnert, daß das nicht möglich ist. Ein paarmal hat er wirklich gelächelt. Es dauert dann meistens nicht lange, bis diese Erinnerung zurückkommt. Ich fürchte, ich war es, die sie zurückgebracht hat. Die Unmöglichkeit des Glücks steht wieder fest. Dazu muß ich gar nichts tun. Jeder Versuch, das zu vermeiden, wäre sinnlos. Dazu hätte ich verschwinden müssen.

Jetzt lächelt er.

Mit seinem Lächeln stimmt etwas nicht.

Du bist es, sage ich und wünsche, ich hätte etwas anderes gesagt. Dieser Satz klingt unbeschreiblich falsch, wenn ich ihn ausspreche.

Drinnen geht er ein paar Schritte, bleibt nachdenklich am Fenster stehen und dreht sich dann zu mir um, immer noch mit diesem Lächeln, das eher einem Aufbruchslächeln gleicht als einer Begrüßung. Es erreicht mich gar nicht. Er lächelt um Haaresbreite an mir vorbei. Mal rechts, mal links.

Er will wissen, wie es mir geht, nickt, schweigt, hört zu, fordert mich aber zum Fortfahren auf, wenn ich stocke.

Ich weiß überhaupt nicht, was ich sagen soll. Wie es in mir aussieht, darf er nicht wissen. So viel Kopflosigkeit behalte ich am besten für mich.

Er will, daß ich weiterspreche, während alles, was mir in den Sinn kommt, bedeutungslos ist oder dadurch, daß ich es sage, bedeutungslos wird, so daß ich mich im Ernst frage, warum ich so viele und vor allem überflüssige Worte in die Sätze stopfe. Damit sie länger werden? Aber vielleicht hat er lieber kurze Sätze.

Lieber wäre es mir, mit ihm zusammen zu schweigen, um Zeit zu haben für das, worüber man nicht reden kann. Aber das Schweigen hat seinen Charakter verändert. Wenn er schweigt, schweigt er an mir vorbei, und ich fühle mich auf eine Art allein gelassen, die ich nur mühsam ertrage.

Er will kein Schweigen. Er will meine Stimme hören, sagt er. Er will, daß ich rede, um seinen eigenen Gedanken nachzuhängen. Das sagt er nicht.

So sitzen wir uns gegenüber, jeder an einer Schmalseite des Tischs. Ich fasse mir ein Herz.

Du verlangst zu viel von mir, sage ich leise.

Nein, das ist nicht wahr, das habe ich nur so gesagt. Er verlangt gar nichts. Wie soll ich es denn sagen? Ich wünschte, er würde sich etwas wünschen. Das wäre leichter. Aber er hat keine Wünsche.

Ich hätte das nicht sagen sollen, denke ich.

Dabei hat er es gar nicht gehört.

Was denkst du? flüstere ich.

Dieser Gedanke ist nicht von mir. Ich höre noch seine Stimme, die mich fragt. Immer wieder. Ob wir durch den Wald gingen oder auf die Straßenbahn warteten, in jedem einzelnen Augenblick wollte er wissen, was ich denke. Bereitwillig habe ich Auskunft gegeben, wohl wissend, daß es vollkommen gleich war, was ich dachte. Jetzt ist das Denken schwieriger geworden. Ich weiß kaum, was ich denken soll. Und es ist ein sonderbares Gefühl zu denken, daß es seine Gedanken sind, die durch meinen Kopf gehen.

Seine Blicke wandern sehr langsam auf dem Tisch umher. In solchen Augenblicken hätte ich mich vor ihn hinstellen und schreien mögen: Ich weiß nichts über dich! Gar nichts! Gar nichts!

Der bloße Gedanke daran, mich schreiend vor ihn hinzustellen, bringt mich zum Schweigen.

Er schweigt auch. Und während seine Blicke auf den Fußboden hinunterwandern, höre ich in Gedanken seine Stimme.

Die Wahrheit liegt im Tresor, sagt sie. Der Satz kommt von weither, aus der Vergangenheit. Wir haben darüber gelacht.

In der Gegenwart sagt er:

Wie spät ist es?

Ich zittere vor Angst, wenn er da ist. Angst schnürt mich geradezu ein und verhindert, daß all das, was in meinem Inneren verborgen ist und verborgen bleiben muß, herausquillt und die Erfüllung meiner Wünsche für immer verhindert. So richte ich mich ein mit der Vergeblichkeit und fürchte mich doch vor dem Augenblick, wo er geht. Den Gedanken, daß er auf die Uhr sieht, ertrage ich kaum noch, und doch nimmt er einen immer größeren Platz in meinem Kopf ein. Freie Zeit benutze ich dazu, Aufbrüche zu erfinden, immer neue, immer andere und dennoch immer wiederholte Abschiede.

Wie gelähmt hocke ich dir gegenüber und versuche, sogar das nicht zu zeigen.

Mir wird schwindlig.

Was fehlt dir? sagt er.

Ich weiß nicht, wie ich es ihm sagen soll. Es fehlt so viel, und ich weiß kaum, was es ist. Nur Wörter fallen mir ein, und in diesem Augenblick, wenn er mich fragt, nicht einmal Wörter. Nichts. Ich muß erst darüber nachdenken. Ich muß es erst in Ordnung bringen. Dann werde ich es ihm sagen.

Es ist zehn vor vier, sage ich.

In meinem Leben machte sich das Gefühl breit, das Wichtigste verschweigen zu müssen. Es war nur erlaubt, über Belanglosigkeiten zu reden. Dann auch das nicht mehr. Alles, was ich zu sagen wußte, war nebensächlich geworden. So kam es, daß ich sehr schweigsam wurde. Unterdessen dachte ich darüber nach, was ich unter diesen Umständen aussprechen konnte. Mein Kopf arbeitete fieberhaft, dachte sich Sätze aus, die er im nächsten Augenblick wieder verwarf, um sich andere vorzustellen. Er erinnerte sich an Sätze, die schon gesagt worden waren und sich bewährt hatten, und hatte dann zu entscheiden, ob er sie wiederholen wollte oder nicht. Es war eine mühselige Arbeit, die mich vollkommen mit Beschlag belegte und andere Tätigkeiten ganz unmöglich machte. Trotzdem verstärkte sich der Eindruck, daß alles, was ich sagte, die Dinge nur schlimmer machte. Die Folge war, daß ich mit der Zeit Zuflucht suchte bei Formulierungen, die von ihm stammten. Sätze, die ich bei früheren Gelegenheiten gehört hatte, suchte ich aus meinem Langzeitgedächtnis zusammen, und ich war überrascht, wie viel ich mir gemerkt hatte. Mit diesem

Sprachschatz versuchte ich mich nun zurechtzufinden. Er merkte es nicht einmal.

Er durfte es auch nicht merken.

Warum muß man immer so lange warten, sagte ich. Begreifst du das?

Ich wußte genau, wie man es sagen mußte. Obwohl mir die schweren Herzens vorgebrachte Leichtigkeit, die zu diesem Satz gehörte, makellos gelang, schaute er mich an, als wäre ich nicht richtig im Kopf.

Nein, das begreife ich nicht.

Er erkannte seine eigenen Worte nicht mehr. Sie kamen ihm einfach unangemessen vor.

Das gewöhnliche Leben läuft in der Außenwelt und erreicht mich nicht. Ich schaue gar nicht hin, atemlos, gehetzt von dem Wunsch, dem Mann, den ich brauche, alles zu sagen.

Ich muß es tun. Und ich muß es laut tun, weil diese Wahrheit, leise gesprochen, zu einer Lüge würde. Er soll mich hören, wie ich bin, laut und nackt und unerträglich. So gehe ich der törichten Zuversicht auf den Leim, es müsse sich eine Formel finden lassen, die Wahrheit hinauszuschreien, ohne ihn zu erschrecken. Dabei wäre eine Andeutung schon mehr, als man sich unter diesen Umständen leisten kann.

Ich kann ohne ihn nicht leben, wiederholt mein Kopf. Oft habe ich versucht, etwas anderes zu denken, aber es dauerte nie lange, bis er ganz von selber auf diesen Gedanken zurückkam, um damit alle andern in die Flucht zu schlagen. Die Unsinnigkeit des Satzes liegt auf der Hand. Und doch ist es die Wahrheit, daß ich ohne ihn nicht leben kann. Die Logik, so nützlich sie sein mag, reicht nirgends hin.

Ich kann ohne dich nicht leben.

Am liebsten hätte ich ihm diesen Satz entgegenge-
schleudert oder zu Füßen gelegt, und zwar sofort, denn
damit verglichen war alles andere eine traurige Lüge.

Es verging kein Tag, an dem ich nicht den gequälten
Blick vor mir sah, mit dem er auf den Satz antworten
würde, weil er ebenfalls eine Lüge war. Da half kein
Lächeln, kein Scherz, keine Vorsicht, keine glückliche
Formulierung. Es gab keine Wahrheit mehr.

Ein versiegeltes Päckchen mit Photos hat er mir gebracht. Es liegt nun in meinem Schrank, weil er glaubt,
daß sie dort am sichersten sind. Darüber, daß meine
Schranktür dauernd aufgeht, kann er nur lachen.

Er wußte nicht, wie lange er weg mußte.

Und woher weißt du, daß ich nachher noch da bin?
sagte ich. Es war ein Zitat, das mir gefiel.

Meinst du das ernst?

Ich wußte es nicht. Kam es denn darauf an, ob ich es
ernst meinte?

Er küßte mich zum Abschied.

Nimm mich mit, dachte ich.

Nun stehe ich am Fenster. Es ist wirklich so, ich stehe
am Fenster. Der Mond ist über den Dächern stehengeblieben. Es ist ein sehr kleiner Mond, der über mich
hinwegstarrt, als könnte er sich an nichts erinnern. Ich
hasse es, hier zu stehen und zu wünschen, ich wäre
anderswo. Ich versuche, an nichts zu denken.

Dann denke ich wieder: Nimm mich mit. Warum
nimmst du mich nicht mit?

Meine Fragen haben sich verändert. Sie sind nicht auf
Antworten aus, ganz im Gegenteil. Warum er mich nicht
mitnimmt, kann ich besser beantworten als jeder andere.

Und von ihm will ich es schon gar nicht hören. Es würde mir nur beweisen, daß er mich weniger liebt als ich ihn. Aber die Frage bleibt. Ich schüttle den Kopf. Was will sie noch. Ich kann sie nicht brauchen. Stumm bleibt sie vor mir stehen. Ich weiß, sage ich. Ich weiß, was du willst. Du bist ein Schrei und willst geschrien werden. Vielleicht hast du recht. Aber nur, wenn niemand zuhört. Und er, er ist der letzte, der ihn hören darf, den Schrei.

Oder doch?

Habe ich mich geirrt?

Vielleicht hat er sich von mir abgewandt, weil ich nicht schreie? Vielleicht ist er enttäuscht, weil er sich etwas anderes wünscht, eine Frau, die ihn braucht? Und ich dachte immer, er haßt es, gebraucht zu werden. Vielleicht braucht er eine Frau, die nicht davor zurückschreckt, lauthals nach ihm zu schreien, wenn sie es ohne ihn nicht aushält? Vielleicht waren all die Mühen umsonst, die Vorsicht, die Scham, die Rücksicht und die Angst? Vielleicht vermißt er genau das und würde mich jetzt lieben, wenn ich ihm nicht das ganze hemmungslose Ausmaß meines Jammers verschwiegen hätte aus Angst, ihn zu erschrecken. Ich wollte ihn nicht verlieren.

Mein Gott, denke ich erschrocken, ich habe es falsch gemacht.

Ich habe mich ganz umsonst gequält. Eine Frau, die nicht den Mut hat, zu ihren Gefühlen zu stehen, kann man gar nicht lieben. Plötzlich verstand ich ihn.

Eine solche Frau ist langweilig.

Vielleicht konnte ich mich noch ändern. Ich fürchtete nur, daß es schon zu spät war dafür.

Zum Abschied blieb er vor meinem Stuhl stehen, er fuhr mit der Hand über die Lehne, über den Stoff, den ich mit viel Mühe von Krusten und Erinnerungen befreit hatte, und sah ihn lange nachdenklich an, um zu sagen:

Was hast du mit deinem Stuhl gemacht?

Ich hab ihn ans Fenster gestellt.

Ich hatte herausgefunden, daß es schön ist, am Fenster zu sitzen, was ich früher nie getan hatte. Darum stand der Stuhl dort. Aber das meinte er nicht.

Warum hast du ihn schwarz gemacht?

Er zog seine Stirn in die Höhe, wobei die Augen etwas weiter aufgingen, die er aber sogleich mit den Lidern zudeckte wie einer, der den Anblick nicht erträgt.

Blau war er schöner, sagte er voll von Erinnerungen, die ich nicht teilen konnte.

Ja, flüsterte ich. Blau hätte er sein sollen.

Er schlug die müden Augen auf und bewegte ein wenig den Körper. Ein intensiver Geruch von Frauenhaar drang in seine Nase; instinktiv drehte er den Kopf und sah, daß seine Frau noch nicht aufgewacht war; die beiden geröteten Wangen sahen aus, als wollte das Blut hervorquellen. Die Bettdecke war hochgerutscht, und die junge Frau lag jetzt auf der Seite.

Sie trug nur ein bis zur Kniebeuge reichendes Wolleibchen, das die bloßen Arme und Beine der Morgenluft aussetzte; die Sonnenstrahlen fielen durch die Gardine auf ihre weißen Beine, so daß es aussah, als perlten Wassertropfen auf ihnen.

»Die Sonne hat schon das Bett erreicht, es ist wahrscheinlich nicht mehr allzu früh«, dachte Jun Shi und gähnte. Er war gestern abend schon recht zeitig zu Bett gegangen und wußte nicht mehr, wann seine Frau zurückgekommen war; jetzt aber fühlte er sich sehr müde, nur weil er heute morgen, nachdem er um drei Uhr aufgewacht war, plötzlich nicht mehr hatte schlafen können; erst als er vor dem Fenster das heraufkommende Morgengrauen sah, war er endlich wieder eingedöst. Aber gerade in diesem Schlummer hatte er mehrere kurze, unzusammenhängende Träume; darunter gab es einen – er erinnerte sich jetzt wieder ungefähr – der kein gutes Omen zu sein schien. Er schloß die Augen wieder und überdachte diese Träume, gleichzeitig ergriff er sachte die Hand seiner Frau.

Träume, es gab Leute, die sagten, sie seien das erneute Auftauchen von traurigen Ereignissen des Tages; andere sagten, sie seien Regungen des Unterbewußtseins, aber Jun Shi glaubte weder das eine, noch das andere. Er sprach immer zu sich selbst: Wenn man über fünfzehn ist, gibt es keine Träume mehr. Seine Frau jedoch war anderer Meinung, und sie pflegte zu erwidern:

»Das gibt es nicht, daß man nicht träumt, vielleicht vergißt man es, wenn man aufwacht und dann wieder einschläft.«

»Du träumst zuviel; nicht nur wenn du schläfst, träumst du, wenn du die Augen aufmachst, kannst du immer noch träumen«, widersprach ihr dann Jun Shi oft.

Jun Shi hatte eben wirklich einen Traum gehabt, womit er nicht gerechnet hatte. Gleichzeitig bewies das doch, daß er früher wirklich nicht geträumt hatte und die Träume also auch nicht vergessen haben konnte. Deshalb versuchte er, sich eifrig daran zu erinnern, um den Traum sofort seiner Frau zu erzählen. Nicht einmal eine solche Kleinigkeit wollte er auf sich beruhen lassen; er wollte nicht, daß seine Frau glaubte, daß er Lügen erzählte, er wollte, daß man ihm jederzeit glaubte, daß sie sich vertrauensvoll an ihn wenden und ihm ihre ganze Seele ausschütten konnte.

Er atmete erleichtert auf, öffnete die Augen wieder und starrte in die auf den Vorhängen tanzenden Sonnenstrahlen, danach zog das auf dem Sofa liegende Kleiderbündel seine Aufmerksamkeit an; kurz darauf flog sein Blick über das ganze Zimmer, um schließlich auf dem Gesicht seiner Frau zu verweilen. Er wußte nicht, warum das Gesicht dieser tief schlafenden Frau jetzt die Augenbrauen zusammenzog und die Lippen fest zusammenpreßte, gerade wie gestern, als sie mit Jun Shi gestritten hatte. In letzter Zeit stimmten sie öfter in ihren Ansichten nicht überein. Xian Xian brachte häufig Einwände gegen die Ansichten ihres Mannes vor und Jun Shi kritisierte immer häufiger das Verhalten seiner Frau. Alle Kritikpunkte waren nach Xian Xians Ansicht einfach aus der Luft gegiffen. Ihre Freundin, Fräulein Li, meinte, dies käme daher, daß Xian Xian in ihrer Gedankenwelt in letzter Zeit Fortschritte gemacht, Jun Shi sich jedoch zurückentwickelt habe. Xian Xian neigte auch zu dieser Feststellung, er aber konnte sich damit absolut nicht einverstanden erklären; im Geheimen haßte er dieses Fräulein Li und er war der Meinung, seine gute Frau würde von ihr aufgehetzt. Gestern hatte er einmal die Gelegenheit wahrgenommen, Fräulein Li sehr scharf zu kritisieren. Was Xian Xian daran am meisten verstimmt hatte, waren folgende Sätze gewesen: »...Fräulein Li führt sich wirklich wie eine heuchlerische Politikerin auf. Tag für Tag geht sie sogenannten politischen Aktivitäten nach. Versteht sie am Ende überhaupt, was Politik ist? Xian Xian, ich habe überhaupt nichts dagegen, daß Frauen sich um Politik kümmern, früher habe ich dich doch sogar sehr energisch dazu ermuntert, und du weißt jetzt wohl in etwa, was Politik heißt. Wenn du jetzt aber wirklich aktiv werden willst, dann reichen dazu erstens deine Fähigkeiten nicht aus und zweitens sind die Voraussetzungen dafür noch nicht geschaffen. Außerdem nimmt dein Fräulein Li diese politischen Aktivitäten genausowenig ernst wie Kino und Tanzen, das ist nichts weiter als ein neumodischer Zeitvertreib von jungen Dämchen. Und wenn sie so daherredet von Frauenemanzipation und gesellschaftlicher Stellung der Frau, ha, sie sollte etwas weniger große Reden schwingen. Wo emanzipiert sich denn dieses Fräulein Li? Was hat sie denn für

eine gesellschaftliche Stellung? Ich kenne ihre gesellschaftliche Stellung genau, sie liegt im Carlton und im
Mondpalast! Und wenn sie jetzt davon faselt, sie sei
nicht zufrieden mit der gegenwärtigen Lage, sie wolle
Revolution, ha, Revolution! Revolution ist doch längst
passé, ich weiß wirklich nicht, was für Wirrköpfe heute
in den Kinos und auf den Tanzböden noch nach Revolution schreien.«

Jun Shis Ausdruck, als er dies gesagt hatte, dieser Ausdruck, mit dem er allen anderen eine Entwicklung ab-
sprach, war für Xian Xian noch schwerer zu ertragen als
seine konservativen Ansichten und seine dauernden Sti-
cheleien, und diesmal wurde sie wirklich böse. Obwohl
er sie hinterher mit sanfter Stimme wieder zu beruhigen
suchte, grübelte Xian Xian noch lange herum.

Jetzt sah Jun Shi, daß seine Frau sogar im Schlaf diesen
Ausdruck hatte, und er erinnerte sich an die gestrige
Angelegenheit; er fühlte, daß sich seine Frau im Geiste
täglich mehr von ihm entfernte und daß er nie wieder
ihrer ganzen Seele habhaft werden konnte. Diese Frau,
die so lange sein Denken und Fühlen beherrscht hatte,
war ihm jetzt schon entglitten, hatte eigene Gedanken
und eigene Ansichten. Und dieser in seiner Selbstein-
schätzung so starke Jun Shi wurde sehr betrübt. Er liebte
seine Frau, ja, er liebte sie immer noch, aber was er am
meisten liebte, war die Frau, die seine Gedanken und sein
Handeln zu ihren Gedanken und ihrem Handeln
machte. Leider waren diese goldenen Zeiten vorbei und
Xian Xian war nicht mehr die Xian Xian von vor zwei
Jahren.

Als er daran dachte, konnte er einen tiefen Seufzer nicht
unterdrücken. Er schloß die Augen wieder und überlegte

noch einmal, wie das Denken seiner Frau sich verändert hatte. Er rief sich ins Gedächtnis, wie Xian Xian vor zwei Jahren, während der Sommerferien auf dem Berg Mogan eigene Ansichten zur Pflicht der Frauen in der Gesellschaft geäußert hatte. War das der Anfang, der zu ihrer heutigen Neigung geführt hatte? Es schien nicht so, denn damals kannte Xian Xian Fräulein Li noch nicht. Dann schien es aber doch wieder so zu sein, denn von da an hatte sie sich wirklich von Tag zu Tag verändert. Im letzten halben Jahr hatte sich schließlich nicht nur ihr Denken gewandelt, sie verlor sogar die gewohnte Erlesenheit und Feinfühligkeit ihres Benehmens.

Ihre Sachen und Kleider lagen überall herum, und plötzlich legte sie ein Verhalten an den Tag, als wollte sie dem Sprichwort nacheifern: »Bei einem Mann, der Großes leistet, achtet man nicht auf Kleinigkeiten.«

Instinktiv öffnete Jun Shi die Augen wieder und warf einen kurzen Blick ins Zimmer. Er sah, daß seine eigene Welt auf den Schreibtisch am Südfenster zusammengeschrumpft war; außer dieser letzten Bastion zeigte das ganze Zimmer Spuren von Unordnung – war Xian Xians Welt.

In seiner niedergeschlagenen Stimmung dachte Jun Shi an all die lästigen Meinungsverschiedenheiten zwischen sich und Xian Xian. Die Ferien auf dem Berg Mogan waren ihre harmonischste Zeit gewesen, der Scheitelpunkt des Glücks. Aber die dunklen Fäden des Schicksals schienen auch damals schon in ihrer beider Leben verwoben; Xian Xians Metamorphose nahm zuerst in Dingen des Geschmacks ihren Anfang, sie wurde allmählich der stillen, geschmackvollen Eleganz überdrüssig, verlangte nach heftigeren Reizen und war deshalb in

Dingen des täglichen Lebens oft anderer Meinung als Jun Shi. Der Kauf eines Kleiderstoffs, ein Kinobesuch oder das Essen in einem Restaurant entwickelten sich zu Anlässen für einen Streit. Jun Shi wollte dies, Xian Xian das, und man konnte sich auch nicht darauf einigen, daß jeder das tat, was ihm gut schien. Jeder verlangte, daß die eigene Meinung die einzig richtige sei. Das Ergebnis war, daß dauernd ein Vorschlag den Umständen zum Opfer fiel. Weil sie beide meinten, daß die Methode: »Jedem, was ihm gut scheint« beide ganz umsonst unbefriedigt ließe, nahmen sie es umgekehrt lieber in Kauf, daß der Reihe nach jeder einmal verlor und einmal siegte. Der Sieger war dann natürlich zufrieden und der Verlierer mußte auch nicht auf unangemessene Rache sinnen, denn der zuckersüße Versöhnungskuß danach war dann eben der Trost für den Verlierer. Solche Streitigkeiten, als sie sich die ersten Male ereigneten, hatten die beiden wirklich ernstlich verärgert, aber sie waren sich auch einig, daß die durchdringende Freude der Versöhnung ein Reiz der Liebe war, den sie nicht missen wollten. Deshalb sagte Jun Shi, nachdem man sich daran gewöhnt hatte, oft zu Xian Xian:

»Diesmal mag es dein Sieg sein. Aber, du hübsches Frauchen, du verhätscheltes Fräulein, du mußt nicht glauben, daß dein Sieg gerecht und dauerhaft ist.«

Und dann schmiegte sich Xian Xian mit einem zärtlichen Lachen eng an Jun Shis Brust und gab ihm einen langen Kuß. Dies war der Preis für ihren Sieg und dies war auch die herzliche Dankbarkeit für das liebevolle Nachgeben ihres Mannes.

Aber es dauerte nicht lange, bis sich auch diese scherzhaften Spiele der Liebe abzuschleifen begannen. Als der

Versöhnungskuß zu einer mechanischen Konvention geworden war, kamen dem Geküßten die Lippen kalt und das Lächeln gekünstelt vor, und der Kummer des Verlierers fraß sich nunmehr im Herzen fest. Außerdem wurde Xian Xian in ihren Behauptungen allmählich immer entschlossener und fast jedesmal war sie es, die gewann. Deshalb blieb den beiden nichts anderes übrig, als das »Jeder nach seinen Vorstellungen«, das ursprünglich keiner gewollt hatte, zu praktizieren. Dies war einer der Gründe, daß von Jun Shis Einflußgebiet im Schlafzimmer jetzt nur noch dieser Schreibtisch übriggeblieben war. Unstimmigkeiten im Denken kamen auch noch langsam hinzu. Es war ein lautloser, betrüblicher Kampf. Nachdem Jun Shi erst einmal seine Kräfte erschöpft hatte, machte er vergebliche Versuche, seine alleinige Überlegenheit im Herzen seiner Frau wieder herzustellen. Xian Xians Herz war zu einer uneinnehmbaren Festung geworden, die hartnäckig seinen Angriffen trotzte; außerdem dehnte sich eine neue Macht darin täglich mehr aus und begann, die alte zu verdrängen. Im letzten Moment hatte Jun Shi oft seine eigene Niederlage gespürt. Er mußte sich eingestehen, daß sein Einfluß auf Xian Xian bald gebrochen sein würde, aber er konnte nach wie vor nicht verstehen, warum er vor zwei Jahren so leicht die Zuneigung seiner Frau errungen und von ihrer Seele Besitz ergriffen hatte, sie jetzt aber unmerklich verlor und ein Wiedergewinnen hoffnungslos schien. Vor zwei Jahren war das Herz seiner Frau wie ein Schwamm gewesen: Jeder seiner Gedanken wurde aufgesogen, und jetzt hatte sich das gleiche Herz unversehens in ein Stück Eisen verwandelt; obwohl er es mit dem stärksten Feuer zu schmieden versuchte, konnte er es nicht erweichen. »Oh du rätselhafte Frau«, dachte Jun Shi oft, wenn er so herumgrübelte. Die einzige Methode, die ihm jetzt noch blieb, war der Spott, in der Hoffnung, daß vielleicht sein beißender Spott Xian Xians eisernes Herz schmelzen könnte. Deshalb wurde Fräulein Li das Ziel seiner Angriffe. Jun Shi nahm es als erwiesen an, daß bei der Verwandlung seiner Frau Fräulein Li eine üble Rolle gespielt hatte. Manchmal glaubte er, Spott sei vielleicht doch nicht die richtige Methode und könnte Xian Xian noch weiter von ihm wegtreiben. Aber außer dieser hatte er keine andere. »Oh du rätselhafte Frau«, konnte er nur immer wieder seufzend denken.

Jun Shi fuhr plötzlich erschrocken hoch. Er schüttelte die Wolldecke ab und rollte sich zum Bettrand; er hatte am Ende ganz vergessen, daß er immer noch die Hand seiner Frau festhielt.

Xian Xian schreckte nun auch hoch. Sie beruhigte sich jedoch sofort wieder, rückte nahe an seine Seite und hob sachte den Kopf. Über die Schulter ihres Mannes blickte sie in sein Gesicht. Jun Shi schloß die Augen und bewegte sich nicht. Er spürte, wie sich ein geschmeidiger Arm auf seine Brust legte. Er fühlte außerdem, wie jemand sein Ohr mit einem feinen Härchen kitzelte. Er lag immer noch mit geschlossenen Augen da und konzentrierte seine ganze Aufmerksamkeit auf das, was nun passieren würde. Bald preßte sich ein warmer Körper an ihn und er hörte deutlich das Klopfen des fremden Herzens. Jun Shi hielt es nun nicht mehr aus, er öffnete die Augen und sah, wie Xian Xian mit beiden Armen ihren Oberkörper aufstützte und ihm ins Gesicht blickte, wie eine Katze, die nach einer sich totstellenden Maus späht. Er mußte unwillkürlich lachen.

»Ich wußte, daß du dich nur schlafend stellst«, sagte Xian Xian mit leichtem Lächeln, während sie sich auf Jun Shis Brust sinken ließ. Fleisch quoll aus ihrem Leibchen und berührte seine Haut; er konnte ein leichtes Zittern nicht unterdrücken. Aber sofort ergriff ein schmerzlicher Gedanke von ihm Besitz: Diese weiche Brust, dieses liebliche Gesicht, diese zusammengezogenen Augenbrauen, diese reizenden Augen, diese wie reife Kirschen lockenden Lippen – alles, all dieses Verführerische, alles gehörte ihm, gehörte wirklich alles ihm. Aber darin verbarg sich sehr tief ein Herz – er spürte noch ihr klopfendes Herz, von dem man bestimmt nicht sagen konnte, daß es ihm gehörte. Er konnte diesen schönen Körper berühren, der Xian Xian hieß, aber außer dieser sichtbaren Xian Xian gab es noch eine unsichtbare: ihre Seele, und die konnte er jetzt schon nicht mehr erfassen. War das die Tragödie der Liebe? Nannte man dies auch ›vom Geliebten verlassen werden‹?

In seine untröstlich schmerzlichen Gedanken versunken, kümmerte er sich gar nicht um Xian Xians zweifelnden Blick. Plötzlich legte sich eine Hand auf seine Augen und die schlanken Finger wurden von den Sonnenstrahlen durchschienen wie eine durchsichtige Koralle. Um das weiche Handgelenk wanden sich dicht nebeneinander drei Reihen eines feinen Perlenarmbandes. Dies war eine Erinnerung an die Sommerferien auf dem Berg Mogan; vor einigen Tagen war die Schnur gerissen und gerade erst wieder repariert worden. Jun Shi zog ganz sanft Xian Xians Hand herunter. Die Perlen fühlten sich eigenartig kalt und glatt an. Seine Seele erbebte plötzlich. Oh dieses erinnerungsträchtige Armband! Dieses unvergeßliche, schon verlorene Glück auf dem Berg Mogan!

Dieses gesegnete Glück, das niemals wiederkehren würde.

Jun Shis niedergeschlagener Blick hing eine Weile unentschlossen an diesen Perlen, dann richtete er ihn plötzlich erregt auf Xian Xians Gesicht. Ihre leicht blinzelnden Augen waren auch gerade gedankenverloren auf ihn geheftet.

»Wann warst du in unserem vergangenen Leben am glücklichsten?« Jun Shi sprach langsam, als ob er jedem Wort eine tiefere Bedeutung geben wollte.

»Ich glaube, daß wir jetzt den Gipfel des Glücks erreicht haben«, antwortete Xian Xian lächelnd und drückte ihren Körper noch etwas enger an ihn.

»Du sollst nicht so unüberlegt darauflosreden. Xian Xian, denke einmal nach, denke einmal genau nach!«

»Nun, das erste Jahr unserer Ehe – das erste halbe Jahr, genauer gesagt, der erste Monat war der glücklichste.«

»Warum?«

Xian Xian lächelte wieder. Sie meinte, eine solche Prüfung sei doch zu sonderbar.

»Warum?! Kein Warum! Das ist nur, weil unsere Erfahrungen damals noch neu waren. Mein Leben davor war wie ein weißes Blatt Papier, auf das damals gerade die ersten Farben aufgetragen wurden. Wenn ich jetzt an mein früheres Leben zurückdenke, erscheint es mir sehr undeutlich und nicht sehr froh. Erst nach unserer Heirat, ich würde sagen, der erste Monat unserer Ehe ... Jetzt kommt es mir so vor, als ob ich mich an jede Kleinigkeit von damals erinnerte.« Jun Shi lächelte und nickte mit dem Kopf. Die Vergangenheit stand ihm jetzt auch wieder vor Augen. Aber sie berührte ihn schmerzlich:

Konnte die vergangene Freude für immer verloren sein, für immer, unwiderruflich?

»Nun, und du? Was meinst du, welcher Tag der glücklichste war?« fragte Xian Xian jetzt ihrerseits. Sie streichelte mit ihrer Hand Jun Shis Haar über der Stirn und ließ das kurze Ende des Perlenarmbandes zwischen seinen Augenbrauen hin und her tanzen.

»Ich will dir nicht widersprechen, aber ich kann dem auch nicht zustimmen. Von mir aus gesehen war das erste Jahr unserer Ehe, oder, wie du sagst, der erste Monat, nur der Anfangspunkt des Glücks, nicht der Gipfel. Ich wollte dich zur idealen Frau machen, damals stand ich gerade am Anfang der Verwirklichung meines Ideals, ich war voller Hoffnung und Begeisterung, aber ich hatte noch nicht das wahre Glück erreicht.«

»Das habe ich nun schon so oft gehört«, unterbrach ihn Xian Xian gelangweilt. Obwohl sie früher bei diesen Worten auch von ›großer Hoffnung und Begeisterung‹ erfüllt gewesen war, wollte sie jetzt einfach nicht mehr hören, daß sie nach einem Ideal ›erschaffen‹ werden sollte.

»Aber du hast doch nie gefragt, ob ich mit meinem Ideal am Ende erfolgreich war oder nicht. Xian Xian, mein Ideal war erfolgreich, aber gleichzeitig auch wieder nicht. In den Sommerferien auf dem Berg Mogan war meine Schöpfung ein Erfolg. Xian Xian, erinnerst du dich noch an die Sache auf dem Felsen neben dem Wasserfall am Silberglockenberg? Du warst sonst eher ein wenig zurückhaltend, aber damals, als wir neben dem Wasserfall saßen, trugst du nur ein Leibchen, gerade wie jetzt. Natürlich ist das nebensächlich, aber es beweist doch, daß meine Schöpfung ein Erfolg war, daß ich mein Ideal verwirklicht hatte.«

Jun Shi hielt plötzlich inne, ergriff ihren Arm und richtete seine Augen fest auf sie. Xian Xian war jetzt ganz rot im Gesicht; sie dachte an die Situation von damals und wunderte sich über sich selbst, warum sie damals überhaupt kein besonderes Bedürfnis nach solchen neuartigen Reizen verspürt hatte. Falls dagegen jetzt... Aber Jun Shi fuhr schon wieder fort:

»Mein Ideal war verwirklicht, aber sofort wieder zerstört. Wir haben den Becher des Glücks schon bis zur Neige geleert. Früher war der Weg unseres Lebens hell und klar, später waren Hell und Dunkel ineinander verwoben. Der Mogan wurde zum Wendepunkt unseres Lebens. Seit wir aus den Bergen zurückgekommen sind, hast du dich allmählich verändert. Du bist du selbst geworden, nicht das Du, das ich nach meinem Ideal aus dir machen wollte. Die Bücher, die ich für dich ausgesucht habe, haben in dir Auffassungen entwickelt, die sich von meinen unterscheiden; ich weiß wirklich nicht, warum das so ist, denn ich glaube nicht, daß es in den Büchern zwei verschiedene Wahrheiten gibt. Xian Xian, du warst außer den Büchern, außer den Gedanken, die ich dir beigebracht habe, noch anderen Einflüssen ausgesetzt, aber du zerstörst dich selbst und du zerstörst auch mein Ideal.«

Jun Shis Gesicht änderte die Farbe, er schloß wieder die Augen. Die Zerstörung seines Ideals machte ihn äußerst niedergeschlagen, die traumhaften alten Geschichten verschlimmerten noch diese Niedergeschlagenheit.

Ein Wintertag, feucht, aber warm, wie sie in Rom nicht selten sind, bevor es zu regnen beginnt. Die Fensterscheiben sind beschlagen und naß, an den Wänden drinnen und draußen rinnt das Wasser herunter, die Plakate lösen sich von den Mauern.

Vittorino Landi muß nicht ins Büro gehen, weil heute der Geburtstag der Königin Elena ist. Es ist noch nicht Mittag, und er hat sich bereits rasiert, mit warmem, dampfendem Wasser, das Seifengeruch verströmt. Danach weiß er nicht, was er tun soll. Vielleicht geht er am Nachmittag ins Theater oder in den Kinematographen. Aber nicht aufs Land hinaus, obgleich er dazu immer Lust hat.

Seine Frau, Enrica, ist zur Via del Lavatore einkaufen gegangen, wo der nächstgelegene Markt ist.

Unversehens und ohne jeden Anlaß fühlt Landi, wie er wahnsinnig wird: sein Kopf dreht sich, er wird benommen, hat Angst hinzufallen. Ist es nicht schon ein Monat, daß er auf die Rückkehr seiner Frau wartet? Vielleicht ist ihr etwas Furchtbares zugestoßen: hat sich die Beine gebrochen oder ist tot. Sie kann nicht mehr nach Hause kommen. Er versucht, seine Gedanken zu ordnen, reibt sein Gesicht. Doch die Angst gräbt so etwas wie eine Höhle in sein Inneres, immer tiefer, schwindelerregend. Seine Stimme ist so schwach, daß er nicht einmal mehr rufen kann. Er fängt an zu weinen.

Als Enrica zehn Minuten später zurückkommt und das Schlafzimmer betritt, erkennt er sie nicht mehr: es ist, als sähe er sie zum ersten Mal. Seine Frau spricht mit ihm, lächelt ihm zu; dann bemerkt sie, daß ihr Mann ganz bleich geworden ist und keinen Ton hervorbringt.

»Oh, mein Gott! Vittorino! Wie fühlst du dich? Fällst du in Ohnmacht?«

Nein: er fängt sich wieder, und das Unwohlsein geht vorüber, als hätte es ihn nie befallen. Allerdings ist er nicht mehr in der Lage, seine Frau so zu lieben, wie er es vor einer halben Stunde noch geglaubt hatte, als sie aus der Wohnung ging.

Seine Frau weint, weil sie dies alles in seinen Augen liest. Ihr Hut sitzt schief, aber ihr kommt gar nicht erst der Gedanke, ihn abzunehmen. Der Schleier hängt schlaff und zerknittert herunter: auch sie hat keinen Atem mehr, um noch ein Wort hervorzubringen. So, wie er sich plötzlich an sie geklammert hat, läßt er sie jetzt wieder los, und es scheint, daß nur wenige Minuten ausgereicht haben, ihr jahrelanges Eheleben zu verändern. Denn es ist ihnen nicht bewußt, daß alles, was Tag für Tag an Gutem und Bösem durch ihre Herzen gegangen ist, irgendwann einmal zum Ausdruck kommen mußte. Daran ist keiner von beiden schuld, und da sie beide gutherzig und treu sind, werden sie alles tun, um sich gegenseitig zu ertragen, in der Erwartung, daß vielleicht eine Zeit wiederkehrt, in der sie sich so gerne haben wie zuvor. Das alles schießt ihnen traumschnell durch den Kopf.

Doch Enrica, die von beiden die schwächere und unvorbereitetere ist, hält ihr Taschentuch vor den Mund und schluchzt. Sie gibt sich alle Mühe, nicht mehr zu weinen, und als ihr das schließlich gelingt, fragt sie: »Willst du heute nicht in eine Trattoria essen gehen? Ich esse hier. Du kannst zurückkommen, wann du willst.«

Landi wundert sich, daß sie glaubt, so mit ihm sprechen zu müssen, und obgleich er überhaupt nicht daran gedacht hatte, auswärts zu essen, antwortete er: »Gut: heute esse ich in einer Trattoria.«

Er nimmt seine Handschuhe und seinen Regenschirm und geht ohne Gruß fort.

Enrica wirft sich bäuchlings aufs Kanapee und heult zwei Stunden lang, bis das Dienstmädchen sie anspricht. Sie leidet sehr, und ihre Augen sind rot unterlaufen, als wäre sie verprügelt worden. Wenn man nur ihren Mund ansieht, weiß man, daß sie viel geweint hat. Ihr ganzer Körper wird von Schluchzern geschüttelt, die noch herzzerreißender sind als ihre Schreie und Tränen.

Landi weiß nicht einmal, welche Straße er nehmen soll. Er geht ein paar Schritte und bleibt dann stehen. Schlamm bleibt an seinen Schuhen haften. Wohin soll er gehen? Er weiß es nicht. Warum sind nur diese Worte zwischen ihm und seiner Frau gefallen? Er weiß es nicht. Sollte er nicht besser auf der Stelle nach Hause gehen und seine Frau in die Arme nehmen? Wäre es nicht besser, sich von ihrem Mund all die süßen Worte ihrer Zärtlichkeit sagen zu lassen?

Der Nebel hat einen Stich ins Gelbliche: das Licht auf den Straßen sieht schmutzig aus. Die Stimmen der Menschen heften sich an ihn wie der Schlamm. Die Kutschpferde sind allesamt mager und erschöpft, ein paar lahmen. Eine abgearbeitet aussehende, runzlige Frau in Lumpen verkauft Tüten mit Nüssen für die Kinder. Ein kleines Mädchen hat sich in einen roten Wollschal gehüllt und verkauft Zeitungen; ihre Hände sind von Frostbeulen angeschwollen. Die Via della Pilotta liegt verlassen da mit ihren vier Bögen, die an den höhergelegenen Garten der Villa Colonna anschließen, an dessen unter Zypressen stehenden, schwarzfleckigen Statuen man erkennen kann, aus wie vielen Stücken sie zusammengesetzt sind. Unter einem der Bögen sitzt eine Bettlerin auf der Straße und ißt. Er geht in die Via Nazionale. Zwei Mädchen betreten untergehakt ein Café, dessen Beleuchtung eingeschaltet ist. Auf den Stufen des Teatro Nazionale stehen ein paar Leute.

Nach der Steigung beim Torre delle Milizie verläuft die Straße dann geradeaus bis zu den roten Mauern der Thermen. An der Ecke der Via Panisperna, unterhalb der Mauern der Villa Aldobrandini, machen zwei Blinde Musik.

Landi geht zum Essen in eine Trattoria, wo er glaubt, wenig bezahlen zu müssen. Er hat zwar keinen Hunger, ißt aber trotzdem. Als er wieder herauskommt, fängt es an zu regnen. Er geht zur Piazza del Quirinale, wo lediglich zwei Wachsoldaten in ihren Häuschen stehen und zweimal zwei Carabinieri, die sich dicht an die Mauer der Consulta gedrängt haben, um so wenig naß zu werden wie möglich.

Der senkrecht aufsteigende Strahl des Brunnens scheint so unbeweglich zu sein wie die beiden Pferde, obwohl er beim Herunterfallen prasselt und spritzt: nur weil er heller ist, kann man ihn von dem Regen unterscheiden, der die ganzen flachen Häuserzeilen verhüllt; man sieht nur die oberen Stockwerke und die überall dazwischen gebauten Kirchen. Die Kuppel des Petersdoms sieht aus, als bestünde auch sie aus Nebel.

Landi geht eilig die Treppe hinunter und kehrt wieder nach Hause zurück. Seine Frau hat sich aufs Bett geworfen und nichts gegessen.

Als sie am Abend wieder miteinander sprechen, scheint es, als hätte sie kein bißchen gelitten. Und ihr gemeinsames Leben beginnt wieder in der gewohnten Weise.

Doch während er weiterhin derartigen melancholischen Kummer verspürt, daß er glaubt, mit dieser Erinnerung nicht mehr weiterleben zu können, wird sie heiter und ausgelassen. An diesem Tag hat sie so furchtbar gelitten, daß sie inzwischen eine andere geworden ist. Sie ist klein und dunkelhaarig, hat lange, für sie und ihr schmales Gesichtchen viel zu lange Wimpern und lächelt unentwegt.

Und wenn sich im Frühling die Luft aufhellt, dann gibt es keinen Sonnenstrahl in der Piazza della Pilotta, der nicht auch in ihr Auge fallen würde. Nun ist sie so weit, daß sie weder zu lieben noch wiedergeliebt zu werden braucht. Sie lebt und damit basta.

Vittorino dagegen würde sie gerne lieben und neidet ihr ihre Heiterkeit.

Einmal kauft er in der Piazza di Spagna einen Strauß Rosen und bringt ihn ihr mit. Doch als er die Blumen ansieht, fragt er sich, weshalb er sie eigentlich gekauft habe.

Seine Frau nimmt sie ihm aus der Hand, stellt sie in eine Vase und dann auf den Tisch, an dem sie essen. Sie hat sich nicht bei ihm bedankt, ja, nicht einmal zu verstehen gegeben, daß sie sich darüber freut. Er kauft einen neuen Rosenstrauß, diesmal wirklich für sie. Jetzt sind beide beruhigt.

Eines Sonntags fahren sie zur Porta San Giovanni. Die Basilika reckt ihre Statuen in die Luft, als wären es riesengroße helle Blumen.

Auf der staubigen Piazza drehen sich drei Karussells mit Spiegeln und Glühbirnen, mit Leuten auf Pferden und in Booten, mit phantastischen und mythologischen Malereien. Auch ihre Melodien drehen sich. Und die Luft ist warm von der Sonne.

Das Straßenpflaster der Via Appia dehnt sich ins Land aus und glitzert, vor allem in der Ferne, wo man eine Pinie anstelle der Hosterien und Häuser sieht. Zahlreiche Arbeiter mit aufgekrempelten Hemdsärmeln machen sich mit Spitzhacken an einem Gleis zu schaffen. Das Land ist flach und ausgestorben, obgleich viele Menschen da sind und von Pferden gezogene Karren mit Schellenbändern. Das Gras wächst so dicht, daß das Land auch unter der Erdoberfläche grün zu sein scheint. Die Luft flimmert darüber wie eine farblose Flamme.

Eine riesige Wolke, in der Mitte durchbrochen und an Sonnenstrahlen aufgehängt, kann sich nicht mehr weiterbewegen.

Enrica und Vittorino sprechen wenig miteinander und wirken abwesend. Aber sie bleiben beisammen. Im Vorübergehen sehen sie sich die Hosterien an. Da denkt er, daß man so nicht mehr weiterleben könne. Er berührt mit einer Hand den Arm seiner Frau und sagt: »Es ist schon beinahe warm heute.«

»Ja, und ich bin müde. Diese Frühlingsluft schwächt die Nerven.«

»Möchtest du, daß wir heute abend in einer dieser Trattorien essen? Wir müssen über so vieles sprechen.«

Enrica entfernt sich fast zwei Schritt von ihm und senkt ihren Kopf. Sie sieht nicht die Enttäuschung auf dem Gesicht ihres Mannes. Doch nach einem Stück Wegs sagt sie: »Wir müssen über gar nichts sprechen.«

»Ich glaube, da täuschst du dich. Aber wenn du nicht willst, werde ich nicht darauf bestehen.«

Sie lächelt: ihre Augen glänzen, und sie blinzelt, weil sie von der untergehenden Sonne geblendet wird.

Die Wipfel der Eukalpytusbäume leuchten, und die Sonnenstrahlen verfangen sich darin wie ausladendes Laub. Auch das Straßenpflaster spiegelt. Die Albaner Berge liegen in einem gleichmäßigen blassen Türkis da. Sie fährt fort: »Wir müssen über unser vergangenes Leben so sprechen, als handele es sich um zwei Personen, die wir vor langer Zeit kennengelernt haben.«

»Enrica, du täuschst dich!«

»Was mich betrifft, täusche ich mich nicht. Ich sage dir, wie ich die Dinge sehe.«

»Enrica! Enrica!«

»Es ist viel besser, zu schweigen.«

Und sie lächelt erneut. Auch ihm wird jetzt bewußt, daß sein Begehren unstet ist und nicht tief sitzt, und das reicht ihm nicht. Sein Wunsch verursacht ihm lediglich eine Art von nervöser Gereiztheit. Auch in seinem Herzen findet er nichts mehr, und es ist sinnlos, seiner Frau etwas einzureden, woran er selbst gern geglaubt hätte. Vielleicht müssen wirklich erst einmal viele Jahre vergehen, aber ohne daß sie dabei älter werden. In Wirklichkeit hat aber auch er keine Fragen mehr an sie. Das ist ganz offensichtlich! Da schämt er sich förmlich, daß er sie hinters Licht hatte führen wollen. Er hat alles verloren!

Enrica sagt zu ihm: »Seit jenem Mal ist es mir nicht mehr möglich, zu glauben.«

Überall um sich herum spürt sie den herrlichen Frühling, und sie würde sogar gerne einen Pflasterstein anfassen, der leicht erwärmt sein muß, einen Pflasterstein, der so süß sein muß wie die Luft. Aber ihr Herz verschließt sich immer mehr, es verweigert sich, es ist kalt.

Selbst der Frühling streift sie wie etwas, das niemals ihr gehören wird, und es kommt ihr vor, als würde ihre Jugend sich verflüchtigen und immer weniger greifbar werden, wie ein Traum, den man just in dem Augenblick vergißt, in dem man ihn sich ganz genau und schärfer noch einprägen will. Ihr Herz zuckt zusammen, was ihr gar nicht recht ist. Und da Vittorino vorhin zweimal ihren Namen gerufen hat, nimmt sie seine Hand und drückt sie ganz fest. Und er fühlt sich weniger einsam.

Die Eukalyptusbäume versinken im Dunkel, die Glocken von San Giovanni läuten, und der Tag vergeht wie der Klang der Glocken. Beide fühlen sie sich traurig und verloren, sie fühlen den Tod. Doch eine Frau, die ihr Kind stillt, erscheint in einer Türe, ganz still und sanft; und da erschaudern sie beide vor sich selbst.

An einem Märzabend kam er bei dem kleinen schwarz-
rosa Tigermaulrestaurant vorbei. Aus Anhänglichkeit
studierte er die Speisekarte und zog damit die Aufmerksamkeit einiger Passanten auf die angekündigten Delika-
tessen. Rechts und links von ihm beugten sich Leute vor,
lasen die Gerichte als wären es Witze, und der Clou blieb
immer der Preis. Er kannte diese Reaktion ja schon, sie
bogen sich vor Lachen über die hohen Geldbeträge für
ein Häppchen, ein Klößchen auf grünem Bett. Er lachte
nicht mit, überschlug, was er in der Brieftasche mit sich
trug und betrat ganz außerplanmäßig das Lokal. Noch
zwei Tische waren frei, einer allerdings davon mit Reser-
vierungsschild. Also zog er sich zurück an den Platz, den
man offenbar von allen am wenigsten leiden mochte,
und richtete die Augen auf den vorbestellten Tisch, das
geschah von allein. Hätte man sich nicht einbilden können, alle Anwesenden warteten auf dieses letzte Paar,
was sollte es sonst sein, wegen der Vollständigkeit? Da er
nicht recht wußte, wie er hier eigentlich gelandet war,
bestellte er ohne Zögern das billigste Hauptgericht und
sah dann seine Fingerspitzen an. Er preßte in alle den
Daumennagel, um ihre Empfindlichkeit zu überprüfen.
Seit einigen Tagen fühlten sie sich taub an, er mußte sehr
heftig drücken, um etwas zu spüren und ärgerte sich, von
den unbekümmerten Leuten draußen hier herein gedrängt worden zu sein: Er mußte damit rechnen, gar
nichts zu schmecken, denn auch auf seine Geschmacks-
nerven war im Moment wenig Verlaß. Mitten im Essen
verlor ein Apfel sein Aroma, reduzierte sich auf seine

pure Konsistenz, war weiter nichts als eine zu vertilgende Masse, und nie kündigte es sich an. Als er aufblickte, saß Marianne an dem reservierten Tisch. Er wollte ihr zuwinken, hatte sich schon halb erhoben, aber etwas hinderte ihn, und das war nicht der Umstand, daß sie einem ihm unbekannten Mann gegenübersaß, sondern die schlagartig übermittelte Unzugänglichkeit ihrer Person, die er zum ersten Mal bei der Ausstellungseröffnung bemerkt hatte. Sie steckte in ihrem neuen, auffälligen Kleid unter einer ihn abweisenden Politur, die sie durchsichtig, aber als harter Lack umgab. Diesmal würde es bestimmt nicht an seinen Fingerspitzen liegen, wenn er Marianne beim Berühren nicht spüren könnte. Und nun wünschte er auch schon, ungesehen zu bleiben, zurückgelehnt, den Teller mit verschiedenen überbackenen Fischstückchen weit von sich geschoben, in einer Lähmung, gebannt, noch ohne Gefühl, es sei denn dem einer Neugier auf ihre Mimik, ihre Bewegungen. Die Lähmung war zunächst so stark, daß es ihm nicht einmal gelang, Marianne wirklich zu sehen. So sehr wurde er erfaßt von dem Eindruck der Abrückung, daß sie vor ihm verschwamm, und doch existierte nichts anderes mehr in diesem Tigermaulsalon als er und in großer Entfernung sie. Die Zeit, die er benötigte, bis er wieder deutlich sehen konnte, versuchte er zu überbrücken durch Vermutungen. Marianne würde lächeln, sie würde den Mann anlächeln, das Stück Fleisch auf ihrem Teller, die Tapeten, eine irritierende Mundstellung, die sie durchhalten würde, bis der Eifer des Gesprächs über sie käme, zum Beispiel, etwas Typisches, die besessene Schilderung der Zurichtungen, die verschiedene Krankheiten, je nach Stadium, an Menschen verursachten, egal, ob sie Salat oder Eis verspeiste dabei. Sie würde sich das Haar raufen, keine Blicke mehr an die Tapeten verschwenden, aber der Reihe nach ihre Schmuckstücke, wie er es liebte, Ringe und Ohrringe, Kämmchen und Ketten ablegen. Sie schien sich stets vorsorglich mit Mengen davon auszurüsten, vielleicht weil sie diese unverfängliche Art öffentlicher Entkleidung ebenfalls schätzte. Ach, Marianne! Sie war zum Greifen nah, wie er sie kannte, wie er sie sich jetzt dicht vor die Augen holen konnte in ihren Eigentümlichkeiten. Mußte er nicht nur die Hand ausstrecken? Er sah wieder klar, und er sah, daß sie kerzengerade auf ihrem Stuhl saß ohne zu lächeln, mit starren Augen und zu beiden Seiten der spitz nach oben ragenden Serviette geballten Fäusten.

Marianne lächelte nicht, und so kam auch nicht der Moment, wo sie aufhörte damit, um eine Beschreibung zu beginnen, gepackt von einem Sachverhalt. Ihre Finger verästelten sich nicht in ihrem schräg frisierten Haar, sie zog keinen Armreif vom Handgelenk, nicht einmal das. Sie sprach nicht, sie betete wohl eher bei unnatürlich geradem Rücken und nun unter dem Kinn gefalteten Händen, wobei aber dazwischen ein freier Raum und also der Kopf ungestützt blieb. Manchmal, sehr selten, sagte sie doch etwas, aber es war kein Reden, kein Erzählen, es war ein Hervorstoßen, eine Beschwörung, eine dringende Bitte, eine ausbrechende Hymne eventuell, ein äußerstes Geständnis, es entrang sich ihr und riß ab. Zu Anfang hatte sich Matthias Roth jedesmal besorgt noch weiter ins Dämmrige seiner Ecke gelehnt, wenn einer der Gäste zur Toilette ging, aus Angst, diese kleine Unruhe könnte ein unwillkürliches Abirren der Augen Mariannes in seine Richtung veranlassen. Jetzt wußte er, daß er nichts dergleichen befürchten mußte, nein, es gab überhaupt keine Chance, weder für ihn noch einen der Anwesenden, in ihren Wahrnehmungskreis einzudringen, mit einer Ausnahme. Den Mann konnte er nicht sehr gut erkennen, aber er sah, und erst jetzt interessierte es ihn, daß er jung war, mit normalen Umrissen und Gesichtszügen, nichts Hervorspringendes, er saß ruhig auf seinem Platz, hielt die Gliedmaßen bei sich und betrachtete die Frau an seinem Tisch abwartend, gelassen, aber beinahe unaufhörlich. Gesammelt, sagte sich Matthias Roth, gesammelt wirkt er, ansonsten weder sympathisch noch unsympathisch. Was geht er mich auch an? Marianne aber! Sie übertrieb. Sie steigerte sich zusehends in etwas hinein, hielt die Augen nicht mehr starr, sondern folgte jeder der sparsamen Bewegungen des Mannes wie verhext, ließ sich keine einzige seiner völlig durchschnittlichen Gesten entgehen. Für ein, zwei Sekunden, mit einer offenbar enormen Anstrengung, gelang es ihr, den eigenen Kopf abzuwenden, ein Befreiungs-, ein Selbstrettungsversuch, als wäre sie betrunken, hielte schnell das Gesicht unter kaltes Wasser, um sich zur Besinnung zu bringen und müsse doch schon im nächsten Augenblick weiter trinken. Hätte nun aber jemand, wie es ihr mit Sicherheit guttäte, kräftig an ihrer Schulter gerüttelt, würde sie ihm wahrscheinlich in die Hand beißen. Er hatte auch nicht den Reflex, ihr zu helfen, oder die Kraft, sich von seinem Stuhl wegzurühren. Ich kann, sagte er sich, hier nur sitzen und sie beobachten, was anderes fällt mir nicht ein. Ich muß sie beobachten, und jetzt beobachte ich, wie sie einen Zettel anstarrt, ein Stückchen Papier, auf das der Mann etwas schreibt. Atemlos heftet sie ihren Blick auf die Schrift, die neben seiner Hand sichtbar wird. Sie sieht es auf dem Kopf, aber das stört sie nicht. Sie verschlingt die Buchstaben mit den Augen, das kriege ich bis hierher mit. Wie sie mit ihrer Hand dahin zuckt und den Zettel an sich nimmt und in ihrem Handteller hält! Erinnert mich das nicht an die mongolischen Papierfriedhöfe der Wüsten- und Steppenklöster, wo man alles Geschriebene, auch mit Buchstaben versehene Birkenrinden aufbewahrte, damit nur ja nichts mit Schriftzügen Bedeckte zerstört wurde? Und nicht auch an Franz von Assisi, von dem mir Fritz erzählte, er hätte nie geduldet, daß irgendetwas Geschriebenes weggeworfen wurde, selbst Schriften der Heiden nicht? Er wischte sich über die Stirn und stieß mit dem Kellner zusammen, der sich gerade zu ihm herabbeugte und fragte, ob mit dem Essen etwas nicht in Ordnung sei. Ah, das Fischgericht, das noch immer unberührt vor ihm stand. Er beruhigte den Mann mit einer Handbewegung, wartete, bis er sich entfernt hatte und zog dann den Teller zu sich heran, griff nach dem Besteck und legte es noch einmal beiseite, sah jedoch nicht auf. Der Appetit blieb aus, aber er verstand, daß es nun von großer Wichtigkeit war, es sich schmecken zu lassen, es durfte zur Zeit gar nichts Wesentlicheres für ihn geben, das war eine Probe aufs Exempel, die ihm nicht schwer fallen durfte, wenn er sich nur recht besann. Aber für die nun folgende Feststellung mußte ihm noch eine kleine, feierliche Pause gegönnt sein: Marianne habe ich endgültig und ohne Widerruf verloren! Er sprach es in Gedanken bis zu Ende aus, Wort für Wort, dachte: wie soll ich so schnell die Lücke füllen, dachte es gleich als nächstes und ohne Frivolität hinterher und sagte sich den Satz noch einmal gewissenhaft auf. Dann begann er zügig mit der Mahlzeit, ließ nichts auf dem Teller zurück als eine ausgepreßte Zitronenscheibe und ein Petersilienbüschel.

»Die Wahl fällt im allerersten Augenblick«, hatte Marianne gesagt, als morgendliche, barfüßige Hirtin, oder war es abends in einem Lokal gewesen, wo sie ihm etwas von ihrer Sehnsucht, eine bestimmte Sorte von Männerkörpern zu streicheln, und wenn es ihr Leben koste, vorgeflüstert hatte. »Die Verführung besteht in Wirklichkeit nur darin, nichts mehr falsch zu machen, keinen Zentimeter vom ausgesandten Leitstrahl abzuweichen!« Ja, ergänzte er nun, mitten in der Vergegenwärtigung ihrer heiseren Stimme, genau das ist die Methode Conrads in seinen Romanen, eine gekonnte Verführung. Keine eigentliche Überraschung ereignet sich nach den ersten bedrohlichen Andeutungen, die sich in der Phantasie des Lesers entfalten werden, und wie hypnotisiert verfolgt er über Hunderte von Seiten weg die Vollstreckung, nichts anderes im Grunde als das, aber das Herzklopfen und Zittern verläßt ihn nicht mehr, bis es soweit ist. Marianne hatte inzwischen doch mit längerem Reden angefangen, aber nichts glich ihren früheren Predigten: Steif saß sie da, die Augen weit geöffnet auf den bequem sitzenden Mann gerichtet. Matthias Roth hätte gern gewußt, was ihr nun plötzlich doch noch so gleichmäßig über die nach einem vorübergehenden Erblassen wieder grellrot geschminkten Lippen kam. Ich habe sie also unwiderruflich verloren! sagte er sich und versuchte, wenigstens ein paar ihrer ehemaligen Litaneien innerlich wieder anzuhören, und während sich einige ihrer Morgensätze einstellten, dachte er, daß er immer angenommen hatte, ihre Phantasien über Obszönität und Unschuld seien viel größer, als je in der Realität von ihr praktizierbar. Aber jetzt, in diesem doch ganz unstrafbaren Dasitzen mit einem fremden Mann, womit er bei Marianne jederzeit hatte rechnen müssen, schien sie beiden Extremen erheblich, tätlich näher zu rücken. »Nie wird es mir gelingen«, hatte Marianne nackt unter dem Oberbett, ja, unter ihrem alltäglichen Federmantel gesagt, »obwohl ich ihre Reize so sehr erkenne, von den wirklich und sofort anziehenden Männern geliebt zu werden. Sie werden mich nie lieben, wie ich es will, sie werden mich höchstens anstaunen als Sonderfall.« »Sich einfach nur hinhalten«, hatte sie geseufzt, »ohne selbst für eine Außenhaut zu sorgen, mit einer das Weiche festigenden Schale versehen zu werden durch den fremden Blick.« »Es ist etwas Empörendes und so Verlockendes, auf ein zu enges Bewußtsein zu stoßen, festgenagelt zu werden, mit einem hochtrabenden oder vulgären Ausdruck und mit dem Rest, der man auch noch ist, den Anblick des Bezeichneten zu genießen!« War das nun endlich ein Anflug von Eifersucht, der ihn drängte, den Mann deutlicher auszumachen und einzuschätzen, bei dem sich Marianne offenbar hüten würde, solche Tiraden von sich zu geben? Ihm hatten sie ja gefallen, diese Marianne am Tisch aber war keine freischwärmende mehr, keine, die über genug Beweglichkeit verfügte, um so rätselhaft lächeln zu können. Er bemühte sich also, den Mann scharf ins Auge zu fassen, es gab eine Sorte von intelligenten Handwerkern, die so aussahen. Wenn Marianne sich vor ihm über athletische Männer begeisterte, hatte sie nie gestattet, daß er sich ihr durch Hinweise – es zählten schließlich doch Erfindungsreichtum, Einfühlungsvermögen – anbiederte. Selbst das hatte ihn stets mehr amüsiert als geärgert. Marianne aß nicht, sie hatte kurz probiert und die Serviette wieder auf den Tisch gelegt. Sie würde nicht wie er – er war absolut sicher – nach einer Weile pflichtschuldig, schon aus Prinzip, das Essen wieder aufnehmen. Ihre Haltung hatte sich nicht gelockert, der Mann aß und lächelte manchmal. Was hatte sie noch gesagt, was gab es noch für Geständnisse, die immerhin, egal, wie sie fortan weiterlebte, sein Eigentum waren, jedenfalls zusammen in der Einzigartigkeit von Umgebung, Umständen, Klang der Stimme, Geruch der Haut? »Bei einem Liebhaber, denke ich mir, kann man alle Abenteuer, die er erlebt hat, am eigenen Leibe erfahren. Nicht stellvertretend, sondern tatsächlich durch ihn. Wozu er Jahre gebraucht hat, so ein Weltumsegler beispielsweise, Südamerikareisender, das holt man sich konzentriert, kompakt, zusammengepreßt in einer Nacht, den ganzen Extrakt. Denn hat nicht alles, Land, Wetter, Gefahren, Lieben und Feindschaften seinen Körper, seinen Willen, sein Gemüt geprägt, und kommt es nicht nur darauf an, es ihm zu entreißen, es behaglich mit dem eigenen Körper nachzufahren, nachzufühlen als lustvollen Abdruck, ohne den geringsten Schmerz, ohne kalten Luftzug, alle Narben nachvollziehbar als reiner Genuß?« So ungefähr hatte sie es ins Zimmer geschmettert und die roten Fersen dabei an den Schienbeinen gerieben und ein bißchen mit den Zähnen geklappert.

Für einen Kontakt mit ihr war jetzt der geeignete Moment gekommen, sie saß allein am Tisch. Der Mann war auf dem Weg zum Klo dicht an ihm vorübergegangen, er jedoch brachte es nicht fertig, ihn offen anzustarren. Marianne, als hätte sie auf die Gelegenheit gelauert, kramte sofort nach einem Spiegel, den sie vor ihrem

Gesicht zur Prüfung aller Gegenden darin verschob. In fast wildem Hin und Her zog sie die Lippen nach, wie sie es schon einmal zwischendurch getan haben mußte. Sie machte das manchmal mitten im Gespräch, routinemäßig, mit kritischer Miene, jetzt tat sie es geduckt, verstohlen, nicht vor den Gästen, die zählten offensichtlich nicht, sondern vor dem abwesenden Mann, als stände schon hier etwas auf dem Spiel, als könnte bereits eine kleine Unregelmäßigkeit ihrer Bemalung seine Zuneigung verringern. Sie warf den Spiegel in die Tasche zurück und hatte sie kaum über die Stuhllehne gehängt, als sie noch einmal danach griff und die Prozedur wiederholte, mit einem nervösen Blick über den Spiegelrand Ausschau haltend, und gerade rechtzeitig schaffte sie es noch, zu ihrer Stellung vor seinem Weggehen zu finden. Noch nie hatte Matthias Roth sie so triumphierend und zugleich so ohne Selbstbewußtsein gesehen, sie hing an einem seidenen Faden, an einer perfekten Lippenkontur und war damit einverstanden, daß es um nichts anderes ging. Nein, das konnte er nicht wissen, aber sie verlor dabei an Reiz, sie minderte ihn durch Fahrigkeit, man ahnte schon einen Zusammenbruch. Sie gefiel ihm so nicht mehr. Und die leise Wut, die sich nun in ihm regte? Marianne stand auf der Kippe. Als er sie kennengelernt hatte, war sie eine andere gewesen. Ach! In einer Wohnung von Freunden hatte sie plötzlich, während einer Unterhaltung den Raum verlassen, und eine Weile später fand er sie zufällig in der Küche stehend, ganz verbogen und still dabei, dann zuckend mit Rücken und Schultern, dann wieder still, in einem wilden Lachen für sich allein, sie ließ sich nicht stören durch ihn, begründete auch das lautlose Gelächter nicht, wischte sich nur am Ende das

Gesicht trocken und fragte ihn vertraulich, ob alles in Ordnung sei mit der Wimperntusche. Unerreichbarer als es den Anschein hatte, saß sie für alle Zeit entfernt von ihm, und er erinnerte sich an ihre Laute in seinen Armen, die ihm die Töne eines Vögelchens im Süden ins Gedächtnis riefen, dieser immer höhere, immer schnellere Schrei, dann absetzend. Würde er jemals, beim Anhören dieses Vogels, wieder an Marianne denken? Er hatte den Verdacht, daß der Ton nur das erste Mal echt war, zufällig entstanden, vielleicht nicht einmal in seinem Bett, vielleicht bei ihrem, Mariannes erstem Mal. Dann hatte sie ihn als Form, als rituelles Erregungszeichen, aber nur für sich selbst, als Beweis, aber nur vor sich selbst, übernommen. Es war ihr zuzutrauen. Mariannes Vogellaute, die außerdem eine Art Flügel für sie waren, auf denen sie sich selbst spiralig vorantrieb, von sich selbst weg auf eine Raserei, eine Offenbarung zu, ohne sie zu erreichen vermutlich, gewiß nicht, ihren unverschämten Erwartungen entsprechend, bei ihm. Im Gegenteil, von einem bestimmten Moment an war er ihr hinderlich beim Beischlaf. Bei ihm, das war klar, erschöpften sich Vergnügen und Absicht in einem Höhepunkt, einem Wohlbehagen dann, nach dem er Verlangen hatte und dann auch wieder nicht, manchmal ein sehr dringendes, aber danach war es eben auch gut. Er war nicht besessen davon. Es blieb für ihn eine kalkulierbare Angelegenheit, lange schon, etwas durchaus Stillbares. Gelegentlich hatte er ihre wütende Verfinsterung während des Geschlechtsaktes unheimlich gefunden, ein bißchen lästig vielleicht sogar, aber doch meistens interessant. Marianne tupfte mit Fingerspitzen und Serviettenzipfel die Mundwinkel vor den ruhigen Blicken des

Mannes, der hatte es wirklich gut, der brauchte nicht das geringste zu tun, alles lief von allein, und so helle war der Bursche jedenfalls, daß er das begriff und beherzigte. Marianne aber, noch nie hatte er das so deutlich erkannt, war ein einziger, unersättlicher, grundsätzlicher Wunsch unter dünner, gespannter Haut.

Am liebsten hätte er sich jetzt erkundigt, mit einem sachlichen Gruß an den Tisch tretend, ob sie schon miteinander geschlafen hätten. Als der neue Galan einmal Mariannes Finger anfaßte, lächelte sie, wahrhaftig! Nur war es nicht ihr altes, bezauberndes Lächeln, sondern ein kindisches, ja blödes Verziehen der Lippen, mein Gott, mußte Liebe, oder was das nun für das Mädchen bedeutete, so abstoßende, Geheimnis und Schönheit zerstörende Folgen haben? Er wollte den Kopf schon angeekelt wegdrehen, als er ihre plötzlich weit nach hinten gebogene, blinkende Kehle sah. Er dachte an die helle Mondsichel und spürte eine heftige Lust, sie zuzudrücken, als sie ihren Hals so hinhielt. Aber das war nur eine unwesentliche, schon erledigte Rückfälligkeit. Sie begann ja schon zu erröten mitsamt der silbrigen Kehle, sie würde bald zu einem roten Ballon anschwellen in ihrem dummen Glück, sie verlor ihre sanfte Kühle und damit ohne Zweifel die vielleicht jetzt noch leidenschaftliche Zuneigung dessen, der sich, ihr gegenüber, in die makellose, kalt schimmernde Mondsichel verliebt hatte. Und dann? Irgendwann hatte Marianne gesagt, sie würde eines Tages zurück in die baumlosen Ebenen gehen, nichts weiter darüber verraten, aber den Satz nicht zurückgenommen. Da stand sie auf, auch der Mann erhob sich, sie gingen schon wieder. So schnell? Das war nicht richtig von ihr, wie sollte man ihr den Weg versperren, wie konnte sie

ihn so abrupt verlassen, er wollte noch ein bißchen zuse-
hen, er war nicht vorbereitet auf diesen raschen Abschied. Wäre sie doch gestolpert, hingestürzt und hätte
sich den Fuß verstaucht! Nein, das war damals Gisela
gewesen und sie hatte ihm dadurch einen schönen Abend
allein mit Hans beschert. Marianne passierte das nicht.
Sie stand hoch aufgerichtet da, auf sehr hohen Absätzen,
ohne zu schwanken, höher als je bei einem Abendessen
mit ihm, sie ging also auf Spitzen, und auch hier konnte
er nicht wissen, ob der Mann das überhaupt wahrnahm,
vielleicht war er ein Trottel? Marianne tat das in erster
Linie für sich selbst, er sah es ihr an, und nun erkannte sie
ihn während eines einzigen, zerstreuten Umherblickens.
Sie zuckte zusammen, sie sah ihm direkt in die Augen. In
den ihren tauchte nicht die Spur eines schlechten Gewis-
sens auf, an ihrem Körper kein Anflug einer Bewegung
auf ihn zu. Sie war bloß zusammengefahren wie bei
einem alten, bekannten Signal, das aber keine Bedeutung
mehr hatte, er war nichts als ein Gegenstand aus einer
vergangenen Welt. Er hatte Marianne verloren, er sagte
es sich ein viertes Mal und stellte fest, daß ihr Begleiter
nicht größer war als er selbst, aber mit einer vollkommenen, klassischen Figur, allerdings ohne das Gesicht eines
Sportlers, ein gar nicht leicht zu entzifferndes Gesicht.
Sie waren verschwunden, und er bemühte sich um eine
gleichgültige Miene, denn er spürte die drohende Annäherung eines Hochschullehrers, der als betagter Professor eine häßliche, aber sehr junge Bibliotheksangestellte
geheiratet hatte. Er erwiderte ihre überaus aufmerksamen Blicke, die ihn auf ein gewisses Entgleisen seiner
Züge in den letzten Sekunden hinwiesen, mit freundli-
chem Verbeugen. Nichts weiter, um nichts auf der Welt

jetzt irgendein Wort mit egal welchem Menschen! Er mußte erst etwas bei sich ergründen. Nach der Trennung von Karin hatte ihn das Endgültige daran nahezu entzückt, bei Marianne konnte er nicht glauben, daß es ihr gelingen würde, sich aus seinem bannenden Bild zu entfernen, es gab etwas, das sie festhielt, er kam nicht dahinter in diesem Augenblick, er wollte es nicht vergessen, er wollte jetzt trauern und sein Glas austrinken. Er wartete geduldig. Es geschah nichts, ihn erfüllte keine Wehmut, kein Schmerz, kein Zorn. Er rief sich Marianne ins Gedächtnis, und sie stand vor ihm in vielen Haltungen, über Monate hinweg, bekleidet und nackt, schlafend, wach und predigend, es nutzte nichts. Eine wirkliche Empfindung stellte sich nicht ein. So radikal also hatte sie ihn verlassen. Ich befinde mich, gestand er sich nun, und es beflügelte ihn ein wenig, es so zu denken, in der Leere, Stille, Einöde außerhalb jeglicher Leidenschaft!

Sehn Sie – sagte sie zu mir –, in diesen leeren Korb da pflanzte mein Mann jedes Jahr die Dahlien. Mit einem Grabstichel machte er ein Loch in die weiche Erde, und ich reichte ihm eine Knolle nach der andern, und er grub sie ein und deckte sie nach und nach zu. Und in der Nacht, wenn er »komm!« zu mir sagte und mich den Kopf auf seine Schultern betten ließ und seinen Arm um mich legte – er sagte nämlich, er könne nicht einschlafen, wenn ich nicht ganz nah bei ihm wäre –, dann spürte ich, obwohl er sich die Hände gewaschen hatte, diesen feinen Geruch nach Erde. Und mein Mann sagte, die Dahlien seien unsere Kinder, so war er nämlich, mein Mann, wissen Sie, voller Einfälle und immer zu Scherzen aufgelegt, damit ich lachen sollte. Jeden Nachmittag goß ich den Korb, und wenn mein Mann von der Arbeit kam, fragte er, obwohl er ja gleich sah, wenn er durch den Garten ging, daß die Erde im Korb feucht war: »Hast du die Dahlien schon gegossen?« und küßte mich dabei. Und sehn Sie, als junge Frau habe ich diese Sorte Blumen nicht gemocht, es sind ja doch eher Blumen, die stinken. Aber wenn ich heute an einem Garten mit Dahlien vorbeikomme oder am Schaufenster eines Blumenladens, dann bleibe ich immer stehen und schaue sie an, und es ist, als ob eine riesengroße und riesenstarke Hand mein Herz packte und es rasch zusammendrückte, und mir wird irgendwie schwindlig.

Sie müssen bedenken, daß mich mein Vater beinahe verfluchte, als wir heirateten; er wollte nämlich nicht, daß ich meinen Mann heiratete, weil mein Mann unehelich geboren war; aber ich war wahnsinnig verliebt und hörte nicht auf ihn, und ein Jahr danach starb mein Vater. Ich dachte, er sei gestorben, weil er alt war, aber im Laufe der Zeit merkte ich, daß es der Kummer über meinen Ungehorsam gewesen war, der ihn umgebracht hatte, und manchmal, wenn mein Mann in der Nacht »komm!« zu mir sagte, hätte ich am liebsten geweint.

Wir waren glücklich und liebten uns, und es ging uns nicht schlecht, weil ich nämlich auch noch arbeitete: ich nähte Kinderkleider und wurde sehr geschätzt im Geschäft, und wir hatten immer etwas auf der hohen Kante, falls wir einmal krank geworden wären... Sie schaun mich an und denken vielleicht, so hat sie immer ausgesehn, nicht wahr? Wenn Sie wüßten, wie hübsch ich war... Als wir miteinander gingen, konnte mein Mann manchmal eine ganze Weile schweigen und mich bloß anschauen, und er streichelte mit dem Finger über meine Wange und sagte, als ob er sich ein wenig schämte, es auszusprechen: »Du mein Liebchen!«... Nicht, daß ich ein sogenanntes auffällig schönes Mädchen gewesen wäre, das nicht, aber ich hatte ganz sanfte, strahlende Augen: wie aus Samt... Sie entschuldigen, aber ich darf darüber sprechen, denn nun ist es ja, als ob ich über eine Tochter spräche, die ich gehabt hätte und die gestorben wäre, wissen Sie. Und ich glaube, das ganze Unglück kam bloß daher, weil ich schon sehr jung zur Frau wurde, wissen Sie, und alles begann, als ich aufhörte eine Frau zu sein. Früher hatte ich bloß ein paar Tage im Monat schlechte Laune, und wenn ich meine schlechte Laune bekam, sagte mein Mann lachend: »Ich weiß schon, was jetzt kommt!«, und er täuschte sich nie. Und damals ungefähr war es, daß mein Mann seine Stelle verlor. Sein Chef hatte Konkurs gemacht, und nachdem er ein paar Monate ganz gedrückt zu Hause gesessen hatte, obwohl ich ihm sagte, er solle ich keine Sorgen machen, weil wir genug besaßen, um den Schlag zu verkraften, begann ihn ein Freund, der Kellner war, zu bereden: Kellnern sei eine gute Arbeit und eine ziemlich leichte Arbeit, und so machte er ihn zum Kellner, obschon mein Mann eher ein Büromensch war.

Als mein Mann sieben oder acht Monate als Kellner gearbeitet hatte, bekam ich Blutarmut, weil ich so viel schaffte und nachts nicht schlafen konnte; Sie müssen nämlich wissen, daß ich auf meinen Mann wartete, wenn er spät heimkam, und nachher konnte ich nur schlecht einschlafen; er wälzte sich nämlich, obwohl er ziemlich gut schlief, immer im Bett herum und zog mir die Decke weg. Wir verkauften das Doppelbett und kauften zwei kleine, und sehen Sie, das brachte uns bereits ein bißchen auseinander. Wenn der Mond schien, sah ich von meinem Bett aus zu ihm hin, und mir kam es vor, als ob er weit, weit weg wäre und wir füreinander schon ein wenig gestorben wären, da wir uns nicht berühren konnten. »Schläfst du?« fragte ich ihn, und wenn er »nein« sagte, war ich beruhigt, weil ich seine Stimme gehört hatte. Und wenn er schon schlief und keine Antwort gab... Wirklich, was einen doch nicht alles unglücklich machen kann, nicht? Und nach und nach bekam ich den Eindruck, daß er sich bloß schlafend stellte, wenn er keine Antwort gab, und ich fing leise für mich zu weinen an, denn wissen Sie, mein Mann arbeitete in einem Café an der Rambla, und da gehen ständig Frauen ein und aus. Eines Nachts weinte ich, weil ich an meinen Vater dachte, der gewissermaßen verlassen hatte sterben müssen, weil er mich wegen meiner Liebe zu meinem Mann verloren hatte, und da stand mein Mann auf und setzte sich zu mir ans Bett und fragte mich: »Was hast du?« Statt daß ich mich beruhigte, brach ich zutiefst betrübt in Tränen aus, und mein Mann legte sich neben mich und schlang seinen Arm um mich und ließ mich den Kopf an seine Schulter legen, wie früher, und sagte: »Übermorgen ist Sonntag, da pflanzen wir die Dahlien, schlaf jetzt, hörst du?« Aber wir konnten nicht schlafen, und wir sahen, wie es Tag wurde, und als er am nächsten Tag von der Arbeit kam, sagte er, er habe Kopfweh und sei sehr müde, und das alles meinetwegen. Ich machte ihm eine Tasse Lindenblütentee, und er wollte sie nicht. Schließlich nahm er ein Aspirin, und er war weiß wie ein Laken.

Einige Tage später sagte er zu mir: »Du kennst doch dieses Mädchen zwei Häuser weiter unten?« »Ich weiß nicht, wen du meinst!«; und ich schaute ihn an, als ob er mir in diesem Augenblick gesagt hätte: »Ich hab mich in sie verliebt!« Ich war am Ende meiner Kraft, obwohl ich nicht wußte, welches Mädchen er meinte und warum er von ihr erzählte. »Die vom Haus der beiden Brüder...« »Ah, jetzt weiß ich, wer; und?« »Also die arbeitet bei mir im Café, als Kassiererin.«

Etwas unterhalb unseres Hauses wohnten zwei Burschen und ein Mädchen – eben die Kassierin –; sie wohnten erst seit drei Jahren dort, und als sie eingezogen waren, war das Mädchen ein ganz junges Ding und sah wie ein Kind aus, und im Sommer trug sie immer ein weißes Kleid, bei dem eine rote Blume auf die Brust gestickt war. Ich weiß nicht, warum ich von jenem Tag an beim Gartentor auf meinen Mann warten mußte. Er kam so gegen zwei, und sobald ich seinen Schatten, ganz klein, am Ende der Straße auftauchen sah, schlich ich hinein. Wenn ich auf ihn wartete, dachte ich manchmal an meinen Vater: als ich klein war, schickte er mich zum Krämer einkaufen und wartete auf mich, aufs Balkongeländer gestützt. Und das mochte ich nicht. Ich konnte fast nicht gehen, weil ich wußte: dort oben stand mein Vater, und seinem Blick entging auch nicht die kleinste meiner Bewegungen. Deshalb ging ich, bevor mein Mann mich sehen konnte, ins Haus und legte mich ins Bett oder nahm meine Näharbeit wieder auf, und wenn er mich beim Nähen antraf, sagte ich, es sei eine dringende Arbeit und ich hätte aufbleiben müssen. Bis ich ihn eines Nachts mit dem Mädchen heimkommen sah, und von jener Nacht an kamen sie immer zusammen nach Hause. Natürlich war das nichts Besonderes, da wir ja so nah beieinander wohnten. Ich dachte gewiß nicht schlecht. Mein Mann war nicht wie die andern Männer und hatte, seit wir verheiratet waren, immer nur mich geliebt. Sie kamen langsam daher, und nie, nie sah ich, daß sie Arm in Arm gegangen wären. Ach nein! Ich fing bloß an, mir Sorgen zu machen. Doch wenn ich sie nicht hätte zusammen heimkommen sehen, wäre mir auch etwas sehr Merkwürdiges nicht passiert, was dann geschah. Mir schien, daß ich meinem Mann im Weg stand, daß irgend etwas anders war, und ohne es zu wollen, fing ich an, ihm auszuweichen. Ich wagte es kaum noch, mit ihm zu reden, aus Angst, ich könnte aus Versehen sagen, daß ich nachts draußen auf ihn wartete. Eines Mittags traf ich das Mädchen beim Bäcker. Sie bemerkte mich nicht einmal. Ich hätte gern gewollt, daß sie mich erkannt, daß sie mich gegrüßt und mir gesagt hätte, sie und mein Mann seien befreundet. »Ihr Mann und ich arbeiten im gleichen Betrieb, und da wir den gleichen Weg haben, gehen wir nachts zusammen heim...« Roser, eine meiner alten Freundinnen, die mir manchmal beim Nähen half, sagte: »Ach, die Männer, je mehr man tut, um so schlimmer. Wenn du alt und verbraucht bist, suchen sie sich eine junge... besser, man macht sich keine Sorgen darum.« Ich hätte ihr am liebsten gesagt: »Weißt du, meiner ist nicht wie die andern; deshalb habe ich ihn ja gewählt. Wenn wir uns anschaun, sehen wir nicht, wie wir sind: wir sehen uns, wie wir waren.«

Eines Nachts kam mein Mann nach Hause und schien ein anderer als sonst zusein. »Was soll denn Maria sagen, wenn sie erfährt, daß du jede Nacht auf mich wartest? Der eine ihrer Brüder sieht dich vom Fenster seines Zimmers aus, und heute hat er es mir gesagt. Er sagt, wenn du uns kommen siehst, würdest du schnell hineinlaufen. Falls du etwa glaubst, ich habe keine Ehre im Leib...« Am nächsten Tag ging ich mittags zum Bäcker, um zu sehen, ob ich wieder das Mädchen dort treffen würde. Erst am dritten Tag begegnete ich ihr. Sie hatte tiefschwarze lockige Haare und sehr dunkle, gleichsam mit Wasser gefüllte Augen. Und als sie der Bäckersfrau sagte, was für Brot sie wollte, sahen ihre Zähne wie zwei Reihen Perlen aus. Und dann wartete ich nicht mehr beim Gartentor auf ihn. Ich wartete auf ihn, das Gesicht gegen die Fensterscheiben gepreßt, im völlig dunklen Zimmer. Und wenn er das Gartentor aufmachte, legte ich mich schnell ins Bett. Und während ich auf ihn wartete – ich weiß, es sind Grillen –, dachte ich, daß er eines Nachts nicht mehr heimkommen und ich ihn nie mehr wiedersehen würde. Denn freilich, wenn eine Frau aufhört, Frau zu sein, dann steigen ihr immer mehr Grillen in den Kopf. Wenn ich meine Arbeit abliefern ging, war ich früher manchmal an dem Café vorbeigekommen, in dem mein Mann arbeitete, und hatte ihm, wenn ich ihn sah, im Vorübergehn zugewinkt; nun aber bemühte ich mich, nicht mehr dort vorbeizugehen, und das fiel mir sehr schwer. Und ich fragte mich: Was ist aus uns geworden? Wir sind einander fremd geworden, und er denkt Dinge, die ich nicht erfahren kann. Und ich fühlte mich sehr einsam. Doch sehn Sie nur: Unmerklich geriet ich vom großen Schweigen ins Jammern. Und sehn Sie, eines Nachts weinte ich, weil ich so viel zu ertragen hatte, und ich bin sicher, er schlief noch nicht und tat so, als ob er mich nicht hörte, und ich sah, wie es Tag wurde, tieftraurig, von niemandem getröstet. Und ich weinte viel, und meine Augen taten mir weh beim Nähen, und ich litt großen, großen Kummer. Und ich war so mager, daß mir der Doktor im Sommer sagte, ich solle zur Erholung aufs Land, und wir gingen nach Premià de Mar. Wir mieteten ein Häuschen. Nach dem Mittagessen bereitete ich das Abendbrot, und dann aßen wir am Strand zu Abend. Und ich war ruhig, weil ich überhaupt nicht an das Kassenmädchen dachte. Ich hatte Sehnsucht nach daheim, wissen Sie. Nach meinem Garten, wo um diese Zeit die Jasminsträucher blühten, solche mit kleinen Blütensternen. Mein Mann hatte auch Heimweh; er jedoch ging jeden Abend ins Café zum Kartenspiel und hatte in Kürze eine ganze Anzahl Freunde.

Eines Nachmittags, als ich an den Strand ging – mein Mann war vorausgegangen und schon eine Weile dort –, fand ich ihn neben einem Mädchen liegen. Als ich ankam, stand das Mädchen auf und begab sich ins Wasser. Mein Mann sagte zu mir, er kenne sie nicht, aber er habe sich zu ihr hingelegt, um zu sehen, was ich für ein Gesicht machen würde, wenn ich ihn neben einem Mädchen sähe. Vor dem Abendessen badete ich, und als ich mich in den Sand setzte, bemerkte ich, daß ich keine jungen Knie mehr hatte; wissen Sie, ich hatte nämlich runde weiße Knie gehabt, und solange unsere Flitterwochen andauerten... hatte mein Mann mich darauf geküßt und gesagt, sie seien wie Seide. Und an diesem Nachmittag, in der untergehenden Sonne, sah ich, wenn ich die Beine ausstreckte, daß ich rechts und links neben den Kniescheiben Runzeln hatte. Mir wurde bewußt, wirklich und wahrhaftig bewußt, daß ich nicht mehr jung war. Denn wissen Sie, früher, wenn ich da einen alten Menschen sah, sah ich ihn so, wie er war, also ohne mir vorstellen zu können, daß er einmal jung gewesen war; als ob die Alten eine Sorte Menschen wären, die schon häßlich und mit Runzeln, ohne Zähne und ohne Haare geboren worden waren. Als wären sie von einer andern Welt. Und in jenem Augenblick sehnte ich mich nach dem Blut; dieses Blut: seinetwegen hatte ich, als ich es zum ersten Mal sah, so sehr weinen müssen, weil ich glaubte, das sei ein Gebrechen, und niemand wolle mich heiraten mit diesem Gebrechen. Denn wissen Sie, ein paar Tage im Monat war ich nervös und gereizt, aber wenn es vorbei war, fühlte ich mich himmlisch und wie neu geboren. Ohne Blut aber ging's mir immer gleich, und zwar eher schlecht. Oder, wenn Sie wollen, weder gut noch schlecht, wie ich zum Doktor sage. Und nachdem ich den Eindruck gewonnen hatte, daß mein Mann mich nicht so sehr liebte, schien es mir nun, daß ich selbst ihn weniger liebte, weil ich ihm nicht zu gefallen vermochte, und daß die Schuld an allem, was geschah – viel war es ja letzten Endes nicht –, ganz bei mir lag. Und wenn ich dachte, daß es meine Schuld war, verspürte ich eine große Zärtlichkeit und den Wunsch, so zu lieben wie vor zwanzig Jahren. Und mit meiner Zärtlichkeit war es an jenem Tag vorbei, als ich sah, daß meine Knie ein wenig alt geworden waren. Und wieder lag ich eine Nacht lang schlaflos da, ausgestreckt in meinem Bett, mit dem Gesicht zur Decke. Und wenn eine Frau derlei Gefühle hat, dann hätte sie gern eine Hand, die ihr die Hand drückt, und eine Stimme, die ganz leise sagt: »Ich versteh dich!« Aber wie soll denn eine Frau wie ich eine Stimme finden, die die nötigen Worte sagt, wenn ich mich doch kaum selbst versteh, begreifen Sie? Und in den letzten Tagen unseres Sommeraufenthalts geschah es mir, daß . . . das Leben ist doch sonderbar, nicht? Statt zu leiden beim Gedanken an jenes Mädchen vom Strand und an das, was mir mein Mann, grinsend übers ganze Gesicht, gesagt hatte, begann ich zu leiden beim Gedanken an unsere Nachbarin. Ich dachte, falls zwischen meinem Mann und ihr etwas war, so wäre das meine Schuld. Denn statt nächtelang über meinen Handarbeiten zu sitzen und Blätter und Margeriten und Tierchen auf Kinderkleidchen zu sticken, hätte ich besser alles liegenlassen und meinen Mann abholen sollen – wie es soundso viele Frauen auf der ganzen Welt tun –, vom ersten Tag an, da ich sie zusammen hatte heimkommen sehen. Naja, jetzt kann ich es ja sagen. Eines Nachts hab ich es getan. Eines Nachts, so gegen zwölf, kämmte ich mich . . . na, und wenn ich Ihnen sage, daß ich mir schon am Nachmittag die Haare gewaschen und Locken gelegt hatte . . . Ich zog eine weiße Bluse an, die ich jahrelang nicht mehr getragen hatte, und einen Faltenrock und ging zur Rambla. Ich stellte mich auf dem Bürgersteig auf der anderen Straßenseite hin; und als erstes erblickte ich, weit weg drüben, ein wenig verdeckt von den Leuten an den Tischen und mehr noch von denen, die kamen und gingen, die Kassiererin, mein Gott, so jung, und die Haare hingen ihr auf die Schultern wie einem Engel, und ich dachte, daß der Augenblick für das, was ich tun wollte, schon vorbei sei und daß es zu spät sei, um da noch etwas zu ändern. Ich spürte, daß die Bluse nicht gut gewaschen und der Rock alt war, und kehrte um. Ich hatte einen Traum... Ich träumte, daß mein Vater zu unserem Haus kam und ein kleines Mädchen hinter ihm herlief, von dem ich zuerst glaubte, ich sei es. Und mein Mann sagte zu mir: »Das macht nichts, wenn er kommt, er ist so lustig, dick wie er ist...« Und mein Mann und das Mädchen verschwanden auf einmal, und ich blieb allein mit meinem Vater, und wir gingen eine Steintreppe hinunter und kamen an einen Strand mit ganz feinem Sand, und da standen hin und wieder niedrige viereckige Holzpfähle, und auf jedem Pfahl lag ein toter Fisch, und mein Vater schlug einen mit der Hand herunter, und der scheinbar tote Fisch atmete, und ich hörte ihn atmen. Und mein Vater sagte zu mir: »Den essen wir zum Abendbrot«, und dann begannen wir eine Leiter hochzu- steigen, so eine wie im Zirkus, die ganz steil sind und als Stufen Sprossen haben. Ich trug unter jedem Arm eine volle schwere Wasserflasche und stand, während ich die Leiter hochstieg, die größten Ängste aus, daß sie mir ja nicht hinunterfielen. Und mein Vater, der vorausging, kommandierte: »Auf, hochgestiegen, hoch...« Als wir zuoberst ankamen, mußten wir auf ein Dach springen. Als ich sprang, fiel mir eine Flasche hinunter, und mein

Herz stand still. »Ich hab jemanden umgebracht!«
dachte ich. Und mein Vater löste sich sozusagen auf, und
ich fand mich auf einem Dorfmarkt wieder, mitten auf
einem Platz. »Ich muß Obst kaufen für meinen Vater...« Ich stand vor einer Auslage mit Äpfeln, und die
Verkäuferin bediente mich lange nicht, und ich war
beunruhigt und hatte Angst, mich zu verspäten. Ich
drehte mich um, und mein Mann stand hinter mir und
lachte wie verrückt. »Siehst du«, sagte ich zu ihm, »wenn
du nur mein Freund bist, ist mir das genug... aber ich
muß meinem Vater das Obst bringen. Wenn das nicht
wäre, könnten wir spazierengehen.« Und da spazierten
wir plötzlich über eine sehr niedrige Brücke, und ich
hatte die Tüte mit den Äpfeln schon weggeworfen. Unter
der Brücke war das Wasser durchsichtig wie Glas und
still; an einer Stelle im Wasser stand eine Reihe Fische in
allen Farben, es waren aber sehr blasse Farben. Ein
Mann sagte: »Schauen Sie sie genau an. Die sind alle tot.
Sind einer nach dem andern heute nacht gestorben.«
Und schließlich befand ich mich in einem Haus, in dem
ein Fest gefeiert wurde. Das Haus war wie ein Hotel, und
durch die Korridore liefen geschäftige Leute und Kellner
mit Tabletts voll Essen, und ich konnte nicht einen
Schritt tun. Unter Stoßen und Drängen gelangte ich in
einen Speisesaal, und dort saß Roser am Tisch, meine
Freundin, von der ich Ihnen erzählt habe, daß sie manchmal für mich arbeitet, und ich fragte sie: »Hast du vielleicht meinen Vater gesehen?« In diesem Augenblick
fuhr wie ein Blitz mein Mann vorbei. »Nein, ich hab ihn
nicht gesehen, er war sehr müde, und ich weiß nicht, wo
er abgeblieben sein mag.« Und eine Stimme begann, den
Namen meines Vaters zu rufen, sehr laut, schnell, eine

ganze Zeitlang. Und dann erblickte ich einen riesig dik-
ken Krüppel mit einer Pappnase, der taumelnd näher
kam. Während er herankam, sah ich seine Hände. Es
waren kleine Hände, wie die eines Kindes, ganz blau, mit
kurzen, stark geschwollenen Fingern. Ich weiß nicht,
wieso ich beim Anblick der Hände erriet, daß dieser
Krüppel mein Vater war; so gut ich es konnte, zog ich
ihm die Pappnase ab und nahm ihn auf den Arm, als ob
er ein kleines Kind wäre, und er war federleicht. So ging
ich durch die Korridore dieses hotelartigen Gebäudes,
und ich wachte auf... Und niemand konnte mir sagen,
was dieser Traum bedeuten sollte... doch hinterließ er
mir ein sehr schlechtes Gefühl.

Als wir aus den Ferien zurückkamen, sah der Garten
zum Erbarmen aus. Roser war zwar bisweilen zum Gießen gekommen, aber die Sonne hatte die empfindlich-
sten Pflanzen verbrannt, solche, die jeden Tag Wasser
brauchen... Mein Mann und ich machten uns ernsthaft
daran, den Garten neu herzurichten; wir ließen Dung
bringen, pflanzten die Dahlien, mit ein wenig Verspä-
tung, könnte man sagen, und nach vierzehn Tagen sah
der Garten wie der eines herrschaftlichen Hauses aus. In
jenem Jahr, dem letzten, blühten die Dahlien so mächtig,
daß jede Blüte wie ein Kinderkopf aussah. Es gab sie in
allen Farben, wissen Sie. Blutrote, gelbe, weiße und ro-
safarbene, von einem solch zarten Rosa, daß jedes Blatt
wie ein Seidenband aussah. Und am Tag, als die erste
Dahlie aufging – es war eine steinharte Knospe gewesen
–, erfuhr ich, die Bäckersfrau erzählte es mir, daß unsere
Nachbarin, die Kassiererin, heiratete. Und zufällig sah
ich die Hochzeit, weil ich auf die Straße gegangen war,
um den Bürgersteig zu kehren. Sie trug ein marineblaues

Jackenkleid, weiße Schuhe und weiße Handschuhe und einen Lilienstrauß, der mit lauter herabhängenden Bändern umwunden war. Lachen Sie nicht, aber ich ging singend und so von Freude erfüllt in den Garten, daß ich mit der Hand über jede einzelne Dahlie streichelte und sie liebkoste, als wären es meine Kinder. Den ganzen Tag lang war ich glücklich, so glücklich, daß es sich nicht mit Worten sagen läßt. Nähen war mir nicht möglich, ich ging von einem Zimmer ins andere und räumte auf. Ich deckte die Betten wieder ab, die ich bereits gemacht hatte, bezog sie mit frischen Leintüchtern und legte die seidenen Bettdecken auf. Ich richtete einen kleinen Nachtimbiß her, wenn mein Mann dann heimkommen würde. Ich legte die gestickte Decke auf das Tischchen beim Fenster und machte einen Pudding.

Als mein Mann kam, hatte ich alle Lichter im Haus brennen und war müde, und sobald ich ihn sah, sank auch schon mein ganzer Mut. Er kam herein und schloß die Tür mit einer solchen Mattigkeit, daß ich zuerst dachte, er sei krank. Er ging ins Schlafzimmer, und ich hinterher, ohne den Mund aufzutun, als wäre ich sein Schatten. Er zog seine Jacke aus, legte sie aufs Bett, ging dann zum Fenster und blieb dort stehen, wie ein Stück Holz. Ich wagte nicht, etwas zu sagen. Ich nahm die Jacke, und ich erinnere mich, daß ich auf Zehenspitzen ging, als ob ich im Augenblick der Wandlung in die Kirche eingetreten wäre; und ich hängte die Jacke an den Kleiderhaken hinter der Tür. Und dort stand mein Mann, still, mit dem Gesicht zum Garten und mit dem Rücken zu mir. Ich ging zu ihm, und ohne mir auch nur Zeit zu lassen, ihn zu fragen, was er habe, drehte er sich um und umarmte mich, und wissen Sie, er weinte ... Und er weinte untröstlich, wie ich in jenen Nächten, da ich so traurig gewesen war. Gesagt hat er nichts zu mir, nein. Ich fragte ihn, warum er weine, und er mochte mir nicht einmal Antwort geben. Schließlich beruhigte er sich und sagte: »Komm, laß uns schlafen gehn...« Und er war wie ein kleines Kind und tat mir so leid...

Erst viele Tage später erriet ich die Wahrheit, wissen Sie. Und wenn ich ihn fragte, warum er in jener Nacht geweint habe, machte er ein böses Gesicht und wurde wütend. Und viele Tage und Wochen lang konnte ich es mir nicht verkneifen, ihn hie und da zu fragen, warum er in jener Nacht geweint habe, und es brachte mich zur Verzweiflung, daß er mir nicht sagen wollte, warum er geweint hatte, und dann hätte ich am liebsten selber geweint, und es war, als ob die Welt schwarz, so schwarz wäre... Wir sprachen kaum noch miteinander. Lediglich »ja«, »nein«, »ja«, »nein«..., sonst nichts. Ich fühlte mich so, wie sich einer fühlen muß, der erstickt. Und wissen Sie, mir war alles ganz klar; mein Mann hatte sich mit der Zeit in das Nachbarmädchen verliebt und war unglücklich, weil sie geheiratet hatte. Und der Gedanke, daß er sich verliebt hatte, während ich solche Angst hatte, er würde sich verlieben, machte mich ganz verrückt. »Bist du traurig, weil du nachts allein heimgehen mußt?« konnte ich einmal nicht lassen, ihn zu fragen. »Soll ich dich abholen?« Es war, als hätte ihn eine Wespe gestochen. »Das fehlt gerade noch, daß du mich jetzt lächerlich machst.« Und dann stritten wir. Ich entgegnete ihm nämlich, daß es gar nicht lächerlich sei, wenn eine Frau ihren Mann nach der Arbeit abholt, und er sagte doch, und ich sagte nein, und so ging's bis zum Morgen.

Danach sprachen wir vierzehn Tage lang nicht miteinander. Und als wir wieder miteinander sprachen, da war
die größte Dummheit schon geschehen. Ich schaute meinen Mann an und sah ihn so, wie er war. Und ich bekam
solche Lust zu lachen... Es fehlten ihm drei Backen-
zähne, und er konnte bloß noch auf einer Seite kauen.
Und wenn er aß, war die eine Backe leer und die andere
voll, und das entstellte ihn auf sehr komische Weise. Und
er aß hastig, wie ein Tierchen, mit hocherhobenen Ellbo-
gen, und ging ein wenig schief, als ob er auch noch
außerhalb des Cafés seine Serviette über dem Arm trüge,
und er hatte rote Ränder um die Augen, und weil er die
Gäste notgedrungen immer anlächeln mußte, verzog
sich sein Mund ganz eigenartig, wenn er lächelte.

Wissen Sie, in jenem Winter wurde er krank. Er hatte
eine ziemlich böse Grippe, aus der beinahe eine Lungen-
entzündung geworden wäre, und da bekam er es mit der
Angst zu tun und suchte Zuflucht bei mir und gehörte
mir wieder wie ein Kind. Und ich ließ mich noch einmal
erweichen. Als er jedoch wieder gesund war, fing der
Unfug an. Er fing an mich zu quälen, das heißt, er tat
Dinge, um mich zu quälen, ich kann es Ihnen nicht sagen,
was für welche, sonst käme ich nie an ein Ende; Kleinigkeiten, wissen Sie. Lauter Böswilligkeiten, und ich lebte
in ständiger Pein.

Und der Sommer ging zu Ende mit Regenfällen. Alle
Dahlien schauten auf den Boden, und ich mußte sie mit
Stöcken stützen, damit sie sich wieder aufrichten konnten. Und allmählich kam der Herbst mit seinen kurzen
Tagen und der kühlen Luft. Während mein Mann aß,
trug ich ihm auf und amüsierte mich, wenn ich ihn in
seiner geradezu ungestümen Art essen sah, und oft

konnte ich mir ein heimliches Lachen nicht verkneifen. Und schließlich merkte er es. Und ich weiß noch, daß er gleich am nächsten Tag, nachdem er es gemerkt hatte, mit einer Rolle Leitungsdraht daherkam. Ich fragte ihn nicht, was er vorhabe. Am darauffolgenden Sonntag war er damit beschäftigt, einen Schalter in unserem Schlafzimmer zu installieren, »damit man das Licht im Garten anzünden kann, ohne erst bis an die hölzerne Haustür gehn zu müssen.« Als er fertig war, sagte er: »Probier doch mal ... siehst du? Was hältst du davon? Wenn ich mich also nachts verspäte und du denkst, ich komme mit einem Mädchen heim, dann kannst du uns anleuchten, ohne daß du erst zum Eingang zu gehen brauchst. Was hältst du davon?« »Sehr gut«, sagte ich.

Als die Zeit gekommen war, riß ich wie jedes Jahr die Dahlien aus und verwahrte die Knollen auf einem Regal in der Rumpelkammer auf dem Dach. Und am 28. Oktober, sehn Sie, ich weiß es noch wie heute, legte er sich friedlich ins Bett, machte das Licht aus und schlief ein. Ich auch. Ich weiß nicht, wie lange ich schon geschlafen haben mochte, als ich hier, mitten auf der Brust, etwas wie eine riesiges Gewicht spürte, das heißt mehr als ein Gewicht, eine Art Beklemmung, und ich wachte langsam auf, als ob ich noch schlafen und aus weiter Ferne kommen würde, und ich hörte ganz deutlich, aber wie durch Nebel langsam sich nähernd, wie die Stimme meines Mannes sagte: »Steh auf, schnell, steh auf ...« Erschrokken fuhr ich auf, und mein Mann stieß mich geradezu ans Fenster: »Siehst du nichts?« »Nein.« »Siehst du gar nichts?« »Warte mal.« Da zündete er das Licht im Garten an, und ich sah ... Zuerst sah ich einen Schatten, der am Mandarinenbaum lehnte, und als meine Augen deutlicher sehen konnten, sah ich, daß es ein Mädchen war. »Was ist das?« »Ein Mädchen. Du glaubst doch, daß ich immer mit Mädchen gehe, nicht? Nun schau nur, sogar im Garten hab ich welche.« »Es ist wie ein Traum«, sagte ich, und da klopfte er gegen die Scheiben, und das Mädchen begann sich langsam zu bewegen, als wäre es nicht von dieser Welt, ging hin zum Gittertor, und hätte ich nicht die Angeln quietschen hören, würde ich geglaubt haben, das Ganze sei nur eine Erscheinung gewesen. Und mein Mann hielt sich mit beiden Händen den Bauch und lachte... Sie können sich nicht vorstellen, wie er lachte. Tags darauf fragte er mich, was in der Nacht mit mir los gewesen sei, ich hätte im Schlaf zu schreien begonnen, ein Mädchen sei im Garten. Und er machte mich ganz wirr. »Nein, ich habe nicht geträumt, das ist ein böser Streich, den du schon lange vorbereitet hast, seit dem Tag, an dem du den Schalter im Schlafzimmer eingerichtet hast.« Und als er zur Arbeit gegangen war, rannte ich in den Garten, unter den Mandarinenbaum, ob ich nicht vielleicht etwas finden könnte, ich weiß nicht, was, irgend etwas, das sich anfassen ließe, eine Feder etwa, die ein Vogel verloren hatte. Ich fand aber nichts. Nicht einmal Fußspuren, denn die Erde unter dem Mandarinenbaum war hart. Und den ganzen Tag grübelte ich wie wahnsinnig darüber nach, ob das, was ich in der Nacht gesehen hatte, Wirklichkeit oder Traum war. Denn der Traum von meinem Vater, den ich Ihnen erzählt habe, war anders, das war ein richtiger Traum, aber was in dieser Nacht passierte, das war eine Farce, die mein Mann inszeniert hatte, und nachher wollte er mir den Verstand wirr machen. Und als es dann dunkel war, versperrte ich das Haus mit Schloß und Riegel und zitterte vor Angst, und um meine Angst zu verscheuchen, wühlte ich in Schubladen herum, ohne recht zu wissen, was ich suchte, und was ich suchte, erkannte ich, als ich es gefunden hatte: ich suchte das Bild meines Vaters; wissen Sie, ich bin nämlich keine von den Frauen, die alle Wände im Haus mit Familienporträts vollgehängt haben. Es war ein Bild auf sehr dickem Karton, das mit den Jahren und durch die Feuchtigkeit verblaßt war, und ich nahm es aus der Schublade: ich lag auf den Knien und hielt es mit beiden Händen, wie eine Reliquie. Die Zeit hatte den unteren Teil des Gesichts ausgelöscht, aber die Augen konnte man gut erkennen, und sie blickten so gütig drein, daß mir selbst die Tränen in die Augen traten. Und ich ging ins Schlafzimmer und stellte das Bild meines Vaters, an eine Vase gelehnt, auf den Nachttisch, und so leistete es mir Gesellschaft... Von diesem Tag an begann ich mit meinem Vater zu leben. Ich redete mit dem Bild. Ich sagte zu ihm: »Ich gehe einkaufen, hören Sie? Machen Sie sich keine Sorgen, ich bin gleich wieder da.« Und mir war, als ob mich mein Vater anschaute und sagte: »Geh nur, geh.« Und in diesem Jahr trennten wir uns, mein Mann und ich. Es kostete mich einige Mühe, weil er sich nicht trennen wollte und sagte, wir seien zu alt für eine solche Dummheit, doch schaun Sie, da war nun nichts zu machen; sobald ich ihn sah, kam etwas wie eine Unruhe über mich, und mir war erst wieder wohl, wenn er gegangen war. Jetzt wohnt er bei Neffen, und wenn wir uns auf der Straße begegnen, geben wir uns die Hand, und er sagt zu mir: »Wie geht es dir?«, und ich sag zu ihm: »Gut, und dir?« Und sehn Sie, nie mehr hat es in diesem Korb hier Dahlien gegeben. Manchmal, wenn zuviel Gras drin ist, reiße ich es aus und grabe die Erde ein bißchen um, damit es nicht so häßlich aussieht, und wenn ich in einem Schaufenster Dahlien sehe, dann wird mir irgendwie schlecht und mir ist zum Erbrechen, verzeihn Sie.

Um die Anzeichen der Müdigkeit wahrzunehmen, genügen mir ein paar winzige Indizien. Nach außen hin ist Margherita liebevoll wie immer: sie hilft mir, eine Krawatte auszuwählen, wenn wir abends ausgehen, sie löst mich beim Autofahren ab, wenn ich müde bin, sie packt sorgfältig die Koffer, wenn wir verreisen, sie begleitet mich, wenn ich mir Schuhe oder einen Anzug kaufe, und jedes Jahr zu Weihnachten macht sie mir ein Geschenk, wobei sie mir die Wünsche von den Augen abzulesen versucht. Aber mir ist einiges aufgefallen: sie ist oft zerstreut, wenn ich mit ihr spreche, und anstatt zu antworten, redet sie wirres Zeug, abends ist sie nicht mehr so gern mit mir allein zu Hause, und morgens beim Frühstück hat sie mir nichts zu sagen und liest statt dessen die Überschriften in der Zeitung. Unser Gesprächsstoff hat sich erschöpft und beschränkt sich inzwischen auf kleine praktische Probleme, während wir früher über Philosophie und Politik sprachen, uns über unsere Lektüre unterhielten oder über unsere Freunde tratschten. Außerdem ist mir aufgefallen, daß Margherita zwanzig Telefongespräche führt, bevor wir ins Kino oder ins Theater gehen, um ja einen Freund zu finden, der uns begleitet, und im Bett hat sie allzu oft Kopfweh. Und sie ist ständig müde, am liebsten würde sie nur schlafen. Wir führen eine erfolgreiche Ehe, aber seitdem uns unser Sohn links liegen läßt und die Gesellschaft seiner Freunde der unsrigen vorzieht, schlittern wir immer mehr in eine Atmosphäre der Müdigkeit, Schläfrigkeit und geradezu Langweile. Margherita langweilt sich mit mir, und ihre Langeweile ruft in mir eine Langeweile hervor, die sich direkt proportional zu der ihren verhält. Also, habe ich mir gesagt, somit wäre der Augenblick gekommen, in dem ich etwas tun muß, um die bevorstehende Ehekrise zu verhindern.

Gemeinsam eine Reise unternehmen? Ich habe ihr Indien vorgeschlagen, und sie gab mir zur Antwort, Indien sei ihr völlig egal. Ich habe versucht, ihr Ägypten und die Pyramiden nahezubringen, den Karneval in Rio, die Seychellen, die norwegischen Fjorde, eine Autotour durch Spanien, eine Woche Paris. Margherita verzog bei jedem Vorschlag den Mund. Ich begriff, daß der Tourismus keine Lösung für unsere Eheprobleme bot. Inzwischen hatten sich zur Schläfrigkeit und Müdigkeit auch Alpträume gesellt. Hin und wieder wache ich mitten in der Nacht auf, weil sich Margherita im Schlaf herumwirft und schreit. Oft träumt sie von einem Chinesen, der sie vergewaltigen möchte, oder von einem Schwarzen, der sie auspeitscht. Letzte Nacht träumte sie, ich hätte mich am Lampenschirm im Speisezimmer erhängt. Noch etwas: Während sie am Tag immer müde ist und manchmal beim Fernsehen einschläft, wird sie von Schlaflosigkeit gepeinigt, sobald wir im Bett sind, und so hat sie begonnen, Schlafmittel zu schlucken. Der Schlaf ist das Warnlicht des Nervensystems, und das Nervensystem ist das Warnlicht der Ehekrisen.

Ich habe versucht, sie für meine Arbeit zu interessieren. Ich bin in einer großen Ölgesellschaft für die Auslandsbeziehungen zuständig, Beziehungen gewissermaßen diplomatischer Art, zur Vorbereitung geschäftlicher Treffen. Ich könnte in den Sektor Internationale Abkommen, Forschung, Maschinenpacht, Technologietransfer und Finanzgeschäfte überwechseln. Natürlich gibt es für alle diese Bereiche ein eigenes Büro, aber meine Aufgabe wäre es, die einzelnen Initiativen zu koordinieren und zu überwachen. Der Leiter des Büros wird bald in Pension gehen, ich könnte vielleicht seinen Posten übernehmen. Ich habe mit Margherita darüber gesprochen, aber sie sagte: Wer veranlaßt dich dazu? Du verdienst ohnehin schon genug, und ich sehe keinen Grund, warum du dich in ein Gestrüpp von Intrigen und Mühen stürzen willst. Einverstanden. Ich hätte es ihr zuliebe getan, um ihre Ambitionen zu befriedigen, aber ich begriff, daß auch dies nicht der richtige Weg war, unsere Ehe zu retten.

In manchen Situationen ist der Mensch mit sich allein, muß er seine Entscheidungen in der Einsamkeit des Ichs treffen. Wenn unsere Ehe in Gefahr ist, sagte ich mir, dann kann die Lösung keine äußerliche sein, sondern muß auf das engste mit unserer Beziehung zusammenhängen. Und so habe ich beschlossen, ihre Eifersucht zu provozieren. Ich weiß nicht, von wem der Ausspruch stammt, die Eifersucht sei das Salz der Ehe, entweder von Shakespeare oder von Pitigrilli, aber es scheint wahr zu sein, auch meine Intuition bestätigte es mir, und die ist mehr wert als Shakespeare und Pitigrilli zusammen. So beschloß ich, Margherita eifersüchtig zu machen.

Ich wandte die klassische Sekretärinnen-Strategie an. Da man meine Sekretärin, so effizient und intelligent sie auch sein mag, nicht gerade als attraktives Mädchen bezeichnen kann, warf ich ein Auge auf die Sekretärin eines meiner Angestellten vom Sektor Lateinamerika. Sie ist ein zwangloses und unvoreingenommenes Mädchen, das schon bei den verschiedensten Gelegenheiten Sympathie für mich bekundet hatte. Ich lud sie ein, mit mir bei Ranieri zu essen, einem Restaurant, wo man mich kennt und das ich hin und wieder mit Freunden und Margherita besuche. Aber dann änderte ich die Taktik. Um einen Seitensprung vorzutäuschen, sagte ich mir, darf ich nicht mit offenen Karten spielen, darf ich mich nicht öffentlich zeigen. Die erste Regel muß lauten: Diskretion.

Für Margherita habe ich eine Ausrede gefunden, die zwar wahrscheinlich klang, aber auch nicht allzu sehr. Ich sagte ihr, daß gerade viele ausländische Kollegen auf Durchreise in Rom seien, und ich begann, zwei- oder dreimal die Woche abends wegzubleiben. Margherita schöpfte entgegen meinen Erwartungen keinen Verdacht. Ich und Gioia – so heißt die Sekretärin meines Angestellten – besuchten Restaurants in Trastevere und an der Appia Antica, wo wir uns unter die vielen Leute mengten und wo die laute Atmosphäre und die Musik der Straßenmusikanten dazu beitrugen, unsere Zuneigung zu vergrößern. Gioia schien wirklich gern mit mir auszugehen, und wir blieben immer lang an unserem Tisch sitzen, bis sie mir eines Abends vorschlug, bei ihr zu Hause einen Whisky zu trinken. Das erschien mir als ganz natürlich, und wenn ich schon einen Seitensprung vortäuschen mußte, kam diese Einladung genau im richtigen Moment.

Ich fürchtete, Gioias Wohnung wäre eine der vielen, etwas traurigen Absteigen, in denen für gewöhnlich Mädchen hausen, die weder Zeit noch Geld noch den nötigen Geschmack besitzen, um sich eine ordentliche Wohnung einzurichten. Vor meiner Hochzeit hatte ich derartige Absteigen frequentiert: Manche Mädchen waren bereit, alles Mögliche in ihrem Bett zu treiben, wären jedoch nie in das Bett eines Junggesellen gestiegen. Den Unterschied habe ich nie begriffen. Ich war also auf ein ödes, armseliges Quartier gefaßt, mit Strohmatten auf dem Fliesenboden, alten Postern an den Wänden, Nylonlaken und einem Gasofen, um einen Teller Spaghetti zu kochen oder Kaffee zu wärmen. Statt dessen fand ich eine Wohnung vor, die zwar klein war, dafür aber auf das Pantheon blickte, mit antiken Möbeln, ein paar schönen Teppichen, zwei hübschen Stilleben aus dem 17. Jahrhundert, alten Stichen, Lithographien von Braque, Matisse, Fontana, und einem schönen eineinhalbschläfrigen Empirebett im Schlafzimmer, das zwar winzig, aber recht komfortabel war: mit gebohnertem Parkettboden und eleganter Blumentapete. Gewiß stammte dieses Mädchen aus einer bürgerlichen Familie und besaß ausreichend Bildung: in ihrer Bibliothek standen eine gute Klassikersammlung, einige Franzosen im Original und ein paar ausgewählte italienische Neuerscheinungen. Kurz und gut, sie war das ideale Mädchen, um meine Frau eifersüchtig zu machen und meinen vorgetäuschten Seitensprung in die Wege zu leiten. Denn – dies war der springende Punkt – ich wollte nur so tun, als würde ich Margherita betrügen. Ich war noch immer in sie verliebt und ich machte Gioia nur deshalb den Hof, um unsere Ehe zu retten.

Zuerst bot mir das Mädchen einen Whisky mit Eis an, dann fragte sie mich, ob ich als Untermalung lieber ein Konzert von Mozart hören wolle oder von Vivaldi. Als Untermalung wovon, fragte ich mich. Ich sagte: Vivaldi, natürlich Vivaldi. Sie legte »La cetra op. 9«, Konzert Nr. 12 auf, gespielt vom Stuttgarter Orchester. Bei dieser Wahl hatte der Teufel seine Hand im Spiel: Immer wenn ich dieses Konzert höre, fühle ich eine leichte Erregung und lasse mich zu einem herzlichen und optimistischen Verhalten hinreißen, wie von einer Droge. Wir blieben eine Zeitlang auf dem Diwan sitzen, bis es mir als ganz natürlich erschien, den Arm um ihre Schultern zu legen und sie zu küssen. Ich habe sie geküßt. Gioia begann sich auf dem Diwan herumzuwerfen, sich an mich zu drük-ken, eigenartige Winsellaute auszustoßen, die uns veran-laßten, innerhalb weniger Minuten auf das Empirebett hinüberzuwechseln. Ich hätte nie gedacht, daß Gioia hinter ihrem freundlichen und bescheidenen Äußeren eine derart ungezügelte Sinnlichkeit verbarg. Ein Erdbe-ben.

Ich bin von Natur aus treu, ich hasse den Ehebruch. Ich bin davon überzeugt, daß ein Seitensprung den nächsten nach sich zieht und dann noch einen, und auf diese Weise gehen die meisten Ehen in die Brüche. Und auch wenn der Ehepartner bereit ist zu verzeihen, wird er die erstbe-ste Gelegenheit nutzen, sich zu rächen. Das ist die menschliche Natur. In meinem Fall ging es jedoch durch-aus nicht um einen üblichen Ehebruch, sondern um ein listig geplantes Täuschungsmanöver, um den kleinen Funken der Eifersucht hervorzurufen, der im Gegenteil die eheliche Beziehung belebt und stärkt. Die körperliche Vereinigung mit Gioia war nur ein unbedeutendes Detail im umfassenden Schlachtplan meiner ehelichen Strate-gie.

Nach diesem Abend fragte ich mich, ob ich etwa bei meinem Täuschungsmanöver ein wenig übertrieben hatte. Nein, ich hatte mich bloß den Umständen ange-paßt, und somit hatte ich mir wirklich nichts vorzuwer-fen. Je aktiver ich mich an meinem Täuschungsmanöver beteiligte, desto größer war die Wahrscheinlichkeit, daß mir Margherita dank der weiblichen Intuition auf die Schliche kam und endlich aus ihrer Apathie erwachte. Aber ganz im Gegenteil, nichts. Ich und Gioia hatten sogar zwei bestimmte Tage in der Woche für unsere Treffen festgelegt, Dienstag und Donnerstag, aber Margherita wollte sich einfach nicht dazu entschließen, einen Verdacht zu schöpfen. Dienstags und donnerstags kommen die Araber, hatte ich zu ihr gesagt. Immer an denselben Tagen? Und ich hatte ihr mit einem derart zögernden Ja geantwortet, daß einfach jeder Verdacht geschöpft hätte. Margherita hingegen sagte, sehr gut, da spiele ich an diesen Tagen mit meinen Freundinnen Bridge.

Dienstags und donnerstags kam ich immer um ein oder zwei Uhr nachts nach Hause. Margherita schlief friedlich, sie hatte keine Alpträume mehr, sie litt nicht mehr an Schlaflosigkeit: Wahrscheinlich beruhigt das Bridgespielen ihre Nerven, sagte ich mir, fehlt nur noch ein Hauch von Eifersucht. Letztendlich war dies der Zweck meines inszenierten Verhältnisses mit Gioia. Natürlich ließ mir die Beziehung zu einem Mädchen mit derart überschäumender Sinnlichkeit kaum noch Energie für Margherita, aber nicht einmal das machte sie argwöhnisch. Also hatte ich keine andere Wahl als das Täuschungsmanöver fortzusetzen. Eines Tages ließ ich auf dem Tisch im Flur ein Paket mit einem Kaschmirschal für Gioia liegen. Margherita öffnete es, und als ich aus dem Büro nach Hause kam, fragte sie mich, für wen der Schal bestimmt sei. Ich hätte ihr ganz einfach weismachen können, daß ich ihn für sie gekauft hatte, statt dessen sagte ich, er sei für die Frau eines meiner Araber bestimmt. Margherita wickelte den Schal wieder sorgfältig ein, und ich brachte ihn am nächsten Tag Gioia, die ich inzwischen auch während der Bürostunden traf.

Natürlich hatten meine Kollegen bemerkt, daß zwischen mir und Gioia etwas war, aber sie waren sehr vorsichtig und ließen sich nicht einmal zu einer Anspielung hinreißen, wenn Margherita mich anrief oder im Büro abholte. Eine übertriebene Diskretion, die dazu beitrug, die von mir beabsichtigte Eifersucht in noch weitere Fernen zu rücken. Aber ich lasse mich nicht schnell entmutigen, ich habe eine unendliche Geduld, die ich im Umgang mit den Arabern erlernt habe, mit denen ich manchmal wirklich ausging, nur nicht dienstags und donnerstags. Inzwischen traf ich Gioia weiterhin zweimal die Woche, wir gingen zusammen essen, manchmal außerhalb von Rom, und dann zu ihr nach Hause, wo wir sofort ins Bett stiegen.

So ging es ein Jahr lang hin, und ich fragte mich, wie lange ich mein Täuschungsmanöver noch fortsetzen mußte. Das Verhalten Margheritas verwirrte mich sehr. Sie akzeptierte meine Abwesenheit, mein spätes Heimkommen und meine Zerstreutheit, denn inzwischen war auch ich etwas zerstreut und gedankenlos geworden.

Ich hatte das Gefühl, daß mein Eheleben, das mir mehr wert war als alles andere, an der totalen Gleichgültigkeit Margheritas zerschellte, zu der sich nun auch zeitweise die meine gesellte. Aber bei mir handelte es sich um vorübergehende Gemütszustände, denn in Wahrheit war ich noch immer verzweifelt darauf bedacht, sie eifersüchtig zu machen.

Im April mußte ich nach Berlin fahren, um eine Begegnung des Generaldirektors der Gesellschaft mit führen-

den Vertretern der ostdeutschen Industrie vorzuberei-
ten. Manchmal hatte ich auf diese Reisen Margherita
mitgenommen, aber diesmal begleitete mich Gioia. Sie
war eine entzückende Reisegefährtin. Morgens mußte
ich verschiedene Versammlungen besuchen, um die The-
men des Treffens auszuarbeiten, Dokumentarmaterial
zu sammeln, das Arbeitsprogramm festzulegen. Nachmittags gingen wir gemeinsam im Charlottenburger
Schloßpark spazieren oder besuchten Museen. Zweimal
stiegen wir in den Keller des Antikenmuseums hinab, um
den Goldschatz und Silbermünzen aus der Zeit der Grie-
chen, Römer und Etrusker zu besichtigen, die in einem
Bunker mit Panzerglasscheiben aufbewahrt werden. Ich
stellte fest, daß hier, so weit weg von Rom, mein Täuschungsmanöver völlig zwecklos war, aber die Entfernung trieb uns in die Arme des anderen. So verbrachten
wir nicht nur die Nächte, sondern manchmal auch den
Nachmittag in unserem Hotelzimmer und widmeten uns
diversen erotischen Spielen, bis wir erschöpft einschlie-
fen. Die erregende und perverse Berliner Atmosphäre
hatte die erotische Phantasie Gioias entfesselt. Ich dachte
jedoch nach wie vor an meine ehelichen Probleme mit
Margherita.

Ich kam sehr müde und erschöpft nach Rom zurück.
Margherita bemerkte es sofort, dachte jedoch an nichts
anderes als an die Überanstrengung aufgrund der Arbeit.
Trotz meiner Bemühungen mußte ich feststellen, daß
unsere Ehe inzwischen auf Sparflamme brannte, ohne
Erschütterungen, ohne Gefühle, ohne Liebe. Das war die
traurige Wahrheit. Seltsam genug: Margherita schien in
dieser Situation aufzublühen, sie hatte sogar ein wenig
zugenommen, war lebhafter und fröhlicher. Sie bewegte

sich jedoch wie in einer eigenen Welt, als wäre ich abwesend. Sie war noch immer freundlich und auch liebevoll zu mir, aber die Freundlichkeit und die Zuneigung waren offensichtlich nur äußerlich, gehörten zu einem ehelichen Ritual, das wir uns um des häuslichen Segens willen auferlegt hatten.

Ich traf Gioia noch immer zwei- bis dreimal die Woche. Seit Berlin hatte unsere Erotik immer kompliziertere und phantasievollere Formen angenommen, die manchmal geplant, manchmal improvisiert waren. Gioia hatte im Bett eine unerschöpfliche Phantasie und außerordentliches Temperament. Margherita spielte nach wie vor Bridge, oder zumindest glaubte ich das, bis ich entdeckte, daß sie einen Liebhaber hatte, die Sau. Eine im übrigen völlig zufällige und erschütternde Entdeckung, denn ein Seitensprung Margheritas wäre mir absolut nicht in den Sinn gekommen.

Trotz meines guten Willens, trotz all meiner Versuche, unsere Ehe zu retten, trotz meiner mühseligen Täuschungsmanöver, die ihre Eifersucht hervorrufen sollten, hatte mich Margherita allen Ernstes betrogen. Nun gab es keine Rettung mehr für unsere Ehe. Schiffbruch.

Ich machte kein Drama daraus, ich versuchte, die instinktive Gewalttätigkeit zu unterdrücken, die in diesen Fällen so viele Männer den Kopf verlieren läßt. Mit Hilfe Gioias, die mir bei dieser Gelegenheit eine wertvolle Gefährtin war, gelang es mir, die Kränkung, die Demütigung, die Wut und den Schmerz zu überwinden. Ich weiß nicht, was ich ohne sie getan hätte.

Wir, ich und Margherita, beschlossen uns zu trennen, wenn schon nicht in Freundschaft, so doch als zivilisierte Menschen. Ich habe ihr die zweistöckige Dachwohnung mit den drei Badezimmern und Toiletten im Zentrum Roms überlassen, in der wir viele Jahre zusammen gewohnt hatten, und zog zu Gioia, in ihre kleine, aber gemütliche Wohnung, wo ich versuchen werde, ein langes und zermürbendes Täuschungsmanöver Wirklichkeit werden zu lassen.

Das fing vor ungefähr drei, vier Wochen an. Und Elsa sprach mit mir nur einmal davon. Als sie es mir unmittelbar vorwarf. Seither veränderte sich alles um uns herum. Ein sonderbar erschreckendes Mißtrauen brach auf, das wuchs heran und wucherte aus uns heraus, es wurde von Tag zu Tag größer, ein bösartiges, hinterhältiges Mißtrauen, das nach und nach alles aufsog und an dem wir langsam ersticken, an der Furcht, dem zähen, schleimigen Kloß in der Kehle. Und wie ein offenes Geschwür die Feindseligkeit, die zuerst von Elsa ausging und mich dann umklammerte, in der wir erstarrten, immer mehr, anfangs noch zurückgehalten, klein, und ich beachtete es kaum, weil mir ihre Anschuldigung so lächerlich vorkam. Ich entschuldigte es vor mir. Ich wollte das einfach nicht verstehen. Aber ich war machtlos, es aufzuhalten, überall erzählte Elsa es, und als ich gestern beim Fleischer war und wie gewöhnlich Abfallknochen für den Hund holte, merkte ich gleich, daß er auch schon davon wußte. Er gab es nicht direkt zu verstehen, sondern tat nur, als habe er keine Zeit, sich ein wenig mit mir zu unterhalten, nur wenige Sätze, wie es geht und was es Neues gibt, er tat geschäftig, als erwarte er im nächsten Augenblick den Andrang der ganzen Stadt, und ich war doch der einzige Kunde im Laden, es war zu der toten Geschäftszeit vormittags zwischen zehn und elf, ich mach' dann meinen Morgenspaziergang. Der Fleischer sah mich nicht direkt an, als er die Knochen zusammensuchte und mir gab, und er vergaß auch die Scheibe Wurst für den Hund, den ich draußen angebunden hatte neben der Tür. Höchst geschäftig hantierte er am Kühl-schrank herum. Da wußte ich Bescheid. Die Abfallkno-chen kosteten fünfundvierzig Pfennig. Ich zählte das Geld auf die Glasplatte und ging. Ich weiß nicht mal, ob der überhaupt meinen Gruß erwiderte, als ich den Laden verließ. Dabei ist es eigentlich lächerlich. Im Anfang wunderte mich Elsas abruptes Benehmen, das hartnäk-kige Schweigen, mit dem sie mir begegnete. Ich dachte, daß es irgendeine Unpäßlichkeit bei ihr sei, wie ich sie an manchen Tagen auch habe, wie das so kommt, wenn man älter wird. Es gibt solche Tage, an denen man sich schon wie tot vorkommt. Ich dachte also gar nicht weiter darüber nach und übersah es, bis Elsa es eines Tages nach dem Mittagessen unvermittelt wiederholte und kurz danach wieder darauf anspielte, und ich nicht wußte, worauf sich das alles bezog und was sie damit meinte. Ich bat Elsa, mir das doch zu erklären, aber sie ging darüber hinweg mit dem abwehrenden, in sich ge-kehrten Schweigen, das mit der Zeit zunahm und in Haß überging, der sich aufblähte. Es verfilzte sich im Mund und wurde wiedergekäut. Natürlich erinnerte ich mich an den Sommer im vergangenen Jahr. Im Herbst darauf wurde ich pensioniert. Der Sommer war mild, schöne, sonnige, große Tage waren es. Nicht jene übervollen, üppig-schwammigen Hitzezeiten, die den Sommer uner-träglich machen, drückend und aushöhlend, ein ange-nehmer, weich hingelagerter Sommer, kein so sehr brü-tendes, stechendes Licht, das sich in den Augen verbeißt und aus dem Sand die Dürre schlüpfen läßt, weit und offen die Monate, ein helles, freundliches Sommerland, an das ich mich gut erinnre. Der Frühling war dagegen maßlos und überschäumend gewesen mit dem aufplatzenden wirren Grün der Blätter, es erbrach sich, laut schreiend, eine laute, irre Welt, in Aufruhr geraten. Scharen von Vögeln, die über die Bäume hergefallen waren. Jäh und heftig war der Frühling losgebrochen, aufkochendes Blütenweiß, Fäulnisgerüche, dunstig, ein erschreckender Frühling, was aber wohl mir nur so erschienen sein mag. Und danach schleppte sich langsam der Sommer hin, hoch, weitausgeworfen, Kuppeln, Türme, an den Sonntagnachmittagen waren Elsa und ich oft spazierengegangen. Wir waren hinausgegangen ins Moor, nicht allzuweit hinaus, wo man nicht immerzu Bekannten begegnete, oder zu dem kleinen Waldschloß, das etwas außerhalb der Stadt liegt, ein angenehmer Spaziergang durch das Waldstück war es bis dorthin, wir nahmen uns dafür immer sehr viel Zeit. Es war gut, unter den Baumschatten zu gehen, unter diesem weichen, grünen Blätterdunkel, zwischen den Ästen und Stämmen das verschwommene Muster von Lichtflecken und Schatten, Wechselwirkungen, das luftige Gewebe, das nie stillstand, es löste sich auf, verdampfte, spielte ineinander und war ein neues Muster von Schatten und Licht, in der Luft tanzten Fliegen, Mücken. Das kleine Schloß war ehemals der Sommersitz der in dieser Gegend angesiedelten gräflichen Familie. Um die Gebäude war ein breiter Wassergraben, der still lag und verlandet war, morastig und untief, an den Rändern war Schilf hochgeschossen, und an den Mauerwänden waren moosige, schwammige Schimmelpilze hochgekrochen. Seitlich hinter dem Hauptgebäude, vergrößerte sich der Graben zu einem flachen, kleinen See, auf dem man Boot fahren konnte, rudern, und wo Enten und ein paar Schwäne schwammen, immer nah am Ufer, angelockt von den

Kindern, die ihnen Brotstücke und Kuchenbrocken zuwarfen, die Schwäne verdreckt, das weiße Gefieder, die hochgestellten Flügelklappen verschmutzt, verkrusteter Schlamm. Die Kinder hatten ihren Spaß. Sie schrien und lachten. Im Innenhof hatte man ein Café eingerichtet, und eine Terrasse zog sich längs des mittleren Gebäudeteiles hin. Bunte Sonnenschirme waren aufgespannt. Von der Terrasse aus konnte man auf einen Teil des Sees blicken. Wir saßen dort und sahen zu der Wasserfläche hin, die war schmutziggrau, der See durchzogen mit einer Sumpfflechte und mit Wasserpflanzen, Algen, Saugarmen, viele, die ineinander verschlungen waren. Elsa ließ sich meistens ein Stück Apfeltorte kommen und trank eine Tasse Kaffee oder Sprudelwasser. Ich hatte eine Flasche Bier bestellt und rauchte eine Zigarre. Friedliche Nachmittagsaugenblicke waren das, an die ich mich deutlich erinnere. Wir hatten schon über die Zeit nach meiner Pensionierung gesprochen, daß wir vielleicht eine kleine Reise machen würden. Zu Elsas Schwester. Die hatte uns in jedem ihrer Briefe zu sich eingeladen. Es waren ereignislose Nachmittage, so daß ich wirklich nicht verstehen konnte, was Elsa damit meinte, und immer wieder gehe ich sie durch, wiederhole einen dieser Nachmittage, den Elsa meinen kann. All ihren Bekannten erzählt sie es, so daß ich mich schon nicht mehr auf meinen Morgenspaziergang mache, am Fenster sitze, daran denke, unablässig, seitdem mir das mit dem Fleischer passierte. Es ist zu mächtig geworden. Ich fürchte mich. Sie glauben es Elsa, sicher werden sie irgendwann kommen und mich abholen. Soweit bringt Elsa es noch. Seit sie es mir direkt vorwarf, kam es auf und machte sich zwischen uns breit, hockt es überall, das gehässige Mißtrauen, mit dem wir einander begegnen, es überwucherte uns, eine bisher nie gekannte Fremdheit, das ist es, in der wir leben, die Bedrohnis, die uns einengt, der gefräßige, lautlose Schrecken, der damit einsetzte, der sich um sie und mich häuft, das wucherte mit ihren Worten heraus aus dem Gewohnten und zeigte sich in den einfachsten Dingen und Bewegungen, es kam auf und blieb und wurde mächtiger, plumper, wuchs weiter, das Ekzem, es blähte sich in uns auf. Anfangs versuchte ich ja noch, mich darüber hinwegzutäuschen. Ich sagte mir vor, daß es nichts als eine Einbildung meinerseits sei, denn zu einem Streit war es zwischen Elsa und mir nie gekommen, und das, was als harmlos vorgetäuschte Frage begann, verengte sich mehr und mehr, die hochgezogene Falle, in die sie mich langsam trieb, Angst, die sich drehende Spirale in meinem Kopf, immerzu, wortlos und umklammert davon, die Schlinge, die sie zuziehen will, ich weiß nicht weshalb. Als sie es sagte, dachte ich, es sei ein Scherz und sie wolle mich an ein Versprechen erinnern. Ich begriff aber sehr schnell, daß es kein Scherz war, ich erschrak. Etwas Fremdes war es, in dem wir uns gegenseitig spiegelten, ich nahm zum ersten Mal wahr, daß sie anders geworden war, alt, ihr schlaffes Gesicht, Elsas Haut schorfig, was ich zuvor nie hatte sehen wollen, die Poren der Haut groß und ausgetrocknet, die Falten am Hals feucht, als ob die Furcht ein wirklicheres Gesicht von ihr freigelegt habe unter dem Unrat, der mir unendlich vertraut vorgekommen war und woran ich mich schon lange gewöhnt hatte. Ähnlich schien es ihr zu gehen. Ich spürte ihren Abscheu. Sie rückte von mir ab. Abends legte sie sich an die äußerste Stelle ihres Bettes. Ich konnte es nicht eindämmen. Es ist so. Das breitete

sich weiter durch Elsas Einsilbigkeit aus, der Mottenpul-
vergeruch, das Muffige, kurzgehalten der Atem, Mißtrauen, Haß, Furcht, Erschrecken, was sich in die alltäglichsten Dinge und Handreichungen einschlich, das
schwerer wird, lastender, fetter, ich weiß nicht wie, es
hängt nach unten durch, kriecht auf dem Bauch. Mit
ihrem Vorwurf kann Elsa nur den Sommernachmittag
gemeint haben, als ich den Vorschlag machte, auch einmal für eine halbe Stunde auf dem See zu rudern. Sie
hatte es abgetan. Sie fand es zu genant. Wir saßen auf der
Terrasse unter dem lichten Sonnenschirmschatten, sie
hatte das Stück Kuchen schon aufgegessen. Die Luft über
der Wasserfläche und im Gesträuch am Ufer zitterte. Es
flimmerte. Flimmerhärchen. Die Stille war flüssig und
stieg auf. Wasserstill. Wie Quecksilber grau war die
Seefläche, umrandet von einem Waldschatten, ausge-
brannt, darüber war gläsern der Himmel und leer. Ich
sah, daß Elsa schwitzte. Wo der Haaransatz ist, auf der
Stirn, waren kleine Schweißbläschen. Ich hatte mich auf
dem unbequemen Gartenstuhl zurückgelehnt und gedacht, daß es doch schön wäre, auf dem See zu rudern.
Die Fläche Wasser. Nichts bewegte sich darauf. Ich hatte
den Gedanken schon aufgegeben, als Elsa von sich aus
darauf zurückkam. Auf der Terrasse war es lebhaft, ein
sonntägliches buntes Durcheinander, Kinder spielten
zwischen den Tischreihen, junge Leute, Ehepaare, wir
grüßten den und den, freundlich, aus dem Lautsprecher
über der Tür des Cafés kam ein Wunschkonzert, Arie aus
Aida, die Callas sang, eine gute Stimme hat die, ich war
zufrieden. Elsa hatte das leichte, hellblaue Sommerkleid
an, luftdurchlässig und oben etwas zu weit, sie hatte das
schon immer ändern wollen, unter den Armen hatten

sich Schweißflecken gebildet. Langsam waren wir zum See hinuntergegangen, zum Steg, der hinter dem gelichteten, trocknen Gebüsch war und von der Terrasse aus verdeckt durch krüppliges, wirres Unterholz, ich kann mich an alles genau erinnern, und um so weniger versteh' ich ihre Anschuldigung, wo doch nichts geschah an dem Nachmittag, außer daß wir ruderten. Das geht mir immer wieder im Kopf herum, und ich sah sie neulich an, als Elsa am Tischende gebeugt über eine Stopfarbeit saß, sie bemerkte es nicht, da sie sicherlich sogleich aufgestanden wäre und das Wohnzimmer verlassen hätte und in der Küche weitergenäht hätte, und so wie ich sie in den Augenblicken sah, war mir das Erschrecken verständlich, meine Furcht, die ich nicht unterdrücken konnte, ich hatte Elsa so noch nie begriffen. Ich wußte nicht mehr, wer sie war. Ich fragte mich, wer das sei am Tischende, vorgebeugt, um besser sehen zu können. Das war die, zu der ich zu irgendeiner Zeit einmal gesagt hatte, daß ich sie liebe, was ich geglaubt hatte, ich hatte angenommen, sie wäre mir wie etwas Vertrautes. Ich mußte daran denken, die Worte fielen mir nur so wieder ein, daß ich zu ihr gesagt hatte, ich liebe dich über alles, es berührte mich eigenartig. Ich sah sie an, und sie saß mitten im hereinfallenden Licht, war wie ein blasser, trüber Fleck, der eingeschrumpfte Körper, die Hautfalten, sie war in den Augenblicken widerwärtig, was fast meine Furcht niedergehalten hätte, das Zimmer kam mir unendlich groß vor, und wir hockten darin eingeschlossen wie zwei platte, staubfarbene Schaben, alt, leblos, verkrochen unter dem Schrank, ängstlich, unter dem Sofa, unter dem Teppich, da hatte ich wieder von ihr fortgesehen. Auf die Straße hinaus. Die gegenüberliegende Straßenseite lag im Schatten. Ich fürchtete mich vor der Frau, vor Elsa, der ich mich ausgeliefert hatte in den über dreißig Jahren, da wir verheiratet sind und zusammenleben, ohne uns wirklich wahrgenommen zu haben oder begriffen oder wie, und diese Furcht lauert in jedem Wort, das von uns abblättert, und ich hatte Elsa doch irgendeinmal geliebt, hatte auf ihr gelegen, ich hatte sie umarmt, und ich mußte daran denken und verstand alles nicht mehr, was war, was sich mit der Zeit aufgelöst hatte, kleiner und erbärmlicher geworden war, untergegangen in der Gewohnheit, und wenn es dann einmal wieder aufgetrieben worden war, dann so wie man sich auf die Toilette begibt oder ißt, es blieb sich gleich, wie ich es in den Augenblicken sah, wir in dem großen Zimmer, wo Elsa am Ende des Tisches saß. Im Schatten der Straße hatten Kinder mit einem Ball ge-spielt. Im vergangenen Sommer sprachen wir noch von einer kleinen Reise. Wir waren zu dem Holzhäuschen gegangen, wo ein Wärter saß, der hatte in der Zeitung gelesen. Neben seinem Klappstuhl stand eine angetrun-kene Flasche Bier. Der Mann gab uns die Karten und notierte sich die Uhrzeit, er war mit zu den Booten gegangen, er ging uns auf dem Steg voran, der Steg war schmal, wir mußten hintereinandergehen, hemdsärmelig war der Mann, er trug eine weiße Sommerhose und hatte Sandalen an. Die Boote lagen wie große Nußschalen auf dem Wasser neben dem Steg am Ende, sie waren an den Holzpflöcken vertäut, ungefüg sahen sie aus, klobig, und der Mann machte eines los, ich stieg zuerst hinein. Unbe-holfen. Das Boot schwankte. Ich hatte ein unsichres Gefühl in den Beinen. Als stünde ich zum ersten Mal auf meinen Beinen, wie ein Kind, das gehen lernt. Ich hielt mich am Bootsrand fest und setzte mich schnell, damit es zu schaukeln aufhörte. Dann war Elsa zugestiegen. Der Wärter half ihr beim Einsteigen, er hielt ihre Hand, plump und tapsig und unbeholfen wie ich stieg Elsa ins Boot, ich hatte mich ins Heck gesetzt. Elsa balancierte zum Bug hin. Der Wärter stieß das Boot noch etwas vom Steg ab und ging zurück in den Schatten zum Bootshaus, ich ruderte auf den See hinaus. Steif und gerade aufgerichtet saß Elsa vorne, sie hielt sich verkrampft an beiden Seiten des Sitzes fest. Das Rudern wollte anfangs nicht glücken. Ich hielt das Ruder entweder zu tief ins Wasser oder zu flach, außer uns sah ich noch zwei andere Boote auf dem See. Im Licht sah ich sie aufgelöst und in unzusammenhängenden Schatten, sie zerfielen in dunkle Einzelteile, man mußte die Augen zu einem schmalen Spalt zusammenkneifen, um sie als Ganzes ausmachen zu können auf der widerspiegelnden Fläche. Elsa hatte gewünscht, nicht zu weit auf den See hinauszurudern, und ich hielt das Boot in der Nähe des Ufers, und nun erzählte sie es allen, was mich immer wieder mehr abdrängt, einem Loch zu, aus dem ich nicht wieder herauskommen werde. Ich hatte mir noch vorgenommen, mit ihr darüber zu sprechen. Ich hatte es kurz danach schon nicht mehr gekonnt. Dafür war es von Anfang an zu spät gewesen. Es hatte sich schon zu breitgemacht und sich eingefressen. Das Kleine, woran wir hingen, das Gewöhnliche war aufgelöst und jeder war gefangen, die Falle war zugeklappt, dagegen konnte ich nichts machen, dabei war es ein schöner Nachmittag auf dem See, eine ruhige halbe Stunde, noch nicht einmal ganz eine halbe Stunde, da wir vor Ablauf der Zeit schon am Steg zurück waren. Auf dem Wasser war es unbewegt. Es blendete. Wenn man gerade hinuntersah, bemerkte man fliegenartige, winzige Tiere, die beweglich und gewandt auf dem Wasser herumrutschten, das steile Sonnenlicht hellte das flache Dunkel des Sees etwas auf, die Wellen, die ich mit den Rudern machte, liefen sich schnell in der Unbeweglichkeit der Wasserfläche aus. Ich hatte das Boot nahe an die vertrockneten, hohen Schilfbüsche herangerudert. Als wir das Wärterhaus nicht mehr sehen konnten, legte ich für kurze Zeit die Ruder ins Boot. Das Boot hielt. Ich zog mir den Rock aus und krempelte die Hemdsärmel hoch, ich schwitzte, das Rudern war anstrengend, Elsa nahm mir die Jacke ab und legte sie sich auf die Knie, ich empfand eindringlich das Leblose um uns herum, die Stille war hohl, sie dehnte sich aus und nahm uns auf. Aus dem Wasser wurde ein schlammiges Grünlicht zurück in die Luft geworfen. Über dem Schilf ragten die zwei Türme des Schlosses. Elsa schien die Regungslosigkeit und das Leblose bedrückend zu empfinden, das unter dem Licht Erstarrte konnte sie nicht ertragen. Das Wasser war wie Blei. Es war schwer. Die Luft war aschig. Ich hatte zurückrudern müssen, das war alles, und nun erzählt sie es überall herum, immer häufiger lädt sie nachmittags Bekannte zu sich ein, was sie früher auch nie getan hat, und sie reden darüber, was so lächerlich ist und nicht wahr, und die Furcht greift weiter um uns, so daß ich spüre, wie die Dinge von innen zerfallen und sich auflösen, leerer werden, der Plüschbezug des Sofas, das Sofa, die Schränke, die Stühle, der Tisch, sie sind ausgehöhlt und wie die Puppen, angedickt vom Mißtrauen, von dem Lauernden, worin wir leben, was nachts besonders schlimm ist, wenn wir nebeneinanderliegen, und das im Dunkeln mächtiger wird, Elsa von mir abgerückt, wenn jeder darauf wartet, daß vor ihm der andere einschläft. Ich liege wach und denke an den Sommernachmittag, gläsern war der und von einer hohen, lichten Ruhe, und als Elsa mir dies vorwarf, daß ich an dem Nachmittag versucht habe, sie umzubringen, sagte sie so, als handle es sich um Beiläufiges, als sei das nebensächlich und ihr wie zufällig wieder eingefallen. Dahinter hatte schon alles Schweigen gelauert, meuchelmörderisch, die Schlinge zog sich zu, wie, ich weiß nicht. Für eine Richtigstellung ist es viel zu spät. Sie glauben ihr alle.

Im Winter, bis ins Frühjahr hinein, als der Schnee zuerst um die Stämme der Bäume herum taute und das Eis auf dem Merrimack auseinanderbrach und in Schollen seewärts trieb und der Fluß anwuchs und brausend dahinschoß, tauchte hin und wieder ein Mädchen auf. Sie kam um die Weihnachtszeit uneingeladen auf eine Party, mit deren Vorbereitung Edith einen Tag zugebracht hatte; ihr Begleiter war gleichfalls nicht eingeladen, ein ziemlich langweiliger Jurastudent, der mit einem Ehepaar kam, das eingeladen war. Später dachte Edith an ihn: wenn er schon uneingeladen kommen mußte, hätte er wenigstens Manns genug sein sollen, sich um das Mädchen zu kümmern, mit dem er reingeplatzt war. Sie hieß Jeanne, war aus Frankreich und besuchte Freunde in Boston. Das war alles, was sie tat: jemanden besuchen. Edith wußte nicht, aus welcher Gegend in Frankreich sie kam oder was sie tat, wenn sie dort war. Möglicherweise erzählte Jeanne es ihr an jenem Abend, als sie etwa eine Viertelstunde inmitten des Raums und der Stimmen beieinander standen, an ihren Drinks nippten, sich zunickten und so miteinander sprachen, wie zwei attraktive Frauen auf einer Party sich miteinander unterhalten: Edith, die sprach und sogar antwortete, während ihre Aufmerksamkeit in Wahrheit auf Jeannes kurzes schwarzes Haar konzentriert war, ihre sinnlichen, weichen Lippen, ihre braunen, mutwilligen Augen. Edith hatte mit dem Jurastudenten lange genug geredet – weniger als eine Viertelstunde –, um zu wissen, daß er nicht Jeannes Geliebter war und es auch nicht sein konnte;

sein Zutrauen war noch jung, versonnen und verletzlich; und die erotischen Ströme, die sie von Jeanne ausgehen fühlte, waren voller Ungeduld und fordernd. Sie bemerkte all das und erinnerte sich an nichts, worüber sie gesprochen hatten. Sie gingen wie zwei befreundete, aber konkurrierende Jäger auseinander, die sich im Wald getroffen haben. Den Rest des Abends – beim Reden, beim Tanzen – beobachtete Edith, wie der Jurastudent und die Ehemänner am Trog von Jeannes ausländischem Akzent Schlange standen, und sie beobachtete Jeannes Augen, die leer erschienen, bis man näher hinsah und erkannte, daß sie egoistisch waren: Jeanne beobachtete sich selbst.

Und Edith beobachtete Hank und hörte ihm zu. Schon frühzeitig in ihrer Ehe hatte sie das zu tun gelernt. Seine Vertraulichkeit mit ihr war privat; an ihrem Tisch und in ihrem Bett sprachen sie miteinander; seine Vertraulichkeit mit Männern war öffentlich, und wenn er bei ihnen stand, sprach er hauptsächlich mit ihnen, sah er hauptsächlich sie an, und Edith wußte, daß er sich manchmal nicht bewußt war, daß sie oder irgendeine andere Frau im Raum war. Sie hatte schon vor langer Zeit aufgehört, sich darüber zu ärgern; sie hatte beobachtet, wie die anderen Ehefrauen beisammensaßen und miteinander redeten; sie hatte beobachtet, wie sie dasaßen und zuhörten, wenn Paare an einem Abendbrottisch saßen und die Frauen sich nicht zu einer Gruppe formieren konnten und sie nur aßen und den Männern zuhörten. Normalerweise versuchten Männer, die mit Frauen sprachen, sie zu hofieren, und sie spürte die Verärgerung der anderen Männer über diese Ablenkung, ganz so, als stünde während einer Pokerrunde ein Mann vom Tisch auf, um mit seiner Geliebten zu telefonieren. Natürlich war sie in der

Lage, sich auf Parties zu unterhalten; sie war nicht scheu, und kein Mann hatte sie jemals mit Absicht fühlen lassen, daß ihn ihre Ansichten nicht interessierten; aber wohl oder übel behandelten sie sie herablassend. Während sie ihr zuhörten, spürte sie ihre Höflichkeit, ihr ungeduldiges Warten darauf, daß sie endlich zum Ende käme, damit sie wieder mit ihren Kumpels reden konnten. Wenn sie dieser Herablassung einfach gewichen wäre, aufgehört hätte, sich zu unterhalten, weil sie eine Frau war, wäre sie vielleicht verbittert geworden. Aber sie machte weiter: Sie beobachtete die Männer und sah, daß es nicht daran lag, daß die Frauen sie nicht interessierten. Sie waren auch aneinander nicht interessiert. Zumindest nicht an dem, was sie sagten, an ihren Ansichten; ihre Ansichten und witzigen Bemerkungen waren vielmehr das Rüstzeug eines freundlichen, ja liebevollen Wettstreits, wie es für Männer mit anderen Interessen die Bowlingkugel, der Golfschläger, das Tennisracket waren. Aber es ging auch noch tiefer: das erkannte sie schließlich. Hank brauchte und liebte Männer, und wenn er sie liebte, dann um dessentwillen, was sie dachten und wie sie lebten. Frauen beurteilte er nicht auf diese Weise; er beurteilte sie nach ihrem Sexappeal und ihrem Sinn fürs Praktische. Er und seine Freunde sprachen miteinander, weil das der einzige Weg war, wie sie ihre Liebe zeigen konnten; sie langten herüber und ergriffen die Hand einer Frau und streichelten sie, während sie sich vorbeugten und mit Männer redeten; und ihre Gespräche waren Gefilde gegenseitigen Lobes. Es störte sie nicht mehr. Sie wußte, daß manche Frauen unter diesen Gesprächen litten; das waren gewöhnlich Frauen, deren Männer sich mit ihnen selten

mit der gleichen Intensität und Aufmerskamkeit unterhielten, die sie Männern schenkten.

Aber als sie an dem Abend Hank zuhörte, empfand sie
Angst und Zorn. Er und Jeanne beobachteten einander.
Er unterhielt sich mit den Männern, aber in Wirklichkeit
sprach er mit ihr; zuerst dachte Edith, er spiele sich auf;
aber es war schlimmer, schrecklicher: er wurde angehört, und er wußte es, und das war es, was seiner Stimme
ihren augelassenen Schwung verlieh. Seine Blicke begeg-
neten Jeannes über eine Schulter, über den Rand eines
erhobenen Glases hinweg. Als Jeanne mit dem Jurastudenten und dem eingeladenen Paar wegging, verabschie-
deten Edith und Hank sich von ihnen an der Tür. Es war
erst das zweite Mal an dem Abend, daß Edith und Jeanne
sich ansahen und miteinander sprachen; sie lächelten
und sagten sich Nettigkeiten; ein betrunkener Ehemann
torkelte in die Runde; sein Arm griff nach Jeannes Taille,
und sein Kopf tauchte nach unten, um Jeanne zu küssen.
Sie zog den Kopf rasch weg, der Kuß erwischte sie nur
leicht an der Wange, sie wich ihm fast völlig aus. Einen
Moment lang lag Ungeduld in ihrem Blick. Dann war sie
weg. Sie wandte sich ab von dem murmelnden Gesicht
des Betrunkenen und sah Hank an. In ihren Augen erkannte Edith seine Leidenschaft. Sie streckte den Arm
aus und legte ihn Hank um die Taille; ohne ihn oder
Jeanne anzusehen, sagte sie dem Jurastudenten und dem
Paar gute Nacht. Als die vier den Gartenweg hinunter-
gingen und gegen die Kälte die Schultern hochzogen,
vermochte sie nicht, den Blick auf Jeannes Rücken und
Haar zu richten; sie schaute hinter dem Jurastudenten
her und wünschte ihm verheerend schlechte Noten.
Werde Bankkassierer, du Arschloch.

Sie sah Jeanne nicht wieder. Jedenfalls nicht leibhaftig. Denn nun sah sie sie in ihren Träumen: Nicht während der nächtlichen, die sie vergessen konnte, sondern in ihren Wachträumen. Morgens ging Hank in sein Arbeitszimmer in der Schule, um zu schreiben; mittags liefen er und Jack, danach aßen sie zu Mittag; er unterrichtete den ganzen Nachmittag und ging dann mit Jack im Fitness-Club in die Sauna, und hinterher machten sie irgendwo auf einen Drink halt; um sieben kam er heim. Dienstags und donnerstags hatte er keine Seminare, aber er verbrachte den Nachmittag in der Schule bei Besprechungen mit Studenten; samstags morgens schrieb er in seinem Arbeitszimmer, und weil er an dem Tag nichts mit Studenten zu tun hatte, arbeitete er oft bis in den Nachmittag hinein, dann rief er Jack an und sagte, er sei bereit zum Laufen, zur Sauna, zu Drinks. Zum erstenmal in ihrer Ehe dachte Edith darüber nach, wie oft und wie lange er von zu Hause weg war. Während sie Sharon in ihre Stiefel half, sah sie Jeannes braune Augen vor sich; sie überfielen sie; sie lachten sie aus; sie rodelten mit ihr und Sharon den Hügel hinunter.

Als sie sicher war, daß Hank Jeannes Geliebter sei, traute sie ihrer Sicherheit nicht. In den eingekapselten Tagen des Winters bildete sie sich zu vieles ein. Wie ein Spion suchte sie nur nach einem, und sie konnte nicht sagen, ob die Vorsicht in seinen Augen und seiner Stimme wirklich vorhanden war; wenn sie mit ihm schlief, fühlte sie eine Distanz in seiner Berührung, ein anderes Interesse in seinem Herzen; voll Leidenschaft stürmte sie gegen diese Distanz an und fragte sich die ganze Zeit, ob sie nur in ihrem schweigenden, angstvollen Herzen existiere. Mehrere Male, nach Drinks auf einer Party, war sie nahe daran, Jack zu fragen, ob Hank immer in der Schule sei, wenn er das behauptete. Wenn sie dienstags, donnerstags und samstags nachmittags zu Hause saß, hätte sie ihn am liebsten angerufen. Eines Donnerstags tat sie es. Er ging nicht an sein Diensttelefon; es war eine kleine Schule, und die Dame in der Zentrale sagte, wenn sie ihn sähe, würde sie ihm sagen, er solle zu Hause anrufen. Edith sagte gerade zu Sharon, sie solle sich den Mantel anziehen, sie würden Daddy in der Schule besuchen, da rief er an. Sie fragte ihn, ob er Lust hätte, am Abend ins Kino zu gehen. Er sagte, was in der Stadt liefe, hätten sie alles gesehen, und wenn sie nach Boston wolle, würde er lieber bis zum Wochenende warten. Sie sagte, das sei okay.

Im April unterhielten er und Jack sich über Baseball und sahen sich die Spiele im Fernsehen an, als er plötzlich anfing, Parliament zu rauchen. Sie fragte ihn, warum. Sie sind leichter, sagte er. Er sah ihr direkt in die Augen, aber sie merkte, daß er sich dazu zwang, sich auf die Probe stellte. Monatelang hatte sie sich seine Untreue vorgestellt und gegen ihre Gedanken mit dem Fehlen von Beweisen angekämpft. Nun hatte sie welche: Sie wußte, sie waren irrational, aber sie waren gerade rational genug, um die bösen Geister aus dem Kasten zu lassen: sie nahmen sie gefangen: sie gaben ihr Sicherheit. Ihr fiel wieder ein, daß Jeanne eine Parliament in der Hand gehabt hatte, während sie darauf wartete, daß einer der Männer ihr Feuer gäbe. Drei Tage lang widerstand sie. An einem Donnerstagnachmittag rief sie stündlich in der Schule an, wobei sie die Wehrlosigkeit in diesem endgültigen und unrühmlichen Zusammenbruch empfand, und sie ließ ihre Stimme gegenüber der Dame in der Vermitt-

lung so beiläufig wie möglich klingen und sagte einmal
sogar, es sei nichts Wichtiges, es ginge nur um etwas, was
er unterwegs besorgen solle, und als er um sieben mit
einem feuchten Handtuch um den Kopf und schwach
nach Gin riechend nach Hause kam, wußte sie, er war
rechtzeitig zur Sauna mit Jack zurückgekommen und
hatte den Nachmittag in Jeannes Bett verbracht. Sie
wartete bis nach dem Abendbrot, als Sharon im Bett
war. Er saß am Küchentisch und redete mit ihr, während
sie die Küche saubermachte. Das gehörte zu ihren Ritua-
len. Sie bat ihn um einen Drink. Normalerweise trank sie
nach dem Abendbrot nicht, und er war überrascht. Dann
sagte er, er tränke einen mit. Er reichte ihr den Bourbon,
dann setzte er sich wieder an den Tisch.

»Hast du mit diesem scheinheiligen französischen
Miststück ein Verhältnis?«

Er nahm einen Schluck von seinem Drink, sah sie an
und sagte: »Ja.«

Das Reden dauerte Tage. An dem Abend damals endete
es morgens um drei, nachdem sie rittlings auf ihm sitzend
mit ihm gevögelt hatte und in einen Schlaf gefallen war,
den sie am nächsten Morgen Augenblick für Augenblick
in Erinnerung zu haben glaubte. Sie hatte vier Stunden
geschlafen. Als die Nachrichten im Radio sie weckten,
hatte sie das Gefühl, sie habe überhaupt nicht geschlafen
und ihr Inneres habe immer weiter mit dem schlafenden
Hank geredet. Sie hatte keine Lust aufzustehen. Sie
rauchte im Bett, während Hank duschte und sich ra-
sierte. Beim Frühstück las er nicht die Zeitung. Er sprach
mit Sharon und beobachtete Edith. Sie aß nichts. Als er
wegging, beugte er sich zu ihr runter, küßte sie und sagte,

er liebe sie, und sie würden am Abend noch mal miteinander reden.

Den ganzen Tag war ihr deutlich, was Wahnsinn sei, oder sie glaubte ihn zumindest zu kosten, und manchmal sehnte sie sich nach dem ganzen Schmaus. Während sie ihre Arbeit machte, für Sharon Mittagessen kochte und mit ihr sprach, sie mit einem Malbuch ins Bett legte und versuchte, die Zeitung und später eine Illustrierte zu lesen, konnte sie die Stimmen in ihrem Inneren nicht zum Verstummen bringen: einiges war Wiederholung aus der vorigen Nacht, einiges zusammengeklaubt aus dem, was sie im Schlaf gehört und gesagt zu haben meinte, einiges Vorgriff auf den kommenden Abend, wobei sie den Abend durchlebte, ehe er da war, so daß sie nachmittags um zwei schon bei Mitternacht angelangt war und Zeit nur noch das bedeutete, was sie an Schmerz gleichzeitig empfinden konnte. Als Sharon eine Stunde im Bett gelegen hatte, ohne zu schlafen, machte Edith mit ihr einen Spaziergang und versuchte, ihr zuzuhören und ja und nein und ich weiß nicht, was meinst du? zu sagen, und sie nahm sogar das meiste von dem auf, was Sharon sagte, aber die ganze Zeit wollten die Stimmen nicht verstummen. Die ganze letzte Nacht, ob wach oder schlafend, und den ganzen Tag hatte sie geglaubt, es liege daran, daß Jeanne hübsch und Hank ein Mann sei. Wie bei jedem Klischee war es leicht, damit zu leben, bis sie es probierte; jetzt begann ihr klarzuwerden, wie wenig sie von Hank wußte, und wieviel sie argwöhnte und befürchtete; und nach dem Abendbrot, bei dem sie vor allem trank, brachte sie Sharon ins Bett, ging hinunter in die Küche und begann, Fragen zu stellen. Er sagte, er würde aufhören, sich mit Jeanne zu treffen, es gäbe also nichts weiter darüber zu reden; er nannte es seine Privatangelegenheit. Aber sie mußte alles erfahren, was er empfand; sie insistierte, sie bohrte, und schließlich sagte er ihr, es wäre gut, wenn sie so hart wie ihre Fragen wäre, denn nun bekäme sie die Antworten.

Die lauteten: Er glaube nicht an Monogamie. Treue, sagte sie. Siehst du? sagte er. Du verdrehst alles. Er sei ein treuer Ehemann. Er sei diskret gewesen, habe seine Affäre geheimgehalten, habe nicht riskiert, daß sie das Gesicht verliere. Er liebe sie und habe ihr nichts weggenommen. Sie beschuldigte ihn, mit zweierlei Maß zu messen, und er sagte nein; nein, sie sei ebenso frei wie bevor sie ihm begegnet war. Sie fragte ihn, wie lange er schon so denke, ob er schon immer so gewesen sei oder ob das bloß irgendwelcher französischer Quatsch wäre, den er in diesem Winter aufgeschnappt hätte. Er habe schon immer so gedacht. Mittlerweile konnte sie nicht mehr weinen. Auch nicht mehr wütend sein. Alles was sie fühlen und sagen konnte, war: Warum habe ich das alles nicht gewußt? Du hast nie gefragt, sagte er.

Es war, dachte sie, wie irgendeine bittere Geschichte aus »Mutter Gans«: die Frau schuf das Kind, das Kind schuf das Dach, das Dach schuf die Frau, und das Kind lief weg. Stets hatte sie die Hausarbeit schnell und mit leichter Hand erledigt; meistens war sie um halb elf am Morgen mit allem fertig, was zu tun war. Sie war keine dieser Frauen, für die der Haushalt zur fixen Idee wurde; er war eine Arbeit, die sie weder mochte noch verabscheute, und wenn andere Frauen klagten, war sie verblüfft und amüsiert und glaubte im stillen, die Frustration dieser Frauen habe wenig damit zu tun, daß sie

Teller abkratzten oder den Staubsauger über einen Teppich schoben. Jetzt im April und Mai brachte sie nur ein Willensakt am Morgen aus dem Bett. Die Luft im Haus war gegen sie. Sie kam ihr naß und grau und schwer vor, schwerer als Nebel, und Edith stemmte sich durch sie hindurch zum Badezimmer, wo sie, noch lange nachdem sie fertig war, saß und auf den Fußboden oder den Duschvorhang starrte; dann ging sie in die Küche, und während sie das Frühstück machte, drückte die Luft auf ihre Arme und gegen ihren Körper. *Ich schlage Eier*, sagte sie sich, und sie blickte hinunter auf die Gabel in ihrer Hand, von deren Zinken Eigelb tropfte, während die Drehung aufhörte und die Eier bewegungslos in der Schüssel lagen. *Ich schlage Eier*. Dann tauchte sie die Gabel wieder hinein. Beim Frühstück las Hank die Zeitung. Edith sprach mit Sharon und aß, weil sie es mußte, weil es morgens war, es war Zeit zum Essen, und sie blickte über die Zeitung hinweg auf Hanks Gesicht, lauschte auf das Mahlen seiner Zähne auf dem Toast und sagte sich: *Ich spreche mit Sharon*. Sie verlieh ihrer Stimme einen sanften, mütterlichen, aufmerksamen Ton.

Dann war das Frühstück vorbei, und sie wurde von neuem von den verführerischen Wogen einer Lähmung erfaßt, die schon im Bett über sie hinweggespült waren, und sie blieb am Tisch sitzen. Hank küßte sie (sie wandte ihm ihre Lippen zu, sie trafen auf seine, sie küßte ihn nicht) und ging ins College. Sie las die Zeitung, trank Kaffee und rauchte, während Sharon mit ihrem Toast spielte. Sie hatte das Gefühl, sie würde am Tisch einschlafen; Hank würde am Nachmittag nach Hause kommen und sie schlafend zwischen den Tellern, Tassen und Gläsern finden, während Sharon irgendwo die Straße runter allein in einem Sandloch spielte. Und so erhob sie sich wieder mit einem Willensakt, sah zu, wie sich Sharon die Zähne putzte *(Ich sehe zu . . .)* und schickte sie ins Wohnzimmer, Zeichentrickfilme im Fernsehen anschauen, dann begann sie langsam, sich nach Schlaf sehnend, die Pfanne und die Kasserolle abzuwaschen *(schlage die Eier immer in einer Kasserolle*, hatte ihre Mutter zu ihr gesagt; *darin stehen sie höher als in einer Pfanne und braten weicher)*, sie kratzte die Teller ab und stellte sie mit den Gläsern, Tassen und Bestecken in den Geschirrspüler.

Dann trug sie den Staubsauger nach oben und machte das Bett, das Hank nach ihr verlassen hatte, und als sie sich darüber beugte, um das Laken festzustecken, hatte sie am liebsten dieser Schrägneigung nachgegeben und wäre in Zeitlupe mit dem Gesicht nach unten auf das halbgemachte Bett gefallen, um dort liegen zu bleiben, bis – es hatte Zeiten in ihrem Leben gegeben, da hätte sie am liebsten geschlafen, bis irgendwas aufhörte. Als sie, noch unverheiratet, in Iowa ihre Regel nicht bekommen hatte, wollte sie am liebsten weiterschlafen, bis sie wüßte, ob sie schwanger wäre oder nicht. Dieses *bis* bedeutete jetzt nichts. Ganz gleich, wie oft oder wie lange sie schliefe, sie würde in demselben Haus erwachen, in derselben schweren Luft, die sich gegen jede ihrer Bewegungen stemmte. Sie machte Sharons Bett und schaltete den Staubsauger ein. Immer hatte sie das schnell erledigt, nicht gut genug für die Augen ihrer Mutter, aber ihre Mutter war eine Pingel-Hausfrau: der Haushalt war erst gemacht, wenn die Fenster so geputzt waren, daß man nicht sagen konnte, ob sie offen oder geschlossen waren; aber ihre Mutter hatte eine Putzhilfe.

Der Staubsauger übertönte die Zeichentrickfilme, und Sharon kam nach oben, um ihr das zu sagen, und Edith erklärte, es dauere nicht mehr lange, und sie sagte Sharon, sie solle sich ihren Badeanzug anziehen – es sei schön draußen, und sie würden ans Meer fahren. Aber sie brauchte fürs Saubermachen länger als früher, als sie schnell von einem Zimmer ins andere gezogen war, frei von Lethargie oder Langeweile, statt dessen mit einem Gefühl der Vorfreude, das sie ebenso hatte, wenn sie andere Arbeiten verrichtete, die weder Übung noch Konzentration erforderten, wie zum Beispiel das Hacken von Zwiebeln oder das Reiben von Käse für ein Gericht, auf dessen Zubereitung sie sich freute.

Während Sharon nun nach unten ging, Limonade machte und in die Thermosflasche füllte, nach oben kam und wieder nach unten ging, und wieder nach oben kam und sagte, ja, es hätte eine kleine Überraschung gegeben, und wieder nach unten ging und sie aufwischte, schob Edith den Staubsauger und sich selbst durch die Zimmer und den Flur, dann ging sie nach unten und fing mit dem Wohnzimmer an, während Sharons Stimme an ihr so heftig zerrte wie Hände, die nach ihren Kleidern faßten, und sie biß die Zähne zusammen gegen die schrillen Schreie, die ihr plötzlich in die Kehle stiegen, und sie sagte sich: *Nicht doch: es ist nicht ihre Schuld;* und sie dachte an die Frauen in Supermärkten und auf der Straße, die ihre Kinder hinter sich her zerrten und vor sich her trieben und fast fluchend von der Stelle bewegten (einmal hatte sie eine Frau ihrem kleinen Sohn in den Hintern treten sehen, als sie ihn in einen Drugstore zerrte), und sie dachte an die Frauen auf Parties, bei Abendessen oder auf Decken am Strand; die ihre Kinder

im Wasser beobachteten und sagten: *Ich hab's so ver-*
dammt satt, den ganzen Tag mit den Kindern zu quat-
schen – nein, sagte sie sich, *es ist nicht ihre Schuld.*
Schließlich war sie mit ihrer Arbeit fertig, aber sie spürte
nichts von der Erleichterung, die sie sonst immer gespürt
hatte; die Luft im Haus war mittlerweile wie Wasser, als
sie sich durch sie nach oben ins Schlafzimmer bewegte,
wo sie sich auszog und ihren Badeanzug anzog. Sie nahm
Sharon bei der Hand und ergriff den Windschutz und die
Thermosflasche und die Decke, verließ das Haus, blin-
zelte in die spätmorgendliche Sonne und fragte sich geradezu inbrünstig, wann das aufhören würde, diese ent-
setzliche Beziehungslosigkeit zwischen ihr und allem,
was sie tat. Wenn sie nachts mit Hank schlief, sah sie ihn
mit Jeanne vor sich, und ihr Herz, von dem sie meinte, es
bräche nicht mehr, brach von neuem, rasch, leicht, als
wäre nicht mehr viel zu brechen da, und es versank in
stummer, stumpfer Wut, in der Ausweglosigkeit von
Liebesqualen.

An den langen hellen Abenden und in den Nächten im
Mai waren die Gespräche manchmal philologisch,
manchmal dunkel und quälend, wenn sie ihm Einzelheiten über sich und Jeanne entlockte; sie glaubte, wenn sie
die Einzelheiten erführe, könnte sie Jeanne um Hanks
Liebe bringen. Aber ihr war klar, daß das nicht der
einzige Grund für sie war. Von ihrem Leid besessen,
mußte sie noch tiefer darin eintauchen, es in seiner
Gänze immer und immer wieder erfahren. Aber die meisten Gespräche waren abstrakt, und den größten Teil
bestritt Hank. Wenn sie von Scheidung sprach, sagte er
ihr ruhig, sie führten eine liebevolle, innige Ehe. Sie

erlebte nun gerade, sagte er, einen ehrlichen und heilsamen Durchbruch. Sie hörte ihm zu, wenn er über die unnatürlichen Einschränkungen durch eine lebenslange Monogamie sprach. Er blieb immer ruhig. Kalt, meinte sie. Sie fand keinen Zugang mehr zu seinem Herzen.

Manchmal haßte sie ihn. Wenn sie ihn beim Reden beobachtete, sah sie sein Leben vor sich: Mit seiner Arbeit erschuf er sich seine eigene Harmonie, und dann machte er sich die Menschen zunutze, bei denen er sich gern entspannte. Wahrscheinlich war das nicht ausbeuterisch gedacht; wahrscheinlich war es das beste, was er tun konnte. Und es war eine Harmonie, die sie verloren hatte. Bis jetzt war ihre Ehe wie ein Kreis gewesen, wie deren goldenes Symbol an ihrem Finger. Wohin sie auch ging, sie befand sich noch immer in dessen Innerem. Dieser Kreis hatte eine sichere, zarte Grenzlinie, und der Tod und andere Gefahren lagen außerhalb davon. Wenn Hank schlief, lag sie jetzt oft wach und versuchte zu beten. Sie wünschte sich, daß sie sich in Gott verliebte. Sie wünschte sich, daß Seine Hand ihr Leben berührte und den einfachen Pflichten, die im Moment ihre Lebensgeister erschöpften, wieder Bedeutung verliehe. In diesen Nächten, in denen sie zu beten versuchte, sehnte sie sich danach, die Welt zu verlassen: ihre Taten würden profan erscheinen, aber sie stellten ihre Vereinigung mit Gott dar. Das Haus sauberzumachen wäre ein Akt der Vergebung und Nachsicht unter Seinem gütigen Blick. Aber sie wußte, es hatte keinen Sinn: sie glaubte, hatte aber kein Vertrauen: sie konnte Gott nicht unter ihr Dach und in ihr Leben holen. Gott wartete auf ihren Tod.

Nachts und voll Angst jetzt, als hätte Hanks ehebrecherisches Herz eine Bresche geöffnet und ihn hereingelassen, um sie zu beschleichen, dachte sie an den Tod. Eines Abends fuhren sie mit Jack und Terry Linhart nach Boston, um sich Judy Collins anzuhören. Der Konzertsaal war voll und verdunkelt, und sie saß in der spürbaren, hörbaren Stille der lauschenden Menge und beobachtete Judy, die in einem langen, lavendelfarbenen Kleid unter dem Scheinwerfer saß, während ihr das Haar über die Schulter fiel, wenn sie den Kopf über die Gitarre neigte. Bald vernahm Edith nicht mehr die Worte der Lieder. Traurig starrte sie auf Judys Gesicht und horchte auf die Stimme und stellte sich vor, wie die Stimme an die Ohren all dieser Leute, all dieser Fremden drang, und sie dachte, wie vergänglich eine menschliche Stimme doch sei, und wie der Tod nicht nur die Worte in der Luft verschluckte, sondern auch den Akt ihrer Entstehung und die Zeit, die es brauchte, sie auszusprechen. Sie sah Judy als kleinen Vogel, der auf einer Telegraphenleitung sang, und über ihr kreiste der Bussard. Sie erinnerte sich, einmal von einem alten Mann gelesen zu haben, der fünfundzwanzig Jahre damit beschäftigt gewesen war, aus einem Granitberg in South Dakota eine über 170 Meter hohe Statue von Häuptling Crazy Horse zu meißeln. Sie dachte an Hank und den Roman, den er jetzt schrieb, und während sie neben ihm saß, zog sich ihr Inneres von ihm zurück, und sie hoffte, er würde keinen Erfolg haben, sie hoffte, er würde auch diesen verbrennen müssen; sie sah sich, wie sie ihm dabei half, die Seiten ins Feuer zu werfen. Sie starrte auf das Gesicht über dem lavendelfarbenen Kleid und bemühte sich, die Worte und Töne in sich aufzunehmen.

Sie behielt den weißen Hörer noch in der Hand, obwohl sie das Klicken deutlich gehört hatte. Unschlüssig blieb sie sitzen. Schon wieder, sie hatte nicht damit gerechnet, daß er schon wieder verreisen würde, ganz plötzlich. Dringend, verstehst du? Sie verstand sehr gut.

In seinem Büro anrufen, arglos fragen, ob der Weekend-Koffer auch komplett sei, frischer Pyjama, gestreiftes blau-weißes Oberhemd, schwarze Socken? Die Stimme seiner Sekretärin würde verraten... Aber was denn, was sie nicht schon wußte, in zahllosen Komödien und Romanen abgehandelt, nichts Ungewöhnliches; sie kannte es eben aus eigener Erfahrung.

Sie stand federnd auf, sie war trainiert. Den Schlag in die Magengrube würde sie ihm irgendwann einmal heimzahlen. Letzten Endes würde sie gewinnen, versicherte sie sich. Trotzdem, schon wieder... es war nicht fair.

Sie nahm die Blumenspritze aus Messing von der marmornen Fensterbank und zerstäubte mit kurzen, heftigen Stößen Wasser über die fettglänzenden Blätter ihrer Zimmerpflanzen. Schön brauchten sie nicht zu sein, ihre Aralien, Kakteen, Kokospalmen und Begonien, nicht einmal selten; gesund mußten sie sein, vor allem gesund, keine braunen Flecke, keine welken Blätter, kein Mehltau oder Rost. Sie liebte strotzendes Grünzeug, dunkle, feuchte Blätter. Sie wischte die Blumenspritze sorgfältig mit dem Taschentuch ab, ehe sie sie zurückstellte. BleueBelge-Marmor ist wasserempfindlich und teuer – sie hatte es nicht vergessen.

Suchend sah sie sich im Zimmer um. Sechzig Quadrat-meter, o doch, das müßte man schon haben; Gäste, wissen Sie, Platz, endlich kein Provisorium mehr. Sie erinnerte sich noch genau an das erste Gespräch mit dem Architekten, an die Zeit, da sie Rahmen, Raum und Wirkung plante, von früh bis spät, ein, zwei Jahre lang. Damals fühlte sie sich, als wüchse sie mit den Mauern, als würde sie glänzender mit jedem Messingknopf, farbi-ger mit jedem Vorhang oder Teppich. Später erst stellte sie ernüchtert fest: ein Haus, nichts weiter. Es hatte sie nicht verändert. Und die Gäste, die, selten genug, das Wohnzimmer mit Zigarrenqualm, Parfum und Stimmen erfüllten, waren Verpflichtungen.

Aber sie hatte nun den repräsentativen Rahmen, den weiten Raum, die großzügige Wirkung. Sie hatte alles. Oder fehlte irgend etwas an den Wänden, wo englische Jagdszenen und Daumier-Stiche in Dreier- und Vierer-gruppen den Blick auf sich lenkten und sofort wieder entließen? Oder fehlte vielleicht etwas zwischen den zimtfarbenen Sesseln und Sofas, die sich symmetrisch und leer gegenüberstanden; oder in den Palisanderrega-len, wo die Bücher genauso dekorativ, ordentlich und nutzlos waren wie in den freien Fächern Silberbecher, Elfenbeinfiguren und persische Tonscherben? Wo haben Sie die her – ein beliebter Gesprächsanfang. Und waren die mattgelben Teerosen in der Kristallschale nahezu ein Kunstwerk? Sie hatte alles. Sie konnte wirklich nicht herausfinden, wo etwas fehlte. Sie schob ihr Kinn vor und ließ es zu, daß sich über der Nasenwurzel eine tiefe senkrechte Falte eingrub.

In der Diele sprangen ihr die Pudel entgegen. Sie griff mit beiden Händen in persianergraues Vlies. Warme

Körper drängten sich an ihre Beine. Sie hockte sich nieder und ließ sich die aufgeregten, eifersüchtigen Zärtlichkeiten gefallen. Sie wehrte sich kaum, als schwarze, feuchte Schnauzen in ihr Gesicht stießen und rosaweiche Zungen heiß über ihre Wangen schlappten. Die Hunde knurrten und winselten vor Eifer, sie kläfften sich an, bissen sich weg und stürzten von neuem auf ihre Herrin zu. Sie steigerte die heftige, hechelnde Freude, die ihr entgegenschlug, mit Koseworten. Aber plötzlich brach sie ab. Sie strich sich den Tweedrock glatt. Die Hunde verstanden sofort, sie schüttelten sich und krochen folgsam in ihren ausgepolsterten Korb neben der Friesentruhe.

Sie war erschöpft, als hätte sie bei der Balgerei mit den Pudeln ihre letzten Kräfte vergeudet. Mit vorgebeugten Schultern und gesenktem Kopf schleppte sie sich die weißlackierte Treppe hinauf. Sie klammerte sich am Geländer fest, als fürchte sie einen Schwindelanfall. Die Stufen schienen kein Ende zu nehmen, jede neue war höher und mühsamer zu erklimmen. Das Haus war groß, zu groß für sie allein. Sie zählte die Türen im oberen Stockwerk: acht. Achtmal mattweißer Schleiflack. Was hatte der Quadratmeter gekostet? Es schien ihr plötzlich wichtig. Sie hatte es vergessen. Sie würde nachsehen in einem der vier roten Ordner, in denen sie jede Rechnung abgeheftet hatte, die das Haus betraf. Achtmal dreihundertachtzig, nein, vierhundertzwanzig? Sie strapazierte ihr Gedächtnis mit Zahlen, einzig um drei Worte zu vertreiben: dringend, verstehst du?

Er hatte bestimmt schon lange vorher gebucht. Mehrere Linien, verschiedene Abflugzeiten, für alle Fälle. Ein, zwei Stunden, und er war jenseits der Alpen. Sie hatte nicht einmal gefragt, wohin er so dringend verreisen mußte. Rom? Mailand? Es konnte auch Kopenhagen sein. Im Hotel würde er es kaum merken. Zwei Zimmer. Gewiß hatte er zwei Zimmer bestellt. Er war vorsichtig. Routine, das gleiche Ritual, vielleicht auch die gleichen Sätze.

Die Masseuse mußte bald kommen. Sie drehte im Badezimmmer die Hähne auf. Wasserdampf beschlug die rosa Kachelwände, gerann am Spiegelglas zu dicken Tropfen. Sie duschte, so heiß sie konnte, danach ertrug sie den scharfen kalten Wasserstrahl als prickelnde Wohltat. Sie hielt den Atem an und ließ das eisige Wasser über sich laufen, bis sie kühl war, kühl und wie ausgelaugt. Einen Augenblick betrachtete sie sich im Spiegel, der ihren geröteten Körper tauüberperlt wiedergab: robust, ein wenig zu fleischig, aber so aufgedämpft und durchblutet schien er in bester Form. Er liebte jetzt zarte Nymphen, die auf hohen Absätzen schwankend daherstöckelten und alle Tricks eines perfekten Make-ups beherrschten.

Naß, in ihrem weißen Bademantel, lag sie auf ihrem Bett. Sie ließ ihre Hände, ihre Arme, ihre Füße, ihre Beine methodisch fühllos werden. Entspannen. Sie hatte es gelernt. Sie hatte gelernt, gesund zu leben, sich ihrer Gesundheit als lebensnotwendige Aufgabe zu widmen. Es war mindestens so anstrengend, geld- und zeitraubend wie ein mittelschweres chronisches Leiden. Aber sie war gesund. Die kräftigen Hände von Frau Mander bestätigten es.

Kaum ein Knötchen zu spüren, sagte die Masseuse anerkennend. Was machen die Kopfschmerzen?

Ach, sagte sie nur, und bettete ihre Stirn bequemer auf das kleine Kissen. Es gab Schlimmeres.

Frau Manders Finger kreisten mit sanftem Druck auf den kritischen Partien um Schulter und Halswirbel. Zu stark?

Sie schüttelte den Kopf. Sie hätte nichts gegen anhaltende Schmerzen gehabt, wenn sie nur jeden Gedanken wegfraßen.

Die gutbezahlten Hände glitten die Wirbelsäule hinunter und herauf, strichen und kneteten Muskelstränge rechts und links, walkten schließlich die Fettpolster über den Hüften durch. Na, na, sagte Frau Mander und klatschte auf das weiche, rosige Fleisch.

Konfekt und zweimal Sahneeis, gab sie zu, befriedigt, daß die Masseuse die paar Gramm mehr sofort bemerkt hatte. Sie fühlte sich wohl unter den klopfenden, zupackenden Fingern, die sie kannten wie keiner sonst. Wie lange arbeiten Sie schon in ihrem Beruf, fragte sie, als die Hände bereits an der linken Wade angelangt waren und konzentriertes Entspannen nicht mehr nötig schien.

Seit Kriegsende? Eine Ewigkeit. Wissen Sie noch? Ein Brotbeutel voll halbierter, bestoßener Kartoffeln, die beim Sortieren abfielen! Ein Schatz! Ach...

Sie legte sich flach auf den Rücken, jetzt konnte sie in das ruhige Gesicht von Frau Mander sprechen. Haben Sie das erlebt? Nach Hause kommen, auspacken, eine Handvoll Brombeeren vom Wegrand, Falläpfel und zwei Eier, die eine Bauersfrau für einen Schildplattkamm gegeben hatte: das genügte schon, um einen ganzen Tag glücklich und fast satt zu sein.

Glücklich... Sie stolperte über das Wort, suchte nach einem neuen. Glücklich? War es das, was sie meinte? Hinterher, sagte sie, hinterher sieht alles ganz anders aus. Diese Jahre! Wir warteten alle auf eine Chance. Wir lebten in ständiger Spannung. Wissen Sie noch? Diese Jagd nach ... Sie zuckte zusammen, als Frau Mander die weiße Cashmere-Decke über sie breitete. Müssen Sie schon gehen? fragte sie. Ich könnte Sie mit dem Wagen bringen, und Sie essen vorher noch etwas mit mir. Bleiben Sie doch, bettelte sie, ein halbes Stündchen nur.

In der Küche löffelten sie schweigsam Joghurt, aßen fettlos gegrilltes Kalbsteak mit Möhrensalat und tranken in kleinen Schlucken frischgepreßten Orangensaft.

Ein gesunder Tag, sagte sie.

Frau Mander lächelte zustimmend. Gesund ja.

Wo wohnt Ihre nächste Kundin? fragte sie und merkte endlich, daß auch sie für Frau Mander nichts anderes war: eine Kundin.

Sie pfiff den Hunden, als sie den Wagen aus der Garage fuhr. Die Pudel sprangen auf den Rücksitz.

Ich fahre nicht gern allein, erklärte sie der Masseuse. Sie freuen sich, wenn sie mitdürfen. Sie sind traurig, wenn ich ohne sie weggehe. Und wenn ich zurückkomme – Sie sollten das sehen! Sie verstehen alles, die beiden.

Hübsche Hunde, sagte die Masseuse.

Lieb sind sie und so treu, sagte sie und streichelte, ungeachtet des Straßenverkehrs, mit der Linken die Pudel, während die Rechte das Lenkrad fester umklammerte.

Ja, Tiere ..., sagte Frau Mander.

Er hatte beschlossen, die Fahrt nachts zu unternehmen, nach dem Abendessen, etwa vierhundert Kilometer in Richtung Norden über eine erbärmliche Straße, die förmlich danach schrie, von Autos gemieden zu werden. Er saß mit seiner Frau und dem Kleinen beim Essen, und es war einer jener Abende, an denen es nie zu einem Abschied kommen durfte, so voller Kälte und in sich selbst zurückgezogen waren sie. Genau wie vor fünfzehn Jahren wurde seine Frau immer noch jedesmal böse, wenn er beschloß, den Wagen zu benutzen. Beide Dinge waren schon für sich allein genommen Grund genug, böse zu werden, und nun wollte es der Zufall – nicht zum ersten Mal –, daß beide zusammentrafen. Sie zog sich in die Küche zurück, machte zwei Teller mit einem kalten Imbiß fertig und stellte sie auf das Tischchen vor dem Fernseher, so wie jemand, der sich einer verwaltungstechnischen Aufgabe entledigt. Der gekochte Schinken, der einfache Salat, der kleine Tisch und die Möglichkeit, jederzeit den Fernseher einzuschalten – eine Aufforderung, nichts zu sagen, wenn doch niemand etwas sagen wollte –, bildeten den Rahmen, in dem sie eine unversöhnliche Gleichgültigkeit zur Schau trug, die vollständige Synthese ihres Ärgers. Ebenfalls aus Gewohnheit beschloß er, im selben Tenor weiterzumachen, und das Abendessen verlief in einem Schweigen, das nicht einmal die leise gestellte Stimme des Fernsehers beachtete, auf den alle schauten. Er dachte ein paarmal daran, sich Luft zu machen und sie ein für allemal zu fragen, was der eigentliche Grund für diese Szenen sei. Zu einer Zeit, als ihre Streitigkeiten noch den Nerv irgendwelcher Gefühle traf, brachte sie immer das Argument einer vagen Furcht vor dem Auto vor, die allerdings nicht vorhanden war, wenn sie ihn begleitete. Ihm war es immer so vorgekommen, als verberge sich hinter diesem Grund ein anderer, als sei dies nichts als ein Vorhang aus Rausch, um den eigentlichen Grund zu verbergen, denjenigen, den sie verschwieg. Auf jeden Fall machte er sich keine Luft. Er glaubte, vor langer Zeit schon den geheimnisvollen Grund entdeckt zu haben. Systematisch mißtraute seine Frau allem, was er allein unternahm, aus mangelnder Liebe vielleicht, auch wenn sie das Gegenteil glaubte. Abstrakt fühlte sie sich im Stich gelassen, wenn er beschloß, etwas allein zu tun. Konkret dachte sie immer an die Möglichkeit, daß eine Frau ihren Platz in dem Fahrzeug einnehmen könnte, wohin er auch fuhr. Diese Möglichkeit, erschaffen vor allem von ihrem eigenen Mißtrauen, die sie einfach als gegeben annahm, ohne irgendeinen anderen Hinweis, erschien ihr als etwas Objektives, das außerhalb jeder Diskussion stand. Auf diese Weise kostete es sie nur geringe Mühe, von dem, was bloße Möglichkeit war, zur vollendeten Tatsache zu gelangen. Für sie lag kein Unterschied darin, ob sie ihn der objektiven Möglichkeit bezichtigte, die er sich verschaffte, oder ob sie ihn des letztlich vollzogenen Betrugs bezichtigte. Luis Pozna, der wenig zu intellektuellem Sezieren neigte, hatte schließlich die Entdeckung gemacht (er verdankte sie mehr der Offensichtlichkeit, die sich durch ständige Wiederholung herauskristallisiert hatte, als einem willkommenen Geistesblitz), daß all dies Ergebnis der Tatsache war, daß sie beide einander nicht kannten. Er hätte auf solch einer Fahrt niemals eine Frau eingeladen, ihn zu begleiten. Es wäre ihm nicht einmal in den Sinn gekommen, eine zufällige Begegnung zu suchen, ganz gleich ob bezahlt oder umsonst. Das Wesentliche ist jedenfalls, daß Cecilia, seine Frau, dies nicht wußte und darüberhinaus gar nicht in der Lage war, es zu wissen. Das Traurigste war, daß seine Frau nach fünfzehn Jahren nicht wußte, wen sie geheiratet hatte. Der Druck, den beide in Momenten wie diesem auszuhalten hatten, fand kein Ventil. Sie würde ihre wahre Furcht nicht eingestehen, und er war genausowenig bereit, so einfach zu akzeptieren, daß er sich ein Leben mit jemandem aufgebaut hatte, für den er ein Fremder war.

Der Junge blieb vor dem Fernseher sitzen und sah sich ein Quiz an, und sie ging im Kittel mit nach unten, um ihn zu verabschieden. Sie hielt die Arme strategisch vor der Brust gekreuzt: die Haltung einer Brigade, die in einem Graben festsitzt, aus dem sie weder durch einen Angriff noch durch einen Rückzug wieder hinauskann. Auf den Asphalt der kleinen Vorortsiedlung fiel ein glanzloser Mond, voll und hart, der alle Dinge irgendwie entfernt erscheinen ließ. Es herrschte eine feuchte, undurchdringliche Kälte, die einen das Unwirtliche der Witterung mit der Zeit tief im Innersten empfinden ließ. Es folgte natürlich jener Moment unschlüssigen Schweigens, in dem beide bereit schienen, etwas zu tun, das sie dann doch nicht taten. Sie strichen einander über das Gesicht und nahmen beide mit nicht sehr ruhigem Gewissen Abschied voneinander.

Erst als er den Motor anließ und dann auf die verlassene Allee einbog, die zur Hauptstraße führte, fand Luis Pozna zu einer relativen Ruhe. Nach etwa sechzig Kilometern, kurz bevor er den ersten Paß erreichte, klarte die

Nacht vollständig auf. Der Umriß der Berge, die immer näher kamen, zeichnete eine strahlende, bläuliche Linie an den Horizont, wie ein Pfad, den die Sterne übertrieben stark erhellten. Während der Wagen die ersten Steigungen nahm, hatte der Fahrer das Gefühl, seinem weiteren Weg ohne Scheinwerfer folgen zu können. Es war ein Spiel, das er sich schon bei anderen Gelegenheiten erlaubt hatte, sogar in ziemlich finsteren Nächten, und das ihn wie ein Rausch anregte, wenn er für ein paar Sekunden auf einem nicht vorhersehbaren Weg dahinglitt. Bisweilen hatte er das Gefühl, in einen Abgrund zu stürzen oder langsam eine Steigung von fünfzehn Grad zu nehmen, wenn in Wirklichkeit genau das Gegenteil geschah. Das Ergebnis waren ein paar Augenblicke der Unwirklichkeit, die, wenn er die Lichter wieder einschaltete, mit einem fast physisch spürbaren Schlag verschwanden: Für ein paar Minuten hatte er Mühe, sich wieder auf die Strecke zu konzentrieren, und er mußte sich regelrecht anstrengen, um das Fahrzeug unter Kontrolle zu behalten. Dieses Spiel hatte er bis zum Exzeß ausprobiert, als er noch jünger war. Er gelangte zu der Überzeugung, daß dies eine Art sei, seinen eigenen Tod zu spielen, den Tod in der Form des Selbstmordes. Eines Tages blieb er auf einer Geraden, die er genauestens kannte, fast bis zum allerletzten Moment im Dunkeln. In dem Augenblick, wo er die Scheinwerfer einschaltete, warfen diese ihren gebündelten Strahl ins Leere und zeichneten eine kreisförmige Wolke ab, die ihm sogleich anzeigte, daß er am Ende der Geraden angelangt war und sich mitten in der daran anschließenden Kurve befand. Es blieb ihm noch mehr als genug Zeit, das Steuerrad herumzureißen und sie ohne den geringsten Zwischenfall zu durchfahren, aber er tat es nie wieder. Jedes Spiel wird gefährlich, wenn man systematisch versucht, die einmal erreichten Grenzen zu überschreiten – die Art von Laster, deren ursprünglicher Sinn verloren geht, sobald sie vom Spieler Besitz ergreifen.

Jetzt hatte er die Erinnerung an dieses Verlangen gespürt und verbrachte einige Kilometer mit der Überlegung, ob er es erneut versuchen sollte. Er dachte an seine Frau und flüchtig an das Kind, wie es sich die Quizsendung im Fernsehen ansah, und ein mildes Schuldgefühl brachte ihn schließlich davon ab.

Langsam, langsamer als je zuvor fuhr er die letzten steilen Abschnitte der Paßstrecke hinab, und der Wagen nahm Kurs auf eine kleine Hochebene, die wie die Bühne eines Theaters von den Lichtern des Himmels erleuchtet wurde. Zunächst achtete er nicht auf die dunkle Silhouette, die wie angewurzelt auf dem erdigen Seitenstreifen neben der Fahrbahn stand. Er hielt sie für ein Verkehrsschild oder etwas dergleichen, als die Scheinwerfer wenig später ihre nähere Umgebung streiften. In diesem Moment wurde ihm womöglich bewußt, daß sie, worum auch immer es sich handeln mochte, seine Aufmerksamkeit wert sei. Als die Lichtkegel seiner Scheinwerfer den Schatten voll erfaßten, erlaubte ihm das auch nicht zu erkennen, um was es sich handelte. Es mochte eine Art Vogelscheuche sein oder einfach ein großer Karton, der zufällig aufrecht stehengeblieben war, etwas wie eine feste, übergroße Papiertüte. Instinktiv verringerte er die Geschwindigkeit, bis der Wagen schließlich ein paar Meter vor dem Gegenstand zum Stehen kam. Nun konnte er ein Kleidungsstück erkennen, das einem Umhang glich, der vollständig dasjenige umhüllte, was darin steckte. Er stellte den Motor nicht ab. Der Lichtkreis der Scheinwerfer und die Konzentration seines Blickes auf das dunkle Gebilde ließen die Nacht fast weiß werden. Und ziemlich seltsam, wenn er bedachte, daß er ohne jeden erkennbaren Grund am Rande des Straßengrabens angehalten hatte und daß er weiterhin dort stand, ohne sich zu entscheiden, ob er aus dem Wagen steigen oder einfach weiterfahren sollte.

Er begann sich allmählich der Absurdität dieser Situation bewußt zu werden, als sich die Gestalt sanft umwandte und er durch einen Spalt, den der Umhang offenließ, das blasse, irgendwie traurige Gesicht einer Frau erahnen konnte, die beschämt zu sein schien über das, was geschah. Ein paar Augenblicke lang rührte sich keiner von beiden. Es waren Momente der Unsicherheit und unangenehmer Empfindungen für Pozna, der schon die Nähe des Lächerlichen spürte. Mit einer zu brüsken Bewegung, die vor allem gegen ihn selbst gerichtet war, öffnete der Autofahrer die Tür und sagte etwas wie: »Soll ich sie irgendwohin mitnehmen?«

Das Gesicht sagte nichts. Es beschränkte sich darauf zu schauen und, soweit es die Entdeckung Poznas betraf, zum ersten Mal ein Paar dunkler Augen zu öffnen, denen der Kontrast zur Haut in keiner Weise zum Vorteil gereichte.

»Es kostet mich keine Mühe. Außerdem stehe ich ja schon.«

Die letzten Worte kamen ihm ziemlich albern vor, aber nicht schlimmer als die gesamte Situation, wenn man sie von einem objektiven Standpunkt aus betrachtete, mochte der Grad an Objektivität auch noch so gering sein.

»Ich nehme Sie soweit mit, wie Sie es mir sagen. Ich habe noch eine ganze Strecke vor mir. Es macht mir nichts aus, das sage ich Ihnen ganz ehrlich.«

Er spürte, daß er sich auf eine ziemlich instinktive Art von dem Bedürfnis hinreißen ließ, die Fremde von etwas zu überzeugen, von dem er selbst durchaus nicht überzeugt war. Er hatte den Eindruck, daß sich die Dinge in einem Tempo entwickelten, das nichts mit dem Rhythmus zu tun hatte, in dem sich die alltäglichen Dinge abspielen, am allerwenigsten die Begegnung zwischen zwei Unbekannten unterschiedlichen Geschlechts. Aber all das waren bloß Eindrücke, denn wenn er Zeit gehabt hätte, darüber nachzudenken, was in eben diesen Augenblicken geschah, hätte er genausowenig gefunden, was er sich konkret hätte vorwerfen können. Er war es, der jenem Vorgang, der ansonsten nichts Außergewöhnliches an sich hatte, Transzendenz und Bedeutung beimaß.

»Wir machen es so: Ich werde mit dem Wagen an Sie heranfahren, Ihnen die Tür öffnen, und wenn Sie möchten, steigen Sie ein.«

Er verharrte noch einen Moment in derselben Haltung wie zuvor, ehe er seine Tür zuzog und den Wagen langsam auf die Stelle zulenkte, wo die Frau stand.

Als er sie erreichte, tat er, wie er gesagt hatte. Ihm blieb kaum Zeit, die Hand vom Türgriff zu nehmen, denn die in ihren Umhang gehüllte Frau sprang wie der Blitz in den Wagen. Er betrachtete sie eine ganze Minute mit ersichtlichem Staunen, aber sie wandte ihm ihr Gesicht nicht zu. Das Fahrzeug setzte sich in Bewegung. Vorsichtig steuerte er auf die Fahrbahn und versuchte, mit aller Macht Dinge wieder als etwas Normales zu

behandeln, die, wie er sich erneut sagte, nichts Außergewöhnliches an sich hatten.

»Es ist das erste Mal, daß ich so etwas mache.«

Als er »so etwas« sagte, hielt er inne. Er hätte sagen
können, »daß ich jemanden an der Straße mitnehme«,
oder etwas in der Art, aber er hatte gesagt »so etwas«.
Die Worte hatten den Beiklang zweifelhafter Absichten,
wenngleich auch den von Gefahr und von einer Klage.

»So etwas« ging ihm weiter im Kopf herum, bis sich die
Worte schließlich aufblähten, sein ganzes Denken aus-
füllten und ihn daran hinderten, noch irgendeine Bemerkung zu machen. Sie hinderten ihn auch etliche Kilometer lang daran, die Frau anzuschauen. Tatsächlich
schaute er sie nicht wieder an, ehe sie in der Nähe des
schwarzen Fleckens eines Waldes, der sich gegen den
Himmel über einem Hügel abzeichnete wie der zerris-
sene Vorhang eines Theaters, mit einer Rauheit sagte, die
nicht nur den Tonfall betraf, sondern physisch war, eine
Art Zunge, die aus einem Loch in der Erde hervorkroch:
»Hier.«

Pozna schaute sie ziemlich verblüfft an. Erstens, weil er
die Bedeutung dieses Befehls nicht sogleich erfaßte und
sie dann noch dazu falsch verstand. Zweitens, weil er
ganz einfach von dieser Art nächtlicher Gespensterge-
stalt keinen Befehl erwartete.

»Wollen Sie sagen, daß Sie hier aussteigen?«

»Hier«, sagte bloß erneut die erdige Zunge.

»Hier ist niemand. Man sieht nicht ein einziges Licht.«

Die Frau schaute weiter geradeaus, ohne etwas zu sagen.

»Sie werden ganz alleine sein. Sie werden wieder einen
anderen Wagen anhalten müssen.«

Pozna überlegte eine Sekunde und hatte sogleich eine Erleuchtung von jener absurden Art, die in unmittelbarer Nähe des Wahnsinns anzusiedeln ist.

»Bin ich Ihnen vielleicht irgendwie zu nahe getreten? Sagen Sie es ganz offen, denn ich habe bestimmt nicht die Absicht, Sie an diesem Ort zurückzulassen. Das fände ich barbarisch.«

»Hier.«

Aber diesmal klang das Wort nicht mehr gleich. Es war sanft, fast wie ein entfernter, schmachtender Gang, der sich um die Haut des Mannes legte wie die Stoffbahnen eines Lakens. Als er das Gesicht zu ihr wandte, um zu versuchen, diese neuen Empfindungen zu verstehen, bot sich ihm ein Schauspiel, das ihm den Atem stocken ließ. Die Frau hatte ihren Umhang geöffnet und ließ einen vollkommenen, recht kräftigen Körper sehen, der in deutlichem Gegensatz zu dem verhärmten, bläulich schimmernden und eindeutig traurigen Gesicht stand. Die beiden weißen Hände hielten die Zipfel des Kleidungsstückes wie jemand, der einen höchst vertraulichen Schatz zeigt, ihn darbietet und zugleich dazu auffordert, ihn im Innersten der Truhe miteinander zu teilen.

Der Mund der Frau verzog sich zu einer Grimasse, bei der ihre zu weißen Zähne aufblitzten. Pozna brachte den Wagen zum Stehen, da er unmittelbar ein Schwindelgefühl verspürte. Er faßte sein Gesicht mit den Händen und stützte die Arme in einer Gebärde auf das Lenkrad, die zu versuchen schien, jenes Trugbild aus seinen Augen zu verbannen. Aber fast wie in einer Verlängerung derselben Gebärde wandte er, die Hände immer noch in Höhe des Gesichts, die Arme angewinkelt, seinen Oberkörper

und ließ sich auf das wohlgeformte, üppige und bereit-
willige Fleisch der Frau fallen. Dort verlor er sich. Es
schien, als ob sein ganzer Körper in eine warme Grotte
eintauchte, während er sich zugleich der harten, scharfen
Grate bewußt war, die ihre Oberfläche ausmachten. Er
hatte nicht das Gefühl, als sei er in die Frau eingedrungen, sondern als sei er selbst in ein flüssiges Gebiet eingedrungen, wo die Luft nur in kleinen Bissen existierte, die
von einer Seite des Raumes zur anderen wanderten.

Pozna erwachte später auf dem Rücksitz des Wagens.
Er schüttelte den Kopf und sah sich suchend nach der
Frau um, fand sie aber nicht. Er fühlte sich körperlich
schlecht; durch seine Schulter fuhr ein ziehender
Schmerz, und zwischen den Schläfen hatte er ein Gefühl,
als perlten dort lauter kleine Bläschen. Er verwandte
nicht allzuviel Zeit darauf, sich über die Situation klar zu
werden; im Gegenteil, er beeilte sich, so gut er konnte,
und sobald er dazu in der Lage war, setzte er sich ans
Steuer und ließ den Motor an. Er brauchte die unmittel-
bare Bewegung des Fahrzeugs, das Gefühl der sich dre-
henden Räder und die Kraft der Achsen unter einer
Maschine, die so wirklich war wie ihr eigenes Gewicht.

Zwei Stunden später erreichte das Auto die ersten Aus-
läufer des nördlichen Hochlandes. Die Nacht zeigte immer noch ihre unbeirrbare Klarheit, deren Widerschein
an verschiedenen Stellen der Landschaft Pfützen bildete
und hier und da einen flüchtigen, silbrigen Blitz hervor-
brachte. Pozna hatte physisch und psychisch die Ruhe
wiedergewonnen (tatsächlich konnte er erst seit wenigen
Minuten behaupten, daß er sie voll und ganz wiedergewonnen hatte), mit der er die Fahrt begonnen hatte.
Andererseits hatte die Entfernung, die ihn von dem Ort

trennte, wo er der Frau von der Straße begegnet war, die Eigenschaft, diese Erinnerung immer weiter zurückzudrängen. Er war sich sicher, daß es ihm hundert Kilometer weiter nördlich schwer fallen würde, an das zu glauben, was er erlebt hatte. Diese Möglichkeit stimmte ihn so froh, daß er schließlich eine Euphorie empfand, die derjenigen des Alkohols oder der eines Vitamins glich, das an der richtigen Stelle des Körpers ankommt. Er fühlte sich glücklich, so absurd diese Vorstellung auch in einem Moment zu scheinen mochte, dem ein anderer vorausgegangen war, der unter genau dem entgegengesetzten Vorzeichen gestanden hatte.

Das Auto bremste, geriet auf dem Schotter am Straßenrand ins Rutschen, und für eine Sekunde schien es, als werde es die verhüllte Gestalt erfassen, die auf dem Seitenstreifen stand. Dieses Mal bewegte sich die Gestalt auf die Wagentür zu, und kurz bevor sie einstieg, ließ sie das Kleidungsstück fallen, um einen Körper zur Schau zu stellen, der dem von vorhin in nichts ähnlich sah: Die großen Brüste waren nun klein wie Äpfel, und an die Stelle der üppigen Formen waren nun andere, eher androgyne getreten, vielleicht auch einfach eher jugendliche. Auch war das Profil des Gesichtes nicht dasselbe. Dieses hatte etwas Leutseliges, das dem vorherigen völlig fehlte. Das Kleidungsstück blieb auf dem Boden zurück, wo es den Tau aufsog.

»Das war nicht sie, ich bin ganz sicher. Das war nicht sie, ich werde langsam verrückt.«

Luis Pozna bemerkte, wie ihm der kalte Schweiß über die Hände lief und sie auf dem Lenkrad ins Rutschen brachte. Er hatte ein hochrotes Gesicht, und ein violetter

Ring begann sich um seine Augen zu bilden. Er fuhr, indem er das Lenkrad praktisch umarmte, in einer Haltung, die es ihm ermöglichte, in einem Moment der Verzweiflung den Kopf aufzustützen. Das Auto bewegte sich mit einer Geschwindigkeit von mehr als einhundertfünfzig Stundenkilometern vorwärts, ohne daß der Fahrer es zu bemerken schien.

»Was geschieht mit mir? Ich werde allmählich verrückt. Ich begegne zwei verrückten Frauen, halte an, nehme sie mit, und dann, mein Gott, es ist, als könnte ich nicht verhindern, sie zu umarmen, auch wenn ich gar nicht weiß, ob sie mir gefallen, aber ich muß dieses Fleisch berühren. Ich weiß nicht, was für Gründe das hat, aber sicher ist, daß ich auf alles andere nicht achten kann, zum Beispiel darauf, daß das, was mit mir geschieht, unmöglich ist, und daß sie beide unmöglich sind, außerdem sind sie nicht ein und dieselbe, dabei scheinen sie es zu sein, die eine erinnert sich an die andere, es ist, als wären sie durch irgendein zeitliches Band vereint, und nicht durch das Skelett oder die Nerven, ich weiß, daß die Junge von der Älteren wußte oder die Ältere war, diesmal hat sie nicht gewartet, um den Umhang im Wagen abzulegen oder um zu sehen, ob ich mich entschied, was sage ich, das muß aufhören, es muß aufhören.«

Er war sich dessen nicht bewußt, aber er hatte schon seit einer geraumen Weile die Augen geschlossen, und der Wagen behielt dieselbe Geschwindigkeit bei. Er konnte sich nur an die Brust oder die Hüfte oder die Haut einer der Frauen erinnern, formte daraus verschiedene Körper, die er berühren konnte, als wären sie wirklich vorhanden. Jetzt begehrte er sie, wie er sie nicht begehrt hatte, als er mit ihnen zusammengewesen war.

Die Augen blieben geschlossen auf der langen Geraden, die das erste Stück Ödland durchquerte, ehe sie senkrecht zu den Feldern des Tales hinabfiel.

Als er sie öffnete, feucht und schwer und nicht willens zu sehen, geschah dies aus jenem seltsamen Zusammenwirken der Sinne heraus, die sich gegenseitig wachrufen, wenn einer Alarm schlägt. Einer von ihnen mußte wahrgenommen haben, daß sich der Wagen seit ein paar Zehntelsekunden nicht mehr auf dem Asphalt befand, sondern daß er sich seinen eigenen Weg gesucht hatte, auf einem Pfad ohne Schlaglöcher, der leicht schwindelerregend war. Die Augen öffneten sich weiter, aber ohne zu erschrecken, als sie in einem Strahlenkranz, der aus dem Lichtschein der Scheinwerfer bestand, den Körper einer Frau sahen, die sich von den anderen unterschied. Mit den Fingerspitzen hielt sie den Umhang, der sie entblößte. Er wurde im freien Raum immer schneller, während die Frau ihn mit einem etwas lustlosen Lächeln rief. Das letzte, was er zu denken vermochte, war, daß das Gesicht der neuen Frau dem seiner eigenen glich, und wie er das nicht früher hatte merken können.

Ich erzählte euch von dem Nachmittag in Albas Atelier, als ich Modell saß für ihr Paradiesbild und ihr endloses Geschwätz anhörte über den Gott, den sie genauso gesehen hatte wie den Fußballspieler der »Lazio«.

Als ich ihr Atelier verließ, war es schon dunkel. Aber ich hatte keine Lust, nach Hause zu gehen. Jener Frauenname, den mein Mann im Schlaf ausgesprochen hatte, klang mir unaufhörlich in den Ohren, mir war, als sehe ich ihn auf die Mauern geschrieben und in den Leuchtreklamen... Direkt vor mir leuchtete oben auf dem Dach eine Neonschrift auf und erlosch wieder, leuchtete auf und erlosch.

Auch ein Bild leuchtete auf und verschwand, leuchtete auf und verschwand. Die Leuchtstoffröhren zeichneten in großen Zügen die Gestalt eines Männchens mit Baskenmütze und mit einer Pfeife im Mund; darunter stand in großen Lettern: LUCHSAUGE NACHFORSCHUNGEN FÜR BRAUT- UND EHELEUTE.

Wie ich das Bild sah, kam mir zum erstenmal auch der Gedanke, mich dieser Möglichkeit zu bedienen.

Lange stand ich da und betrachtete das Leuchtbild mit dem Männchen. Ich gebe zu, es verwirrte und reizte mich sehr.

Zum erstenmal bot sich mir eine konkrete Möglichkeit, aus der Ungewißheit herauszukommen, die mir Leben und Blut vergiftete. Wissen. Ich konnte alles wissen. Endlich sicher sein, ob mein Mann mich betrügt oder nicht. Und mit wem. Wenn alles nur Einbildung gewesen wäre...? Warum nicht? Ich konnte mich getäuscht haben; und dann würden alle Qualen, die Wut und alle Ängste, die mir den Schlaf raubten, verschwinden...

Aber wenn ich statt dessen etwas sehr Unangenehmes entdecken sollte?... Nicht einmal diese Hypothese vermochte mich jetzt noch abzuhalten; ja, auch die schlimmste Entdeckung würde eine Erleichterung sein, eine bittere, verzweifelte zwar, aber doch eine Erleichterung...

Dennoch hielt mich etwas zurück, sehr spürbar sogar. Ein instinktiver Widerwille; und dann die Angst... Wie hätte ich in Wirklichkeit vor diesen Fremden hintreten, ihm meine intimsten Angelegenheiten erzählen, mich selbst und meinen Mann in seine Hände geben können? Meinen Mann heimlich beobachten und verfolgen lassen... Das war doch widerlich, muß ich schon sagen.

Zu Hause saß ich lange da und starrte auf jene Adresse und die Nummer im Telephonbuch. Zwei- oder dreimal hob ich den Hörer ab und legte ihn wieder auf. Mir kam es fast vor, als wollte ich eine Verabredung mit einem Liebhaber treffen.

Schließlich wählte ich die Nummer, und zwar sehr schnell. Eine etwas heisere, gedehnte Stimme antwortete mir. Ich nannte einen erfundenen Namen, nicht den meinen, fragte ganz allgemein nach den Empfangszeiten für Besucher und legte den Hörer sofort wieder auf; kaum wartete ich die Antwort ab.

Meine Schwester hatte keine Bedenken. Das heißt, meine verheiratete Schwester. Die andere, Fanny, konnte ich in einem solchen Falle wirklich nicht um Rat fragen. Man stelle sich das vor! Sie hätte mir ins Gesicht gelacht. Fanny will Schauspielerin werden – das hätte auch ich gewollt, aber ich kam nie dazu, während Fanny

schon Probeaufnahmen gemacht und kleine Rollen gespielt hat –, sie hat immer einen Schwarm von Verehrern
um sich ... Adele aber konnte ich schon fragen in einem
gewissen Sinn. Denn Adele ist immer schwanger und
genießt in der Familie große Verehrung, sie versteht diese
ehelichen Probleme. Ja, sie machen eigentlich ihr ganzes
Leben aus. Sie scheint sich zwar ständig in abstrakten
Träumereien zu ergehen, so als dächte sie zum Beispiel
an den Mond, dabei denkt sie aber an nichts als an
Kinderbrei, Kinderschuhe und Kindermägen.

In ihrer langsamen, bedächtigen Sprechweise sagte sie
mir, daran hätte ich sogar schon früher denken sollen. Es
sei das einzig Vernünftige, was man tun könne. Ihn
entlarven, diesen Schurken. Die Möglichkeit, daß mein
Mann unschuldig sein könnte, gab es für sie überhaupt
nicht. Es handelte sich einzig darum, ihn in die Enge zu
treiben, zu sehen, wie er bleich würde, und ihn mit
sicheren Tatsachen zu zermalmen ...

Sie war es, die mich begleitete, denn ich allein hätte
wirklich nicht den Mut gehabt hinzugehen. Ja, noch im
letzten Moment, als wir schon am Eingang waren –
einem schmalen, dunklen Eingang zu einem alten Haus
im Zentrum –, wollte ich wieder umkehren. Wir disku-
tierten eine Weile halb im Hausflur, halb auf der Straße;
ich zog sie am Ärmel, und sie sagte mir halblaut, ich sei
eine dumme Gans; sie war sehr irritiert wegen dieser
Diskussion mitten unter den Leuten.

Ich glaube nicht, daß sie mich überzeugt hätte; aber
plötzlich erschien mir eine seltsame Gestalt, wie ein
Klosterbruder oder ein Eremit mit langem, rotem Bart
und tiefliegenden Augen; mit dem Kopf gab er mir streng
und gebieterisch ein Zeichen. Ich sage euch später noch,

wer es war. Jedenfalls entschloß ich mich und stieg die Treppe hinauf, ohne es auch nur zu merken.

Das Büro selbst war weder häßlich noch schmutzig; alte, sehr geräumige Zimmer, wie man sie früher hatte, waren mit Linoleumböden und Schwedenmöbeln in gewissem Sinne modernisiert worden. Ich hatte Vorzimmer, einen Hauch von Geheimnis erwartet, einfach etwas, das nach Detektivstory aussah... Aber nichts davon.

Der Pförtner war genau so wie alle Pförtner sind; er sagte uns, der »Doktor« habe Klienten.

Kurz nachher kam ein dickes, kleines Weibchen heraus; und der »Doktor« empfing uns.

Außer der Baskenmütze, die er ständig auf dem Kopf behielt, hatte er auch einen Spitzbart, den man in der Lichtreklame offensichtlich nicht hatte bemerken können. Er war sehr klein, breiter als lang. Die Pfeife hatte er auf den Tisch gelegt.

Ich hatte meiner Schwester gesagt, sie möge sprechen, und zwar so, als handle es sich um eine Sache, die sie angehe; und tatsächlich war ich so aufgeregt, daß ich kein Wort herausgebracht hätte.

Nach einer Weile erst merkte ich, daß meine Schwester bereits redete, ganz ruhig und erbarmungslos; ich merkte es, weil der »Doktor« sie unterbrach und Photographien des »Subjekts« verlangte.

Die Photographien hatte ich in der Handtasche; und aus dieser Tatsache ging klar hervor, daß es sich um *meinen* Mann handelte. Der »Doktor« fixierte mich, während ich in der Handtasche herumkramte. Meine Hände zitterten, denn offen gesagt: daß ich diese Photos jetzt in die Hände des Detektivs geben sollte, das brachte mich fast um. Er sagte indessen, wir müßten absolutes Vertrauen zu ihm haben; er sprach von seiner Erfahrung, von der Geschicklichkeit seiner Mitarbeiter... Ich mußte auch Adressen angeben – von zu Hause, vom Büro meines Mannes –, seine Arbeitszeiten, seine Gewohnheiten usf. Mir schien, ich entblöße mich ganz... Er verlangte von uns eine »Anzahlung« von dreißigtausend Lire.

Als ich wieder die Treppe hinabstieg, begann ich zu weinen. Und meine Schwester sagte mir noch einmal, ich sei ein dummes Ding. Wahrscheinlich hatte sie recht.

»Luchsauge« hatte sich zehn Tage ausbedungen. Es waren mörderische Tage. Nachdem ich nun einmal den Entschluß gefaßt hatte, war ich wie besessen vom Verlangen, alles zu wissen.

Fast jeden Tag rief ich meine Schwester an und drängte sie, nachzufragen, ob man schon etwas wisse. Sie weigerte sich stets mit Entschiedenheit. Ich solle dem Detektiv doch Zeit lassen, alle nötigen Beweise zu sammeln.

Nach sieben Tagen kam ein Telephonanruf. Ich hatte ihn noch nicht erwartet, und er traf mich unvorbereitet. Das Männchen mit der Baskenmütze fragte mich, ob ich allein sei und ob sein Mitarbeiter in einer halben Stunde zu mir kommen könnte.

Ich wurde von Schrecken erfaßt, versuchte sofort meine Schwester zu erreichen, dann meine Mutter, dann Adelina... Keine der drei war zu Hause. Ich wünschte, daß sofort jemand zu mir käme, aber als dann jener Unbekannte an der Tür klingelte, war ich wirklich ganz allein.

Herein trat ein Herr mittleren Alters, von mittlerer Statur und mit ganz vereinzelten Haaren auf dem kahlen Schädel. Unter dem Arm hatte er eine Mappe. Er küßte mir die Hand, und das machte einen seltsamen Eindruck, er wirkte wie ein Metzger im Frack.

Mit argwöhnischen Blicken zur Tür hin begann er zu sprechen, fast leise und in einem Ton, als würde er einen Beileidsbesuch im Haus eines Toten machen. Oder als wäre er einer jener Agenten der Bestattungsunternehmen, die gleich ins Haus platzen, kaum daß jemand gestorben ist. Er öffnete die Mappe. Doch von jenem Augenblick an sind mir alle Einzelheiten entfallen; ich erinnere mich nicht einmal mehr, wie und wann er wegging. Auf dem Tischchen blieb eine Aktenmappe liegen: maschinenbeschriebene Blätter, Photographien. Alles haargenau. Alles unerbittlich. Straße, Hausnummer und Stockwerk der Wohnung jener Frau; Beruf – Mannequin –, Name, Alter (fünfundzwanzig); Zeitpunkt der Zusammenkünfte... An dem und dem Abend und um die und die Zeit zusammen ausgegangen; in dem und dem Restaurant zu Abend gegessen; um eine gewisse Zeit miteinander zurückgekommen... An dem gewissen Tag zusammen in den Wagen gestiegen; zurück- oder heimgekommen, immer noch zusammen, um die und die Zeit...

Sieben Tage lang alles genau notiert. Mir schwindelte, meine Augen sahen fast nichts mehr, aber ich versuchte noch, wenngleich ohne Erfolg, mich zu erinnern, wo ich denn gewesen war, was ich gemacht hatte in jenen Stunden der erwähnten Tage und was mein Mann mir damals über sein Wegbleiben erzählte...

Und da lag sie nun vor mir auf dem Tischchen, die Photographie... von jener andern; das Gesicht, das ich unzählige Male mir vorzustellen versucht hatte und das nun konkret geworden und eine Gewißheit war...

Mein Aufenthalt in Venezuela (heute vor zehn Wochen) dauerte nur zwei Tage, denn die Turbinen lagen noch im Hafen, alles noch in Kisten verpackt, und von Montage konnte nicht die Rede sein –

20. IV. Abflug von Caracas.

21. IV. Ankunft in New York, Idlewild.

Ivy stellte mich an der Schranke, sie hatte sich erkundigt, wann ich ankomme, und war nicht zu umgehen. Ob sie meinen Brief nicht bekommen habe? Sie küßte mich, ohne zu antworten, und wußte bereits, daß ich in einer Woche dienstlich nach Paris fliegen mußte; sie roch nach Whisky.

Ich redete kein Wort.

Man saß in unserem Studebaker, und Ivy steuerte zu meiner Wohnung. Kein Wort von meinem Wüsten-Brief! Ivy hatte Blumen besorgt, obschon ich mir aus Blumen nichts mache, dazu Hummer, dazu Sauternes: zur Feier meiner Errettung aus der Wüste: – dazu wieder ihre Küsse, während ich meine Post durchging.

Ich hasse Abschiede.

Ich hatte nicht damit gerechnet, Ivy nochmals zu sehen und schon gar nicht in dieser Wohnung, die sie »unsere« Wohnung nennt.

Kann sein, ich duschte endlos –

Unser Krach beginnt, als Ivy mit einem Frottiertuch kommt, ich werfe sie hinaus – mit Gewalt leider, denn sie liebt Gewalt, dann hat sie das Recht, mich zu beißen –

Zum Glück klingelte das Telefon!

Nach meiner Verabredung mit Dick, der zu meiner

Notlandung gratuliert, Verabredung zu einem Schach, findet Ivy, ich sei ein Rohling, ein Egoist, ein Unmensch, ich habe überhaupt keine Gefühle –

Ich lachte natürlich.

Sie schlägt mit beiden Fäusten, schluchzend, aber ich hüte mich, Gewalt zu brauchen, denn das möchte sie.

Mag sein, daß Ivy mich liebte.

(Sicher war ich bei Frauen nie.)

Eine Viertelstunde später, als ich Dick anrief und mitteilte, daß ich leider doch nicht kommen könnte, hatte Dick unser Schach schon aufgestellt; ich entschuldigte mich, was peinlich war, ich konnte ja nicht sagen, warum und wieso, sagte nur, daß ich wirklich viel lieber ein Schach spielen würde –

Ivy schluchzte von neuem.

Das war 18.00 Uhr, und ich wußte genau, wie dieser lange Abend verlaufen würde, wenn wir nicht ausgingen; ich schlug ein französisches Restaurant vor, dann ein chinesisches, dann ein schwedisches. Alles vergeblich! Ivy behauptete einfach und gelassen, keinen Hunger zu haben. Ich behauptete: Aber ich! Ivy verwies auf den Hummer im Eisschrank, ferner auf ihr sportliches Kleid, das nicht für ein elegantes Restaurant paßte. Wie ich's übrigens finde, ihr Kleid? Ich hatte unseren Hummer schon in der Hand, um ihn in den incinerator zu werfen, nicht gewillt, mich von einem Hummer zwingen zu lassen –

Ivy versprach sofort vernünftig zu sein.

Ich legte den Hummer wieder in den Eisschrank zurück, Ivy war einverstanden mit dem chinesischen Restaurant; nur war sie, wie ich zugeben mußte, sehr verheult, ein Make-up unumgänglich.

Ich wartete –

Meine Wohnung, Central Park West, war mir schon lange zu teuer, zwei Zimmer mit Dachgarten, einzigartige Lage, kein Zweifel, aber viel zu teuer, wenn man nicht verliebt ist –

Ivy fragte, wann ich nach Paris fliege.

Schweigen meinerseits.

Ich stand draußen und ordnete meine letzten Filme, um sie zum Entwickeln geben zu können; ich schrieb die Spulen an, wie üblich ... Der Tod von Joachim, davon zu sprechen hatte ich keine Lust, Ivy kannte ihn ja nicht, Joachim war mein einziger wirklicher Freund.

Warum ich so schweigsam tue?

Dick, zum Beispiel, ist nett, auch Schauspieler, hochgebildet, glaube ich, jedenfalls gebildeter als ich, ein witziger Mensch, den ich bewunderte (nur im Schach war ich ihm gewachsen) oder wenigstens beneidete, einer von denen, die uns das Leben retten könnten, ohne daß man deswegen je intimer wird –

Ivy kämmte sich noch immer.

Ich erzählte von meiner Notlandung –

Ivy pinselte ihre Wimpern.

Allein die Tatsache, daß man zusammen nochmals ausging, nachdem man sich schriftlich getrennt hatte, machte mich wütend. Aber davon schien Ivy ja nichts zu wissen, daß man sich getrennt hatte!

Plötzlich hatte ich genug –

Ivy malte ihre Fingernägel und summte –

Plötzlich hörte ich mich am Telefon: Anfrage wegen Schiffplatz nach Europa, gleichgültig welche Linie, je rascher um so lieber.

»Wieso Schiff?« fragte Ivy.

Es war sehr unwahrscheinlich, um diese Jahreszeit einen Schiffplatz nach Europa zu bekommen, und ich weiß nicht, wieso ich plötzlich (vielleicht bloß weil Ivy summte und tat, als wäre nichts gewesen) auf die Idee kam, nicht zu fliegen. Ich war selbst überrascht. Ich hatte Glück, indem ein cabin-class-Bett soeben frei geworden war – Ivy hörte, wie ich bestellte, und war aufgesprungen, um mich zu unterbrechen; aber ich hatte den Hörer bereits aufgelegt.

»It's okay!« sagte ich.

Ivy war sprachlos, was ich genoß; ich zündete mir eine Zigarette an, Ivy hatte auch meine Abfahrtzeit vernommen:

»Eleven o'clock tomorrow morning.«

Ich wiederholte es.

»You're ready?« fragte ich und hielt ihren Mantel wie üblich, um mit ihr ausgehen zu können. Ivy starrte mich an, dann schleuderte sie plötzlich ihren Mantel irgendwohin ins Zimmer, stampfend, außer sich vor Zorn... Ivy hatte sich eingerichtet, eine Woche in Manhattan zu verbringen, jetzt gestand sie's, und mein plötzlicher Entschluß, nicht zu fliegen wie üblich, sondern morgen schon mit dem Schiff zu reisen, um in einer Woche auch in Paris zu sein, war ein Strich durch ihre Rechnung.

Ich hob ihren Mantel auf.

Ich hatte ihr geschrieben, daß es Schluß ist, schwarz auf weiß; sie hatte es einfach nicht geglaubt. Sie hatte gemeint, ich sei hörig, und wenn wir zusammen eine Woche verbringen, sei alles wieder beim alten, das hatte sie gemeint – und drum lachte ich.

Mag sein, ich war gemein.

Sie war es auch –

Ihr Verdacht, daß ich Flugangst hätte, war rührend, und obschon ich natürlich nicht die mindeste Flugangst je erlebt hatte, tat ich, als hätte ich Flugangst. Ich wollte es ihr leichter machen; ich wollte nicht gemein sein. Ich log und sagte, was ihr meinen Entschluß verständlich machte – ich schilderte ihr (zum zweiten Mal bereits) meine Notlandung in Tamaulipas, und wie wenig gefehlt hätte –

»Oh, Honey«, sagte sie, »stop it!«

Ein Defekt in der Brennstoffzufuhr, was natürlich nicht vorkommen sollte, eine einzige blöde Panne genügt, sagte ich, und was nützt es mir, daß von 1000 Flügen, die ich mache, 999 tadellos verlaufen; was interessiert es mich, daß am gleichen Tag, wo ich ins Meer stürze, 999 Maschinen tadellos landen?

Sie wurde nachdenklich.

Warum nicht einmal eine Schiffspassage?

Ich rechnete, bis Ivy mir glaubte, sie setzte sich sogar und gestand, daß sie solche Rechnungen nie angestellt hätte; sie verstand meinen Entschluß, nicht zu fliegen.

Sie bat mich um Verzeihung.

Ich bin in meinem Leben, glaube ich, über 100 000 Meilen geflogen ohne die mindeste Panne. Von Flugangst konnte keine Rede sein! Ich tat nur so, bis Ivy mich bat, nie wieder zu fliegen.

Ich mußte es schwören –

Nie wieder!

Ivy war komisch –, sie wollte meine Hand lesen, so glaubte sie plötzlich an meine Flugangst und bangte um mein Leben! Sie tat mir leid, denn sie meinte es, wie mir schien, vollkommen ernst, als sie von meiner kurzen Lebenslinie redete (dabei bin ich schon fünfzig!) und weinte, ich strich mit der rechten Hand, während sie meine linke Hand entzifferte, über ihr Haar – was ein Fehler war.

Ich spürte ihren heißen Schädel.

Ivy ist sechsundzwanzig.

Ich versprach, endlich zu einem Arzt zu gehen, und spürte ihre Tränen auf meiner linken Hand, ich fand mich kitschig, aber es war nicht zu ändern, Ivy mit ihrem Temperament, sie glaubte, was sie redete, und obschon ich meinerseits nicht an Wahrsagerei glaube, versteht sich, nicht einen Augenblick lang, mußte ich sie trösten, als wäre ich schon abgestürzt und zerschmettert und zur Unkenntlichkeit verkohlt, ich lachte natürlich, aber ich streichelte sie, wie man eine junge Witwe streichelt und tröstet, und küßte sie –

Es kam genau, wie ich's nicht wollte.

Eine Stunde später saß man nebeneinander, Ivy in ihrem Morgenrock, den ich ihr zu Weihnachten geschenkt hatte, und man aß Hummer, trank Sauternes; ich haßte sie.

Ich haßte mich selbst –

Ich hatte ihr geschrieben, daß es Schluß ist, und sie hatte meinen Brief (ich sah es) in ihrer Tasche –

Jetzt rächte sie sich.

Ich hatte Hunger, aber der Hummer ekelte mich. Ivy fand ihn himmlisch, und es ekelte mich ihre Zärtlichkeit, ihre Hand auf meinem Knie, ihre Hand auf meiner Brust, ihr Kuß, wenn ich Wein einschenkte, es war unerträglich – ich sagte rundheraus, daß ich sie hasse.

Ivy glaubte es nicht.

Ich stand am Fenster und haßte die ganze Zeit, die ich in diesem Manhattan verbracht habe, vor allem aber meine

Wohnung. Ich hätte sie anzünden wollen! Als ich vom Fenster zurückkehrte, hatte Ivy sich noch immer nicht angekleidet, sondern zwei Grapefruits gerichtet und fragte, ob ich Kaffee möchte.

Ich bat sie, sich anzukleiden.

Als sie an mir vorbeiging, um Wasser für den Kaffee aufzusetzen, gab sie mir einen Nasenstüber. Wie einem Hanswurst. Ob ich ins Kino wollte, fragte sie aus der Küchennische herüber, als wäre sie bereit, sofort zu kommen – in Strümpfen und Morgenrock.

Jetzt spielte sie Katz und Maus.

Ich beherrschte mich und sagte kein Wort, sammelte ihre Schuhe, ihre Wäsche, ihr Drum und Dran (ich vertrage den Anblick solcher Rosa-Sachen sowieso nicht) und warf es ins Nebenzimmer, damit Ivy noch einmal ihre endlose Toilette machen konnte.

Ja, ich wollte ins Kino!

Der Kaffee tat gut –

Mein Entschluß, diese Wohnung aufzugeben, war jetzt unerschütterlich, und ich sagte es auch.

Ivy widersprach nicht.

Ich hatte das Bedürfnis, mich zu rasieren, nicht weil ich's nötig hatte, sondern einfach so. Um nicht auf Ivy zu warten. Aber mein Apparat war kaputt; ich ging von Steckdose zu Steckdose – er summte nicht.

Ivy fand mich tiptop.

Aber darum ging es ja nicht!

Ivy in Mantel und Hut –

Natürlich war ich tiptop, ganz abgesehen davon, daß ich im Badezimmer noch einen andern Apparat hatte, einen älteren, der ging, aber darum ging es nicht, wie gesagt, ich hatte mich gesetzt, um den Apparat auseinanderzunehmen. Jeder Apparat kann einmal versagen; es macht mich nur nervös, solange ich nicht weiß, warum.

»Walter«, sagte sie, »I'm waiting.«

Als hätte unsereiner noch nie gewartet!

»Technology!« sagte sie – nicht nur verständnislos, wie ich's von Frauen gewohnt bin, sondern geradezu spöttisch, was mich nicht hinderte, das Apparätchen vollkommen zu zerlegen; ich wollte wissen, was los ist.

Es ist heiß, und die Sonne treibt den Leuten Schweiß aus den Poren.

Jana steht in der vordersten Reihe und hofft, ein Windstoß möge Kühlung bringen und die dunklen Kleider der Leute hochflattern lassen. Wie müde Vögel, denkt Jana, und ihr Unbehagen wird größer, je länger sie hier ausharrt.

Gestern hatte sie damit begonnen, aufzuschreiben, was sie nicht mehr aussprechen kann. Haralds Tod macht sie ratlos, deshalb versucht sie, die Bilder, die sie anders nicht loswird, zu beschreiben. Überall in der Wohnung sind Zettel verstreut.

Du wirst drüber wegkommen, denkt sie und merkt, daß Bewegung unter die Trauergäste gekommen ist. Sie begreift, daß sie an der Reihe ist, Weihwasser zu sprengen und ihre Blumen niederzulegen.

Wenig später hat sich die Gruppe aufgelöst, und Jana geht über die geharkten Friedhofswege zum Parkplatz. Die aufgestaute Wärme im Wagen verschlägt ihr den Atem. Sie kurbelt das Seitenfenster herunter und spürt während der Fahrt in die Stadt einen warmen Luftstrom auf der Haut.

Du kannst nichts dafür, denkt sie, er hatte einen Autounfall wie tausend andere.

Mechanisch stellt sie den Motor aus und zieht den Zündschlüssel ab. Mechanisch nimmt sie den Weg zum Haus, fährt mit dem Lift nach oben und schließt die Tür zu ihrem Appartement auf.

Es ist vorbei, denkt sie, ehe es überhaupt noch einmal

richtig begonnen hatte.

Bevor sie zum Friedhof gefahren war, hatte sie notiert: Über Klippen gesprungen. Der Fall ist nicht aufzuhalten.

Achtlos hatte sie diesen Zettel im Bad liegenlassen. Sie entdeckt ihn, als sie jetzt ihr Gesicht im Spiegel betrachtet.

Du wirst dir nichts antun, denkt sie, während sie mit beiden Händen die roten Haare über die Schläfen nach hinten streicht und ihr Gesicht aufmerksam nach Spuren des Älterwerdens absucht.

Sie war siebzehn, als sie Harald begegnete und fünfundzwanzig, als sie ihn verließ. Mit dreißig glaubte sie, eine alte Frau zu sein, aber das Gesicht im Spiegel gibt ihr nicht recht.

Alles hättest du dir träumen lassen, denkt sie, nur nicht, daß du so hoffnungslos bist.

Weil sie ihn beerdigt haben.

Sie bringt ihr Gesicht näher zum Spiegel und forscht in den schmalen Augen, in denen sie weder Trauer noch Hoffnungslosigkeit entdecken kann. Dein Gesicht hat sich verändert, denkt sie, mit zweiunddreißig ist es nicht mehr das Gesicht einer Siebzehnjährigen, nicht mehr so spitz, die hohen Jochbeine unter den Augen abgerundeter. Und wenn du müde bist, kannst du die beiden Falten um deinen Mund und die Falten auf deiner Stirn abzählen.

Du erschrickst, weil deine Augen ausdruckslos sind.

Das ist ein fremdes Gesicht, denkt Jana und nimmt ihre Hände von den Schläfen. Die Haare fallen wieder nach vorn, sie bauschen sich trocken und spröde auf.

Damit, daß sie ihn begraben, ist es noch lange nicht zu Ende.

Sie geht vom Bad hinüber in den Wohnraum. Seit Tagen hat sie nicht mehr aufgeräumt. Zwischen vollen Aschenbechern und getragenen Kleidungsstücken liegen beschriftete Blätter herum.

Vielleicht wirst du dir klar darüber werden, wenn du es aufschreibst, hatte Jana gedacht.

Als Harald verunglückte, war er auf dem Weg zu ihr. Sie hatte ihn erwartet und ihm sagen wollen: Das hätten wir uns nicht träumen lassen, daß wir noch einmal beginnen.

Du mußt dich organisieren, denkt Jana, deine Gefühle wieder in die gewohnte Ordnung bringen.

Sie geht an der Unordnung vorbei zum Fenster, schiebt die Gardine beiseite und blickt hinunter auf die Straße. Auf dem Fensterbrett liegt ein Brief, den sie noch nicht geöffnet hat. Sie weiß, daß er von Harald ist. Er traf am Tag nach dem Unfall mit der Morgenpost ein.

Du hast Angst, denkt Jana. Das ist deine Sentimentalität.

Es war nur ein Zufall, daß wir uns nach sieben Jahren Trennung wieder begegnet sind.

Sie wartete an einer Ampel und entdeckte Harald, während sie die Gesichter auf der anderen Straßenseite betrachtete. Er stand vorne. Seine Schuhspitzen ragten über den Bordstein hinaus, und er fixierte das Startzeichen für Fußgänger. Als die Ampel auf Grün wechselte, lief er gleich los.

Jana blieb stehen und ließ ihn herankommen. Er wollte an ihr vorbei. Sie konnte sich ihm nur in den Weg stellen, obwohl ihr der Gedanke kam, ihn laufen zu lassen.

Jana sagte: Hallo!

Sekundenlang starrte er über sie hinweg und sagte nichts. Sie standen beieinander. Keiner wußte den Anfang.

Wir stehen im Weg, sagte Jana und zog Harald näher an die Hauswand einer Versicherungsgesellschaft.

Immerhin, sagte Jana, siehst du erfolgreich aus. Zu Fuß? fragte sie.

Nur zum Parkhaus, antwortete er.

Jana rechnete nach: Beinahe sieben Jahre. Wohnst du jetzt hier?

Im Hotel, sagte er, eine geschäftliche Besprechung.

Vielleicht sollten wir reden?

Worüber?

Über diese sieben Jahre zum Beispiel, sagte Jana und beobachtete, wie er in Gedanken zuerst seine Zeit bis zum Abend einteilte und dann nickte.

Wo? fragte sie.

Er zögerte: Wenn ich dich abhole?

Zum erstenmal in diesen wenigen Minuten führte er mit seinen Händen eine Geste aus, die Jana kannte. Sie erinnerte sich an seine Hände.

Er sagte: Ich hätte dich kaum wiedererkannt.

Nein, antwortete Jana und dachte, daß sie ihm sagen sollte: Du gefällst mir immer noch.

Zu Hause stellte sie sich ein langes Gespräch vor, das mit diesem Satz begann.

Seit Jana und Harald geschieden waren, gab es für sie nur eine Sache, die sich nicht verändert hatte: Sie träumte immer noch von allen möglichen Arten des Fliegens.

Harald hatte immer behauptet, das seien Kreislaufstörungen.

Wenn ich fliege, hatte Jana gesagt, nimmt es mir den Atem, ich muß schlucken wie ein Kind, dem das Heimweh in der Kehle steckt.

Jetzt stand sie am Fenster, blickte hinunter auf die Straße und dachte: Nur das Träumen hat sich nicht verändert. Sie stellte sich vor, wie sie mit Harald sprach. Sie wartete darauf, daß er sie abholte.

So ein Zufall, dachte sie, daß wir uns begegnet sind. Wir werden Schwierigkeiten haben, miteinander zu reden.

Sie erinnerte an den Geruch von ausgedörrtem Gras am Flußufer; nachmittags nach der Schule war sie öfter mit Harald hinausgefahren. Das ist jetzt fünfzehn Jahre her.

Er setzte sie auf die Stange seines Fahrrades und breitete dann an der Böschung zum Fluß eine Decke aus.

Manchmal rotierte ein Hubschrauber über sie weg, und Harald prahlte: Den könnte ich mit einem Gewehr runterholen.

Jana interessierten die Hubschrauber nicht. Sie war damit beschäftigt, Harald kennenzulernen. Noch hatte sie vor seinen Händen Angst. Wenn er sie anfaßte, legte sie sich schützend auf den Bauch und ging mit einem Grashalm auf Käferjagd.

Manchmal stellte sie sich Käfer vor, deren Panzer goldfarben aufleuchten, und vergaß ihre Furcht.

Harald hakte seine Finger in ihrem roten, struppigen Haar fest und sagte: Du mußt sie wachsen lassen.

Er nannte sie zum ersten Mal Füchsin.

Bis hier hin, sagte er und zeichnete mit der Handkante eine Linie auf ihren Rücken.

Sie wollte nicht zittern, wenn er sie anfaßte. Sie lachte übertrieben laut. Dann starrte sie wieder ins Gras.

Du träumst, sagte er und bot ihr eine Zigarette an.

Im Herbst machten sie lange Spaziergänge oder saßen im Café Mozart.

Harald bezahlte Janas Cola von seinem Taschengeld.

Warum Füchsin? fragte Jana.

Schau in den Spiegel, antwortete Harald.

Sie ließ die Haare wachsen, wie er es wollte.

Nur das? fragte sie. Manchmal dachte sie: Du hast immer noch Angst vor ihm.

Ich möchte dich rauslocken aus deinem Bau, sagte er, aber du denkst gleich an Fangeisen.

Harald stand vor dem Abitur, als Jana schwanger wurde. Sie wollte es nicht glauben.

So viel Pech kannst du nicht haben, dachte sie.

Was ist los? fragte er, bekommst du ein Kind?

Man spürt es, sagte er, es ist ein Unterschied.

Er schickte sie zum Arzt. Es war schon zu spät.

Sie ging die Straße entlang, spürte das Steinpflaster unter ihren Schuhen und überdachte dieses Ding in ihrem Bauch.

Sie war so sicher gewesen, im Mittelpunkt des Glücks zu stehen.

Mir kann nichts geschehen, hatte Jana gedacht.

Du bist nicht verwundbar.

Ein Baby konnte sie sich vorstellen, aber nicht das Kind, das in ihrem Körper wuchs.

Sie konnte zu Harald sagen: Im vierten Monat. Sie konnte davon sprechen, als gehe es sie nichts an.

Natürlich wird es nicht leicht sein, sagte er.

Jana sagte nichts. Dein Entsetzen nicht zeigen, sagte sie sich. Sie konnte nichts anderes denken.

Vielleicht ist es gut so, sagte er, vielleicht wären wir

sonst auseinandergegangen.

Wir werden heiraten, sagte er, wenn du einverstanden bist.

Was ist das für ein Einverständnis, dachte Jana und zog sich verwirrt zurück. Sie mußte sich mit den Händen von seiner Brust abstemmen, damit er die Arme hinter ihrem Rücken öffnete.

Du kannst es dir nicht vorstellen, sagte Jana.

Unbehaglich verfolgte sie die Veränderung ihres Körpers. Er wurde schwer und rund, und sie ging nur noch nach Einbruch der Dunkelheit spazieren.

Es wird ein Mädchen, sagte Harald. Wir nennen sie Joya, sagte er, Joy bedeutete Freude.

Er war ganz verrückt danach.

Du bist schön, sagte er und strich Jana sanft über den aufgewölbten Bauch.

Weißt du eigentlich, was du mit mir machst? fragte Harald.

Jana sagte ihm nicht, daß sie davon träumte, den schweren Körper zurückzulassen und sich einfach auf und davonzumachen wie ein Vogel, mit Schwimmbewegungen, mit denen sie im Schlaf ihren Verfolgern durch die Luft entkam.

Als er das Abitur bestanden hatte, heirateten sie. Er hatte eine Anstellung gefunden, und drei Monate später kam Joya zur Welt.

Jana dachte: Das wird alles verändern.

Sie wusch Windeln und versorgte das Kind. Sie kochte und hielt die Wohnung sauber wie ihre Mutter, putzte Haralds Schuhe und stellte belegte Brote auf den Tisch, damit er essen konnte, wenn er spät abends von der Arbeit nach Hause kam.

Ich werde mein Leben anders führen, hatte sie gesagt, aber sie besaß jetzt schon Hände, wie ihre Mutter sie gehabt hatte.

Du bist glücklich, dachte Jana, du richtest dich ein.

Sie träumte oft von Harald. Mehr als vorher.

Sie gewöhnten sich aneinander; allmählich wurden sie miteinander vertraut.

Jana dachte: Wir müssen Geduld haben.

Wenn Harald keine Geduld hatte, dachte sie an ihren Vater, der auch keine Geduld hatte.

So sind Männer, sagte sie sich.

Du mußt dir Mühe geben, die Angst vor seinem Körper zu verlieren.

Sie wollte ihren ganzen Vorrat an Gefühlen für Harald ausschöpfen. Von der Liebe hatte sie ihre eigenen Vorstellungen.

Manchmal sagte er zärtlich: Füchsin.

Wenn er nachts von der Spätschicht nach Hause kam, war Jana schon im Schlafzimmer. Sie ließ das Licht neben dem Bett brennen, sie wußte, daß er noch die belegten Brote aß, daß er dann, die Beine übereinandergeschlagen, tiefer in den Sessel rutschte, eine Zigarette rauchte und den Tag überdachte. Sobald er dann unter der Tür zum Schlafzimmer stand, ein wenig gebückt, weil die Altbauwohnung zu niedrig für ihn war, schreckte Jana aus ihrem Halbschlaf hoch.

Im Haus war es ruhig.

Langsam kam er durch das dunkle Zimmer auf sie zu. Er setzte sich neben sie auf den Bettrand, und seine Hände leuchteten im Lichtkreis des Lampenschirms auf.

Du hast keine Angst, sagte sie sich.

Wir reden nie von Glück, dachte Jana, davor fürchten

wir uns. Sie legte ihre rechte Hand in seinen Nacken und zog ihn zu sich herunter.

Wenn Harald dann am nächsten Morgen zur Arbeit fuhr wie immer, dachte Jana: Es macht uns nicht kaputt, daß er jeden Morgen wegfährt. Wir haben eine Vorstellung davon, daß wir unser Leben einmal besser einrichten wollen.

Als Harald arbeitslos wurde, zogen sie aus der Provinz in die Großstadt. Mit der Heirat hatte er seine Studienpläne aufgegeben, weil er Jana und das Kind ernähren wollte. Jetzt war Joya zwei Jahre alt, und Jana sagte: Du solltest dein Studium nachholen. Wenn ich arbeiten gehe, sagte sie, wäre es möglich.

Sie lachte übertrieben laut, als er sich dagegen wehrte. Fieberhaft machte er sich daran, ihre Pläne zu verwirklichen.

Da sie mit der Heirat ihre Ausbildung abgebrochen hatte, blieb ihr zuerst nichts anderes übrig, als sich einer Werbekolonne anzuschließen, dann bot sich die Möglichkeit, in einem mittleren Betrieb am Telefon für die Auftragsannahme zu arbeiten.

Ich komme mir vor, sagte Jana, als hätte ich zwei Jahre damit zugebracht, in einem weichen, warmen, dunklen Fuchsbau eingeschlossen zu sein.

Du brichst aus, sagte Harald.

Hast du Angst?

Du bist meine Frau, sagte er.

Jana sagte: Wenn du dein Studium fertig hast, wird es besser sein. Wir müssen Geduld haben.

Jana merkte, daß sich sein Zigarettenkonsum steigerte. Morgens, auf dem Weg zur Universität, brachte er Joya in den Kindergarten, abends, wenn Jana nach Hause kam, saß er im Wohnzimmer und legte Patiencen. Eine Stunde oder zwei saß er am Tisch und baute lange Kartenstränge. Sie setzte sich neben ihn und sah zu, wie seine Hände schwarz auf rot und Dame auf König schoben.

Warum? fragte Jana.

Er zuckte die Schultern.

Du ziehst dich zurück, sagte Jana.

Ich bin müde, antwortete Harald.

Bist du nicht glücklich? fragte Jana, und Harald bemühte sich um eine Antwort.

Ich will alles aufschreiben, denkt Jana.

Sie läßt die Gardine los und tritt einen Schritt vom Fenster zurück. Jetzt kann sie nur noch den gegenüberliegenden Wohnblock sehen. Weil der Tag heiß ist, sind dort die Fenster geöffnet und die Jalousien zur Hälfte heruntergelassen.

Du drehst dich im Kreis, denkt Jana. Sie bückt sich, hebt ein Wäschestück vom Boden auf und hängt es über die Sessellehne. Dann geht sie in die Küche und brüht mit heißem Wasser aus dem Boiler eine Tasse Pulverkaffee auf.

Du mußt Joya einen Brief ins Internat schreiben, daß ihr Vater tödlich verunglückt ist.

Ich kann nichts dafür, denkt Jana. Du läßt dich von deinen Gefühlen überrumpeln.

Als sie mit der Kaffeetasse in der Hand am Flurspiegel vorbeiwill, bleibt sie stehen. In diesem Gesicht hat sich seit seinem Tod nichts verändert.

Du kannst ganz ruhig sein, denkt Jana.

Auf dem Couchtisch schiebt sie einige beschriebene Blätter beiseite, um Platz zu machen für die Tasse. Sie raucht eine Zigarette und trinkt den Kaffee mit kleinen Schlucken.

Über den Tassenrand hinweg liest sie auf einem der herumliegenden Zettel: Ich habe nie Glück gesagt, davor fürchte ich mich.

Du benimmst dich nicht wie andere Leute, denkt sie.

Was ist überhaupt normal? Du fragst dich, was du heute nacht träumen wirst.

Es war keine dramatische Sache, als sie ihn verließ. Harald hatte sein Studium abgeschlossen, eine Stellung angenommen, und Joya war eingeschult.

Harald hatte sie um eine letzte Aussprache gebeten. Sie trafen sich in einem Hotel.

Den Weg vom Bahnhof zum Hotel ging sie zu Fuß. Die Kleider klebten ihr am Leib, und der Geschmack von Bahnhöfen lag ihr unangenehm auf der Zunge. Als sie den kleinen Park vor dem Hotel erreichte, legte sie den Kopf ins Genick und suchte die alten Kastanienbäume nach den ersten winzigen Früchten ab. Von der Hotelterrasse drang das Geräusch von Eislöffeln in Metallbechern. An dem Eislöffelgeräusch vorbei steuerte sie dem Eingang zu. Sie sehnte sich nach einer Dusche. An der Glastür stieß sie mit ihm zusammen.

Er muß seitwärts an einem der Tische gesessen haben, dachte sie.

Er fängt mich ab.

Zuerst bemerkte sie nur das weiße Hemd, die geöffneten Knöpfe und darunter ein Stück behaarte Haut.

Ich habe schon nach dir gesucht, sagte er.

Jana erschrak: Wir wollten uns erst um acht treffen, sagte sie.

Sein Gesicht war braungebrannt. Er wandte sich zu dem Tisch neben dem Eingang: Wie wär's mit einem Kaffee?

Jana dachte an Flucht.

Eine halbe Stunde noch, sagte sie.

Das Mädchen an der Rezeption drückte eine Zigarette aus, als Jana nach dem Zimmer fragte.

Zimmer 31 war wie alle Hotelzimmer, die sie kannte: abgestandene Luft, Bett, Tisch, Kofferablage und ein Sessel. Jana konnte sich nicht vorstellen, in diesem Zimmer mit Harald zu reden. Sie schloß die Tür ab und ließ den Schlüssel stecken.

Von der Hitze waren ihre Füße angeschwollen und in den Sandalen wund gescheuert. Sie stellte die Reisetasche ab, zog die Sandalen von den Füßen und die Kleider aus; sie ließ alles achtlos fallen. Dann ging sie unter die Dusche. Das kalte Wasser war gut.

Du möchtest im Wasserfall leben, dachte Jana. Sie stellte sich vor, wie sich diese äußere Kälte nach innen ausbreiten und sie vor ihren Gefühlen schützen würde.

Nur jetzt, dachte sie.

Sie wußte, daß Harald ungeduldig auf sie wartete.

Er kann es nicht begreifen, dachte sie, das müßte dich ruhig und gleichgültig machen.

Als er zwanzig Minuten später an ihre Tür klopfte, war sie nicht verwundert.

Du bist ungeduldig, sagte Jana und gab ihm den Weg ins Zimmer frei. Ihre Füße machten auf dem Linoleum feuchte Spuren.

Sie beobachtete ihn, wie er langsam Bett, Tisch, Kofferablage und den Sessel am Fenster betrachtete.

Setz dich, sagte Jana. Sie hatte einen Bademantel übergezogen und die nassen Haare nach hinten geschoben.

Bist du verärgert? fragte er.

Sie setzte sich auf den Bettrand, die Beine übereinandergeschlagen, und suchte auf der Ablage am Kopfende nach Zigaretten.

Es ist endgültig, sagte sie, für uns beide.

Du mußt mit ihm sprechen, wie mit einem guten Freund, dachte sie.

Ich verstehe dich nicht, sagte er.

Sie sah, wie er auf sie zukam. Das Zimmer ließ nur wenig Bewegungsfreiheit zu. Er mußte nur zwei oder drei Schritte gehen, um sie mit seinen langen Armen einzuschließen. Jana wich zurück.

Sie versuchte es ihm zu erklären: Es wäre falsch, die äußeren Umstände verantwortlich zu machen.

Du brichst aus, hatte Harald gesagt, als er die Veränderung an Jana bemerkte.

Sie hatte begonnen, sich von ihm zu entfernen.

Ich habe mich verändert. Vielleicht hätte es länger gedauert, wenn ich nicht berufstätig geworden wäre, sagte Jana.

Es ist, als ob ich aus einem engen, dunklen Bau langsam ans Tageslicht gekommen wäre.

Jana schob ihre Hand zu ihm hinüber, sie berührte seinen Oberarm.

Manchmal denke ich, sagte sie, daß wir unter einer erstarrten Wasseroberfläche versunken sind. Ich träume davon, daß ein Windstoß aufkommt.

Harald wandte den Kopf und blickte auf die Hand, die auf seinem Oberarm lag. Er antwortete nicht.

Manchmal glaubte Jana zu ersticken. Sie wurde nervös, wenn sie sich vorstellte, wie Joya größer und sie älter wurde, wie Harald Patiencen legte oder über Büchern und Ringheften saß.

Abends stand sie oft vor dem Spiegel und suchte ihr Gesicht ab. Sie trug das Haar schulterlang; mit beiden Händen schob sie es über die Schläfen zurück und fragte sich, wie es später aussehen würde.

Du bist eingesperrt, dachte sie.

Sie hatte Träume, in denen sie Vögel einfing, die sie nachts ausfliegen ließ. Es steckte ihr in der Kehle, als hätte sie Heimweh.

Als Harald vor seinen Prüfungen stand, war es immer öfter zu Auseinandersetzungen gekommen. Sie gerieten wegen Kleinigkeiten in Streit.

Du könntest zurückbrüllen, dachte Jana, aber du würdest den kürzeren ziehen. Sie fühlte, wie sie vor Angst ganz starr wurde.

Du hast Angst, dachte sie. Du mußt deine Gefühle organisieren.

Woran denkst du? fragte Harald, als er sich beruhigt hatte, und streckte die Hand nach Jana aus.

Ich weiß nicht, sagte Jana; sie stand auf und holte ihren Mantel und ihren Schal.

Wohin gehst du?

Erst gegen Mitternacht kam sie zurück. Er lag im Bett und las noch. Von der Schlafzimmertür aus sah sie seinen Kopf im Lichtkreis der Nachttischlampe. Er wandte ihr das Gesicht zu, und Jana wehrte sich dagegen, daß er ihr hilflos erschien.

Was willst du? fragte sie, du hast mir die Luft abgeschnürt.

Harald schob die Beine aus dem Bett, stand auf und

kam ihr entgegen. Er nahm ihr behutsam den Mantel ab, dann den Schal.

Du frierst, sagte er, komm schlafen, es ist spät.

Er begreift nichts, dachte Jana, er kennt dich nicht.

Dann lag sie neben ihm, und ihr Zimmer war dunkel.

Er schob seine Hand zu ihr hinüber und tastete nach ihrem Gesicht, er wollte es streicheln. Es war naß vom Weinen.

Es hat keinen Sinn, dachte Jana, du empfindest nichts. Du bist leer. Du hast es nicht gewollt.

Damals war es für Jana nur noch eine Frage der Zeit, bis sie sich entschloß, Harald zu verlassen.

Es liegt nicht nur an dir, sagte Jana, daß ich mir nicht vorstellen kann, in deinem Schatten zu stehen.

Es war mein Fehler, sagte Harald, daß ich dich ausbrechen ließ.

Hast du ein Recht über mich?

Du bist meine Frau.

Jana sagte: Ich träume immer vom Fliegen, zum Beispiel von Zugvögeln.

Jana nahm Joya mit. Sie bemühte sich, Harald aus den Augen zu verlieren. Sie erfuhr von ihm aus Joyas Erzählungen, die ihren Vater in den Ferien besuchte.

Es war Zufall, daß sie sich nach sieben Jahren wieder begegnet waren. Du hast keine Angst mehr, dachte sie, als sie sich mit ihm für den Abend verabredete. Während sie auf ihn wartete, stellte sie sich flüchtig Dinge vor, die sie gemeinsam glücklich gemacht hatten.

Kurz nach acht klingelte er, und Jana fuhr mit dem Lift nach unten.

Er hatte einen Tisch bei »Milan« bestellt. Er trug einen

Anzug aus englischem Wollstoff.

Sie sah ihm zu, wie er das Essen und den Wein aussuchte. Sie sah ihm an, daß er sich bemühte, die Zeit zurückzuspulen.

Dann nahm sie ihn mit nach Hause. Er wartete im Wohnzimmer, während sie ins Bad ging. Im Zimmer brannte die Stehlampe.

Du hast dich verändert, sagte Harald.

Sie setzte sich in einen Sessel am Fenster. Es war dämmrig. Nur ihre rötlichen Haare leuchteten, wenn sie den Kopf bewegte.

Träumst du manchmal noch? fragte Harald.

Hast du Angst? fragte Jana.

Sie ging aus dem dunklen Teil des Zimmers auf ihn zu. Sicher und ruhig.

Ich weiß nicht, ob ich dich noch kenne, sagte Harald.

Jana dachte: Du mußt es ihm sagen, es ist ein Glück, daß ich ihm wieder begegnet bin. Aber sie war zaghaft in ihrer Zärtlichkeit.

Sie waren vorsichtig geworden.

Wir kennen uns kaum noch, sagte Jana, natürlich wirst du mich nicht mehr auf deine Fahrradstange nehmen.

Sein Körper war breiter geworden, die Gesichtszüge ausgeprägter.

Bist du glücklich? fragte er.

Sehe ich so aus?

Eigentlich, sagte Jana, hat sich wenig geändert. Ich träume immer noch vom Fliegen, aber ich habe mich eingerichtet.

Bist du müde geworden? fragte Harald.

Nur einmal blieb er über Nacht bei Jana. Jana wachte auf, als er neben ihr im Schlaf schrie. Das erschreckte sie.

Sie kannte seine Träume nicht und streckte die Hand nach ihm aus, um ihn zu wecken. Sobald er die Schlafstellung gewechselt hatte, schlief er ruhig weiter.

Jana schrieb. Wir sprachen vom Tod, aber wir dachten nicht, daß er uns treffen könnte.

Mit einer ungeduldigen Handbewegung streicht sie die Haare aus der Stirn.

Du hast Kopfschmerzen, denkt sie, kein Wunder.

Es ist später Nachmittag geworden. Die Luft im Zimmer ist stickig.

Sie steht auf, geht zum Fenster und öffnete beide Fensterflügel.

Die Hitze draußen hat nachgelassen.

Kein Wind, denkt Jana.

Die Leute, die die Straße entlanggehen, kommen von der Arbeit nach Hause.

Du mußt Joya schreiben, denkt Jana, oder sie besuchen.

Über Klippen geprungen. Ihr Spiegelbild auf der Glasscheibe.

Du wirst dir nichts antun, denkt sie, du kommst drüber weg.

Ihre Haare bauschen sich trocken und spröde auf.

Sie trägt sie so lang, wie er es haben wollte.

Du wirst ihn dir nicht aus dem Kopf schlagen können, denkt sie.

Dann öffnet sie den Brief, der noch dort liegt.

Ich glaube, schreibt Harald, dieses Mal holst du mich in deinen Bau. Aber man soll ein Fest verlassen, wenn es am schönsten ist. Sag Joya, es war ein Unfall.

Ihre letzte gemeinsame Reise –

Sie nahmen den Nachtzug, ein Schlafwagenabteil für sie
beide. Wein trinken, schlafen, am Morgen sind wir
schon da, alles wird schnell gehen, die Fahrt in die Klinik, die Formalitäten, der Eingriff.

Sie hatten beide wach gelegen, rasch waren ihre Gespräche in ein ratloses Schweigen gefallen, gegen das
auch er schließlich keine Worte mehr gefunden hatte.

Du quälst dich unnötig, Nicole.

Amsterdam an einem regentrüben Frühsommertag: die
Centralstation noch beinah menschenleer, müd und ver-
schlafen, regennaß die wuchtige Hauptfassade.

Es hätte eine andere Stadt sein können, irgendeine.

Eine fremde Stadt wird uns ablenken, Nicole, wird uns
an anderes denken lassen.

Der Taxichauffeur hatte genickt, Nicole verständnis-
voll angesehen, als sie ihm den Namen der Klinik genannt hatte: Abortion, I guess, no problem, dont worry,
it's like a headache on the wrong side.

Er lachte, als gäbe es nichts Selbstverständlicheres, als
Paare zur Abtreibung zu fahren.

There are too much people in the world.

Sie taten, als hätten sie nichts verstanden. Er rückte eng
an Nicole, legte die eine Hand um ihre Taille, wies mit
der anderen durchs Fenster auf die breiten Fassaden der
Häuser.

It's the best hospital for abortion, warf der Chauffeur
ein, no problems, you'll see, and cheaper than anywhere.

Er lachte, trat kurz auf die Bremse, hupte und bog scharf rechts ab.

Everywhere in Europe they make love and we move away the children, that's job sharing.

Der Chauffeur lachte schrill auf.

Nicole blickte unbeweglich geradeaus. Er drückte sie an sich, hielt ihre Hand.

Nicole.

Er sprach ihren Namen so langsam aus, als wolle er damit all die Sätze endlich sagen, vor denen er sich schon lange scheute.

Nicole.

Sie drehte den Kopf und schaute ihn an.

Er hätte jetzt reden müssen, auf der Stelle, klar und deutlich, ohne Ausflüchte. Doch er sah sie nur an, zögerte.

Kein Wort kam über seine Lippen.

In the front of the street you can see the hospital, the best place for abortion, I swear.

Verrat, das Wort setzte sich in ihr fest.

Sie streifte ihn mit einem kurzen Blick. Aber er hatte sich bereits wieder in seinen Stadtplan vertieft.

Wir werden uns zusammen die Stadt ansehen, wenn alles vorbei ist, Nicole, du und ich.

Sie nickte nicht einmal, preßte die Lippen aufeinander, starrte unbeweglich geradeaus.

Sie hörte, wie er die Seiten blätterte, wie einer, der etwas tut, was mit ihr nichts zu tun hat. Er schien weit weg, schien sich immer weiter zu entfernen, als treibe ihn etwas weg, fort von ihr.

Here we are, rief der Taxifahrer.

Er steckte die Münzen in die Tasche, öffnete die Wagentür auf Nicoles Seite.

Good luck, sagte er grinsend, don't worry.

Das übliche Grau der Spitalkorridore erwartete sie, sie hörten ihre hallenden Schritte, sahen da und dort Frauen, die in weißen Bademänteln auf Stühlen saßen, die Vorbeischreitenden flüchtig musterten.

Mitleidig, sagte Nicole.

Anmeldung, Befragung, Vorauszahlung, Geschäftsmäßig, kalt, routiniert.

Hatten sie etwas anderes erwartet?

Eine Fabrik, sagte Nicole später, eine Kindertötungsfabrik.

Du übertreibst.

Vier Frauen im gleichen Zimmer.

Laß mich ein wenig schlafen.

Nicole hatte ihn weggeschickt.

Du kannst hier nichts mehr tun.

Ihre Stimme verriet Ungeduld, ihre Gesichtszüge wirkten aufgelöst, durcheinandergeworfen; fremd und unzugänglich schien sie plötzlich, in einem andern Land, zu dem er keine Papiere besaß.

Verwirrt stand er draußen vor dem ockerfarbenen Spitalgebäude, seine Gedanken wirbelten durcheinander. Und mit einemmal waren die Sätze da, die er im Zug oder noch im Taxi hätte aussprechen müssen. Immer hinterher.

Und während er langsam auf dem Gehweg zwischen Spitalgebäuden voranschritt, hörte er immer dieses eine Wort, als würde es mit tausend feinen Nadeln in seine Haut gestanzt.

Vier Tage mußte Nicole im Spital bleiben. So lautete die Vorschrift. Sein Hotel lag nicht weit entfernt. Täglich machte er seine Besuche, saß an Nicoles Bett und nahm ihr Schweigen als Teil jener Strafe, die er zu gewärtigen hatte.

Manchmal mußte er draußen im Vorzimmer warten, zusammen mit andern Männern. Mit ratlosen Mienen duckten sie sich in ihre Stühle, verbargen nur schlecht das Unbehagen, das in ihren Gesichtern stand. Wie lächerliche Besen wirkten die Blumensträuße, die sie immer in den Händen hielten, während sie sich an die Stuhllehne klammerten, als gelte es, sich gegen ein drohendes Unheil zu schützen. Prall wirkten ihre Schenkel auf den kantigen Metallstühlen, die wie Messer in die Hintern schnitten und die Rücken in die straffe Haltung einer militärischen Formation zwangen.

Und er betrachtete die Frauen in Nicoles Zimmer und auf dem Korridor, sah zu, wie sie still vor sich hinsannen oder mit ihren Männern sprachen, geduldig, nachsichtig, leise, als sprächen sie zu kleinen Kindern. Nicole sprach wenig. Und er versuchte nicht, das zu ändern.

Nach seinen Besuchen wanderte er durch die Stadt, von einem unbestimmten Drang vorwärtsgetrieben.

Manchmal setzte er sich irgendwo, in einen Park oder in ein Café, und versuchte die Bilder festzuhalten, sie mit schwarzer Kreide auf sein Papier zu kritzeln: Frauengesichter in Klinikkorridoren.

Du lebst vom Leid der andern, sagte Nicole, als er ihr später einmal die Bilder zeigte.

Nicole mochte seine Bilder nicht.

Und er verschwieg ihr, wie sehr ihn das schmerzte.

Am vierten Tag holte er Nicole ab.

Ich zeig dir die Stadt.

Sie schien zu müde, um Einwände zu erheben. Morgen würde sie ohnehin zurückfahren, alles andere schien ihr gleichgültig. Er führte sie durch die Straßen und Gassen: Die Keizers- und die Herengracht hinunter zum Haus der West-Indischen Companie, durch die Kalverstraat zum Beginenhof und auf den Spui, ins Café Hoppe.

Sie nahm das alles nicht wahr und folgte ihm.

Sie hörte ihn über das Raspelhaus reden, den Münzturm und den schwimmenden Blumenmarkt, sie nickte zu den alten Grachtenhäusern am Leidsestraat.

Er sprach vom Schiffahrtsmuseum und vom Kalkmarkt, von Jacob Hooys Lakritzen und vom Haus der Tränen am Gelderse Kade.

Was sollte sie damit?

Er führte sie zum Rembrandthaus und zur Synagoge, wies auf die beflaggten Rundfahrtschiffe vor dem Damrak, ereiferte sich über die Terrakottaköpfe indonesischer Frauen am Bataviahaus.

Hell war der Tag, blendend das Licht über den Wellen, es ist vorbei, Nicole, das Leben beginnt wieder, das kann auch ein Anfang sein, eine Chance –

Er erschrak erst, als sie aufschrie, draußen an der Prins Hendriks Kade, ein durchdringender Schrei, der Passanten aufschreckte, die Müßiggänger, Blut schrie sie, Blut, rannte davon, quer über den Kalkmarkt, mitten durch die Menschenmenge, rannte, stolperte –

Wir hätten das Kind nicht abtreiben sollen.

Das hast du schon damals gesagt.

Sie zauderte.

Wie hätte sie ihm damals erklären sollen, was mit ihr geschehen war in diesen vier Tagen.

Er würde nie begreifen. Seine Heiterkeit draußen auf den Deichen schmerzte sie.

Sie sah nur das Blut.

Stoßweise quoll es aus ihr heraus.

Der Arzt blieb ungerührt.

Normal, sagte er, das ist völlig normal.

Der Arzt, der nur ein paar Brocken Deutsch sprach. Entspannen, Mademoiselle, entspannen.

Viel Blut ja, aber es war schon der dritte Monat, die letzte Frist. Zuerst müssen wir absaugen. Vielleicht reicht absaugen. Der Arzt hielt einen roten Schlauch in den Händen. Öffnen Sie sich, Mademoiselle, entspannen. Das schmatzende Geräusch des Schlauchs. Ein Zerren im Bauch. Bildet sie sich das nur ein?

Nur ruhig, Mademoiselle, ist nicht so schlimm.

Der Arzt drückt auf den Bauch.

Entspannen. Wir werden das gleich haben.

Abscheulich, einfach abscheulich.

Gleich vorbei.

Langsam zieht der Arzt den Schlauch heraus, hängt ihn über den Schragen.

Nun schlafen Sie sich mal richtig aus.

Der Arzt streift mit seiner Hand über ihre Schenkel. Männerhände, denkt sie einen Augenblick, zuckt zusammen.

Zurück im Zimmer: sie spürt immer diesen Schmerz. Bloß ein normaler Eingriff.

In der Nacht die Krämpfe. Das Blut zwischen den Schenkeln. Die Leintücher rot und feucht. Angst. Eine

Stinkwut. Auf ihn. Auf die Schwestern. Auf die Frauen im Zimmer. Blut, immer neue Blutstöße. Sie klingelt. Die Stimme der Nachtschwester verrät Mißmut. Das ist keine Komplikation, Krämpfe kann es geben, Blutungen auch. Nicht alle Frauen reagieren gleich. Der Notarzt spricht von zusätzlicher Auskratzung. Wir müssen schneiden, das restliche Material entfernen. Das kann es geben. Nicht alles erwischt. Im dritten Monat ist zuviel da. Narkose. Vollnarkose diesmal. Gefährlich nicht, aber heikel, das schon.

Erwachen.

Alles weg. Kein Problem. Ausruhen, zwei drei Tage. Kein Grund zur Sorge.

Alles läßt sich vergessen, auch das.

Ein geglückter Eingriff.

Nach vier Tagen wird sie entlassen, wie üblich. Er holt sie ab, führt sie durch die Stadt. Wellen schlagen an die Deiche, ein stürmischer Frühsommertag —

Zum erstenmal fühlte sie sich müde, wie eine alte Frau. Und war doch erst zweiundzwanzig. Zu jung für ein Kind. Auch sie hatte Pläne. Bloß eine Abtreibung.

Sie konnte nicht sagen, was sie fühlte.

Verreisen.

Schließlich hatte sie immer nach Paris gewollt.

Du hättest nie wegfahren sollen.

Langsam zog er seinen Arm unter ihrem Nacken weg, sachte glitten seine Finger über ihre nackten Schultern, unruhig, zögernd, kaum Berührung, als fürchte er, das Bild ihres schlafenden Körpers zu stören. Er fühlte ihre

Schenkel an seiner Seite, wagte es nicht, sich zu rühren. Das dumpfe Morgenlicht würde ihr wehtun, die schlaftrunkenen Augen schmerzen, und die Bilder der Nacht verscheuchen.

Die kalte Blonde.

Achtlos hatte sie ihre Kleider über den Stuhl geworfen und hatte für Sekunden nackt vor ihm gestanden, ließ die Finger durch ihr Haar gleiten, lächelte, hob das eine Bein leicht an.

Schon immer hatte er sie begehrt, seit Wochen, seit Monaten. Die Blonde, die immer Bücher schleppte, Flugblätter verteilte.

Und eines Tages lag sie neben ihm, mit leicht geöffneten Schenkeln und schaute ihn mit spöttischen Augen an –

War das so gewesen damals?

Würde es je wieder, noch einmal, so sein können?

Tage mit Nicole: Das Lächeln im Gesicht, mit dem sie ihn erwartet hat, langsam auf und ab gehend, die Füße einwärts gedreht, als beschrieben sie den Kreis ihres Wartens, das geheime Zentrum, in dem sie beide sich finden sollten. Später ihr verweintes Gesicht, wenn er in der Morgenfrühe seine Sachen gepackt hat und hinausgeeilt ist, als rufe ihn ein Krieg, eine ferne Geliebte oder bloß eine Ahnung.

Deine Krankheit ist unheilbar.

Der Morgen nach jener Nacht: unentwegt streifte sein Blick ihren schlafenden Körper, die bleiche Haut, spärlich bedeckt durch das Leintuch, das sie mit verkrampften Fingern festhielt. Halbgeöffnet der schmale Mund, eine dünne Strähne ihres Haares überzog ihr Gesicht.

Und das Licht, das immer verschwenderischer, greller ins Zimmer fiel –

Wir werden uns nie trennen, Nicole.

Hat er diesen Satz einmal gesagt oder bloß gedacht, in einen anbrechenden Morgen hinausgeträumt?

Monate später haben sie sich getrennt. Amsterdam. Paris. Rom. Namen, als würde damit die Landschaft einer Liebe vermessen. Täler und weite Ebenen. Landstriche im hellen Grau eines erwachenden Tages. Vorstadtstraßen. Nördliche Steppen. Einöden zuletzt, gelb versengtes Gelände, gleißend in der Hitze.

Ich werde immer auf dich warten.

Hat er Nicole je verstanden?

Eine Nacht auf einer Insel im Indischen Ozean: Sie sitzen im warmen Sand, die Wellen schlagen ans Korallenriff, sie spricht von den Sternen, vom Kreuz des Südens.

Halt mich fest, halt mich immer fest.

Wie ein Schwur klangen die Worte in die südliche Nacht. In der Strandbar wiegten sich die Paare zu einer plärrenden Musik, nah am Wasser schlug ein einsamer Bongospieler sein Tam Tam. Sie hat Bier geholt, ihm wortlos eine Flasche gereicht, sich abgewandt und die Zähne in den Unterlippen festgebissen –

Ein Tag neigte sich seinem Ende zu, sie war matt und gab ein düsteres Bild ab: Angegriffen wirkte sie und wie von einer unsichtbaren Staubschicht überzogen, der Rock faltig wie eine überreife Frucht. Sie wollte nach Hause, um jeden Preis wollte sie nach Hause. Ja, sie wollte gehen. Eine Art Minderwertigkeitsgefühl machte sich in ihr breit und deprimierte sie. Sie wollte heim.

Ungefähr eine Stunde verbrachte sie damit, sich nach ihrem Zuhause zu sehnen. Dann ertönte das Feierabendsignal.

Die Allee lag warm und ruhig in der Dämmerung. Sie ging eilig inmitten der Fußgängermenge. Keiner achtete auf den anderen oder wurde beachtet, jeder ging hastig seines Weges, denn es war der Heimweg. Welch eine Wohltat war der Wind, der mild und angenehm über die Menschen dahinstrich und ihre müden, deprimierten Körper erfrischte. Die Sonne war weit hinter ihrem Rükken am Ende der Allee versunken, als gäbe es dort eine Stadt, hinter deren Wall und Graben die Sonne sich nun aufhielt. Mit der Sonne im Rücken hetzte sie weiter und immer weiter und kam völlig ausgepumpt zu Hause an. Als erstes kramte sie den Briefkastenschlüssel hervor und sah nach der Post. Außer der Abendzeitung war nichts gekommen, und wenn sie es sich genau überlegte, konnte auch nichts weiter gekommen sein. Dennoch fühlte sie sich noch müder als zuvor, die Müdigkeit beugte sich wie ein gewaltiges, unsichtbares Lebewesen immer mehr über sie und drohte sie zu erdrücken, so daß sie sich ihr mit ihrem ganzen Körper entgegenstemmen mußte.

Langsam ging sie die Treppe hinauf. Das Geländer war so durchgerostet, daß es keine Stütze mehr bieten konnte, die Wand war mit einem verdreckten Bild bemalt, und unten türmte sich der Müll. So blieb nur, behutsam Stufe um Stufe hinaufzusteigen, ohne sich festzuhalten. Hinter einigen Flurfenstern brannte bereits Licht, andere waren noch dunkel. Ihres war stockfinster. Sie wußte genau, daß er bis zu einer Viertelstunde nach ihr kommen konnte, und doch konnte sie seine Spur Ärger und Ungeduld nicht unterdrücken. Als sie die Tür aufsperrte, schlug ihr stickige Schwüle entgegen und hüllte sie ein, so daß sie binnen Sekunden in Schweiß gebadet war. Den ganzen Tag hatte sie sich frisch und wohl gefühlt und war nun von einem Augenblick zum nächsten klitschnaß. Mißmutig trat sie ein und stieß Fenster und Balkontür auf. Als sie auf dem Balkon die dichte Schicht schmutziggrauer Blätter sah, erinnerte sie sich vage an den Herbststurm und Regen der letzten Nacht.

Voller Groll begann sie, Reis zu waschen und dabei so erregt in sich hineinzuerzählen, daß ihr Atem immer schneller ging. Unruhig wartete sie auf ihn, aber er kam einfach nicht. Sie wußte genau, daß er frühestens in zehn Minuten heimkommen konnte, erwartete ihn jedoch voller Ungeduld und begann Verdacht zu schöpfen, in den sie sich so hineinsteigerte, daß ihr die Tränen kamen. Noch fünf Minuten. Doch da hoffte sie plötzlich, er möge sich verspäten, um zehn Minuten vielleicht, oder noch mehr. Dann nämlich war ihre Wut begründet, und sie könnte sich nach Herzenslust austoben. Aber natürlich kam er pünktlich, um Schlag sechs Uhr hörte sie seinen Schlüssel sich im Schloß drehen. Fast war sie enttäuscht und versuchte mit aller Kraft, ja geradezu verbissen, ihren wachsenden Zorn zu unterdrücken. Die Tür bewegte sich in den Angeln, und um den Gaskocher nicht zum Verlöschen zu bringen, öffnete er sie vorsichtig einen Spalt breit, streckte zunächst sein gutmütig und rechtschaffen lächelndes Gesicht ins Zimmer und zwängte sich dann selbst hinein. Da war es um ihre Selbstbeherrschung geschehen, und sie schrie ihn wütend an: »Los, schnell! Das Feuer geht aus!« Eilig schlüpfte er ins Zimmer und schloß die Tür. Doch er hatte sich zu hastig bewegt, die Flämmchen des Gaskochers kämpften mühsam gegen den Windhauch an und verloschen schließlich eines nach dem anderen. Das reizte sie noch mehr, und eine Flut von Vorwürfen ging auf ihn nieder wie die unaufhaltsamen Wassermassen nach einem Dammbruch.

Er wich ins Schlafzimmer aus und machte sie damit noch wütender. Der Heber klapperte unnötig laut in der Pfanne, während sie ohne Punkt und Komma redete, weniger um ihre Wut an ihm auszulassen, als um sie sich selbst zu erklären. Sie mußte Gründe für ihren Ausbruch finden, sonst wäre sie verloren, ja, in ihren eigenen Augen war sie bereits verloren. Da riß ihm der Geduldsfaden, und er machte endlich den Mund auf: »Schon gut, schon gut.« Er wollte um des Hausfriedens willen klein beigeben, doch der Überdruß und die Ungeduld in seiner Stimme brachten sie auf und kränkten sie. Oft hatte sie sich ausgemalt, er würde sie unterstützen, vielleicht, nahm sie an, könnte das sie beruhigen – aber er übte sich immer nur in Geduld. In Zeiten der Ruhe hatte sie ihm diese ihre Hoffnung auseinandergesetzt, doch fehlte es ihm an Mut, es zu versuchen, und so ließ sich ihre

Annahme nicht bestätigen, und sie war enttäuscht von ihm. Solange niemand ihr half, sich zu zügeln und zu beherrschen, konnte sich ihre Gereiztheit und ihr Jähzorn, ihr Abscheu vor den Menschen und vor sich selbst ungehindert entfalten. Widerwillen und Müdigkeit bemächtigten sich ihrer, ohne daß sie sie in den Griff bekommen oder erklären konnte. Um sich zu beweisen, daß es nicht an ihr lag, wenn sie den Unmut anderer erregte, suchte sie umso lebhafter und geschwätziger nach Erklärungen. Die ganze Wohnung war erfüllt vom lauten Zischen der im siedenden Fett bratenden Gemüse- und Fleischwürfel, doch zum Glück war er von einer unerschütterlichen Geduld beseelt, die fast schon an Apathie grenzte. Er beherrschte sich, und als sie sein stilles Erdulden, seine Behutsamkeit sah, tat er ihr leid und tat sie sich leid. Sie fühlte sich minderwertig und zutiefst betrübt und verspürte den Wunsch, ihr Verhalten zu ändern. Aber er kannte sie bis auf den Grund ihres Wesens, sie konnte ihm nichts vormachen. Sie war nun einmal so, ja, so war sie nun einmal. So und nicht anders. Jawohl, wütete sie mit Tränen in den Augen in sich hinein, stumm. Keiner hörte sie toben, nur das laute Zischen des Öls war zu hören, und es verdarb ihm den Abend und verdarb ihr den Abend. Je matter sie nach und nach wurde, desto größer wurde erneut ihr Wunsch nach Tröstung. Sie brauchte die Wärme liebevoller Zuwendung, um sich auszuruhen und erholen zu können. Doch es gab keine Tröstung. Unerbittlich hatte sie zahllose Schlachten geschlagen, und er war abgestumpft gegen ihr Gelärme, was blieb ihm auch anderes übrig, als abgestumpft zu sein. Er mußte Augen und Ohren schließen, um sich vor ihrem nächsten überraschenden Aus-

bruch zu schützen, und nur durch seine Zähigkeit überlebte er in dieser Zeit, deren Größe ihre Gewöhnlichkeit
war. So wohnten sie jeder für sich einsam unter einem
Dach, rieben sich aneinander und hatten doch einen
unüberbrückbar breiten Graben zwischen sich. Und keiner konnte dem anderen helfen.

Sie aßen zu Abend. Trotz des Auftritts kurz zuvor
hatten beide großen Appetit und wollten anschließend
noch fernsehen. Nach und nach wurde sie ruhiger, doch
war es mehr und mehr die Ruhe grenzenloser Einsamkeit, die nur von der angenehmen Stimme der Fernsehansagerin gemildert wurde. Sie waren dieses Lebens überdrüssig, doch keiner von beiden fand den Weg heraus
aus ihrem bescheidenen Heim, sondern suchte stattdessen sein eigenes Quentchen Glück darin zu finden. Sie
schienen aneinandergebunden, untrennbar, und es
mochte kommen was wollte, wenn sie nur beieinander
blieben. So verbrachten sie in dem kleinen Zimmer die
Abende, einer auf dem Bett, der andere auf einem Stuhl,
er las ein Buch, sie die Zeitung, und dann tauschten sie,
und er las die Zeitung und sie das Buch. Dabei lief im
Fernsehen eine plump erzählte Geschichte von Trauer
und Freude, von Trennung und Wiedervereinigung,
ohne daß sie ihr wirklich folgten. Sie sollte nur ein wenig
Leben ins Zimmer bringen, das sonst allzu trist und
verlassen gewirkt hätte.

Die Frau spricht.

»Also darum geht's dir letztendlich! Geradezu erleich-
ternd, wie banal das ist! Wenn du glücklich dabei wirst –
mir soll's recht sein! Aber ob du denn glücklich werden
kannst, mit so einem jungen Ding?«

Der Mann schweigt.

»Du, warst du glücklich mit mir? Wenigstens irgendwann einmal?«

»...«

»Warst du etwa unglücklich? Hast du mich absolut
nicht ausstehen können? Und dich mit mir nur eingelassen, weil du keine Bessere gefunden hast?«

»...«

»Nun antworte doch was! Ob du glücklich warst oder
nicht, das wenigstens wirst du doch wissen, oder?«

»...«

»Ist es dir jetzt schon zuviel, auf so etwas einzugehen?
Soll das heißen, daß es dir schon zu lästig ist, mit der
Frau, von der du dich trennst, auch nur ein Wort zu
reden? Das paßt zu dir! Oder ist für dich etwa die Zeit,
die du mit mir zusammen warst, schon ganz egal? Ist es
dir schon zuviel, darüber nachzudenken, ob du glücklich
warst oder unglücklich? Das paßt ja noch viel besser zu
dir! Karriere wirst du ja machen, da bin ich sicher. Aber
die andere tut mir leid. Die weiß ja nicht, auf wen sie sich
da einläßt! Es war wohl dein Charme, der es ihr angetan
hat!«

»...«

»Was soll denn das schon heißen, sie sei auf dich geflogen, während ihr zusammen gearbeitet habt? Ich kenne dich schon seit deinem ersten Semster an der Universität! Nun sag mir mal, was sind dagegen ein paar Jährchen, seit man endlich von einer richtigen Arbeit bei dir sprechen kann? – Allerdings war ich damals ja auch ein junges Mädchen, gerade erst vom Gymnasium abgegangen.«

»...«

»Tja, und jetzt gehe ich auch auf die dreißig zu, und da ist es ja gar nicht so abwegig, wenn du mir jetzt davonläufst, oder?

»...«

»Das ist es doch, oder? Letzten Endes bist du meiner überdrüssig geworden, weil ich gealtert bin. Sag mal, dieses junge Mädchen, von dem du da erzählst, gibt's die überhaupt? Hast du die dir nicht ausgedacht? Und meinst, mich leichter loszuwerden, wenn du so was vorschützt, eiskalt? Bei dir kann ich mir das vorstellen.«

»...«

»Na gut, vielleicht gibt's die ja wirklich. Aber du willst ja doch nur ein bißchen mit dem Feuer spielen, oder? Mit einem jungen Mädchen seinen Spaß zu haben, ist nicht übel, und wenn's überdies ein Vorwand für die Scheidung liefert ... Wirklich geschickt machst du das! Unbeschreiblich! Das hast du glänzend eingefädelt! Und jetzt willst du sicher, daß ich dich lobe, stimmt's? Den Gefallen habe ich dir ja hiermit getan!«

»...«

»Aber das sag' ich dir, du hast dich verrechnet! Wenn du mir sagen würdest ›Ich hab' dich satt, laß mich gehen‹ oder wenn du mich demütig darum bätest, dann könnte ich in die Scheidung einwilligen, ohne mit der Wimper zu zucken. Aber einfach Lebewohl zu sagen, weil da ein junges Mädchen ist . . . Um keinen Preis lass' ich dich so ziehen! Daß du ein kalter und brutaler Mensch bist, weiß ich ja jetzt nur zu genau. Aber wenn es einer Frau erst einmal nichts mehr ausmacht, daß sie ihre Würde verliert, dann ist sie zu allem fähig.«

»...«

»Jetzt hast du Angst bekommen, stimmt's? Männer sind sowieso alle Feiglinge! Ihr spielt euch doch bloß auf! Viel Getue und nichts dahinter! Na, was ist es denn sonst? Hast doch damals in der Universität schon den Lebemann gespielt und dauernd die Vorlesungen geschwänzt! Und wenn es dann an die Prüfungen ging, hast du dich nicht geschämt, meine Aufzeichnungen mitzunehmen, ohne dich auch nur zu bedanken. Wem verdankst du denn dein Examen? Was? Du hast wirklich schon vergessen, wem du dein Examen verdankst? Also, einer wie du sollte wirklich nicht den Mann rauskehren, von Arbeit und Beruf reden, nur weil er das Examen bestanden hat! Spiel dich doch nicht so auf! Sie sei zutraulich geworden, während ihr zusammen gearbeitet habt, sagst du? Und ich, die ich dir zum Examen verholfen habe, ich nehme eine Arbeit an, von der man gerade so eben leben kann, lasse mich als Mädchen für alles herumscheuchen! Mein Chef läßt mich deutlich spüren, daß ich ihm Dankbarkeit schulde, noch bei ihm arbeiten zu dürfen, so verblüht, wie ich jetzt schon bin, und wie er mich Tag für Tag ertragen muß. Die Welt ist wirklich ungerecht! Du ruhst dich doch bloß aus auf dieser ganzen Misere und spielst mit uns Frauen herum, das war mit mir so und ist mit diesem dummen Gör genauso!

»...«

»Hast du dazu irgend etwas zu sagen? Dann sprich doch offen! Wie ein Mann! Oder ist dir noch rechtzeitig beim ersten Wort eingefallen, daß jede Antwort Verschwendung wäre? So ist es doch, oder? Es heißt ja auch, daß es nicht wehtut, wenn man anderen auf die Füße tritt. Seit Jahren trittst du mir pausenlos auf die Füße! Du bist nicht nur kalt, du hast überhaupt kein Gefühl!«

»...«

»Na, dann geh doch! Mach schon! Ich will dein Gesicht nicht eine Sekunde länger sehen! Gerade hab' ich es doch gesagt, oder? Daß Frauen gefährlich sind. Nun geh schon, solange noch alles dran ist an dir!«

»...«

»Was trödelst du denn so herum bei einer Frau, die du nicht mehr gebrauchen kannst?«

»...«

»Warte! Du, willst du wirklich gehen? Hast du wirklich vor, einfach so zu gehen, nur, weil eine Frau dir das befiehlt? Jetzt hast du aber gelacht. Hast wohl lachen müssen, was? Vor Erleichterung, weil eine Frau dir befohlen hat, zu gehen! Kein Rückgrat! Schau mal an, jetzt zuckt dein Gesicht schon! Nun lauf doch nicht gleich so an! Wie wär's denn, wenn du wenigstens ein mannhaftes Wort hinterlassen würdest, bevor du gehst?«

»...«

»Ach, stimmt ja, in deinen Augen wäre auch ein einziges Wort schon ein Verlust. Ich verstehe das ja. Du bist doch heute gekommen, um auf jeden Fall einen Schlußstrich zu ziehen. Und meinst, daß Schweigen das Beste wäre, daß ein überflüssiges Wort die Sache in die Länge zöge. Stimmt's etwa nicht? Du gehörst doch zu denen, die zehn Jahre so stumm ausharren können wie eine

Muschel. Können dich die Worte einer Frau nicht wenigstens einmal wütend machen, so daß du dich vergißt und sie anbrüllst? Es bedrückt einen richtig, wenn man mit dir zusammen ist. Wie steil deine Karriere sein wird, weiß ich ja nicht, aber ich habe wirklich keine Lust mehr, mit einem solchen Mann zusammen zu sein. Es war eine unglückliche Verbindung, von Anfang an. Wie viele Jahre sind es denn nun schon, seit sich das so hinzieht? Gab es eigentlich so etwas wie ein schönes Erlebnis, auch nur ein einziges Mal? Daß wir beide einmal ineinander verliebt gewesen sein sollen, kann ich schon gar nicht mehr glauben.«

»...«

»– Sag mal, erinnerst du dich noch an damals? Na ja, warum solltest du dich denn daran erinnern? Du würdest ja nicht für einen Yen Nutzen daraus ziehen, dich an etwas mit mir zu erinnern. So bist du nun mal. Aber ich erinnere mich noch. – Ja, ich werde mich sogar bis zum Tode daran erinnern, du wirst sehen. Gezittert hast du doch damals! Nackt, splitternackt, geradezu wie ein Kind –. Was heißt es dagegen schon, sich im Büro in dich zu verlieben?«

»...«

»Du schweigst immer noch? Reicht es dir nicht, in Fremdsprachen schlecht zu sein? Hast du jetzt sogar dein Japanisch vergessen? Na, von mir aus! So einen Mann wie dich überlasse ich doch jedem dummen Gör sogar mit einem Geschenkschleifchen drum! Sag's der doch, sie soll zu mir kommen und sich Rat bei mir holen, als Anstandsmitbringsel würde eine Schachtel Kekse reichen. Dann gebe ich dich mit Freuden her, zusammen mit einer Gebrauchsanweisung. Ich werde ihr auch genau erklären, was für ein kalter Mann du bist. Bist ja eh nur Gebrauchtware, verbraucht, soweit du überhaupt brauchbar warst! Mit dir geht's doch schon bergab, neuerdings! Oder willst du im Ernst mit einem jungen Mädchen noch einmal anfangen?! Das träumst du doch bloß, Dummkopf! Du bist doch deutlich älter geworden, ganz genau wie ich! Ihr Männer vergeßt das doch bloß in eurem Übermut! Aber Gott ist gerecht!«

»...«

»Nun erzähl mal. Wenn du mir von ihr nichts erzählst, weiß ich ja gar nicht, was ich sagen soll, wenn sie sich um Rat an mich wendet. Was ist das denn für eine? Ist sie hübsch? Schön? Talentiert? Moment mal, ist das nicht die? Die ich neulich kurz gesehen habe? Die ist es, oder? Die sich ein Barett oder so was aufgesetzt hatte, die mit dem Bubikopf-Schnitt? Mögen die Männer diesen Typ? Solche Leute sind aber gefährlich, das mußt du wissen. Oberflächlich wie Kinder, dabei aber sehr berechnend, weißt du.«

»...«

»– Ist schon erbärmlich, daß ich über jemanden herziehe, den ich gar nicht kenne. Mich geht's ja auch gar nichts an, was das für eine ist, nicht? So sind nun mal die Frauen. Bewerfen sich gegenseitig mit Niederträchtigkeiten. Dabei bist der Niederträchtige doch du, der Mann! Und die Dumme, das bin ich. Das habe ich jetzt eingesehen. Schließlich habe ich mich ja mit einem so wertlosen Mann wie dir eingelassen und mich über Jahre mit ihm hingeschleppt. Mit einem Mann, der alles, die schönen Erinnerungen und die unschönen Erinnerungen, auslöscht, als wäre nichts gewesen, und den Mund nicht mehr aufmacht. Aber was meinst du wohl, was aus deinem Leben wird? Karriere wirst du ja machen, so wie du veranlagt bist. Aber was wird denn aus deinem Leben, wenn du die ganze Zeit mit mir auslöschst? Früher oder später stirbst du doch auch!«

»...«

»Und wenn du stirbst, verlierst du alles, die Karriere, die Position und das Geld!«

»...«

»Hat ja gar keinen Sinn, jemandem, der jetzt schon tot ist, so etwas zu erklären. Ach, wann war das doch gleich? Noch nicht mal ein Jahr vergangen, seit du endlich die Universität verlassen und die Arbeit begonnen hattest. Da hab' ich dir ins Gesicht gesehen, und eine innere Stimme sagte mir: ›Meine Güte, das ist ja das Gesicht eines Toten!‹ Wir hatten auf einem Spaziergang einen Bekannten getroffen, wir blieben stehen, unterhielten uns, und da spieltest du dich so lächerlich auf, räsoniertest über irgend etwas herum. Wieso hab' ich damals eigentlich so empfunden? Du meintest wohl, schrecklich männlich zu sein, aber wenn ich auch nur eine Frau bin, mich hast du damit nicht für dumm verkaufen können! Für euch Männer sind wir immer nur Anhängsel, wir kichern und machen ein Gesicht, als ob wir blöd wären, aber wir sehen doch so einiges und machen uns darüber unsere Gedanken, weißt du. Aber wieso war ich eigentlich damals nicht so klug, mich von dir zu trennen? Daß ein Mann mit einem solchen Leichengesicht auch einer Frau gegenüber irgendwann kalt und grausam wird, wieso habe ich das damals nicht begriffen? – Mit ›kalt‹ meine ich ja nicht, daß du mich jetzt haßt, nein, die Art, wie du dich von mir trennst, wie du mich sitzenläßt. Was bist du eigentlich für ein Mensch, daß du dich nicht damit begnügst, die Gegenwart und die Zukunft einer Frau zu verderben? Warum dazu noch die Vergangenheit? – Na gut, lassen wir mich jetzt mal beiseite. Was ich dich statt dessen fragen will, das ist, was für dich die Zeit mit mir eigentlich bedeutet hat. Ich frage ja gar nicht, was ich für dich bedeutet habe. Ich war ja für dich nichts. Das ist mir jetzt klar. Aber die Zeit, die du mit mir zugebracht hast, was hat sie für dich bedeutet? Was wird aus deinem Leben, wenn du diese Zeit wie ein Nichts betrachtest, falls du sie so betrachten kannst? Wenigstens das will ich von dir wissen.«

»...«

»Für mich ist die Zeit mit dir auf keinen Fall auszulöschen. Was du auch für ein Mann sein magst, es war ja meine Zeit! Die kann ich doch einem so wertlosen Mann wie dir nicht einfach überlassen! Aber wie ist das denn bei dir? Ich frage aus reiner, sozusagen intellektueller Neugierde. Von mir aus kannst du dich aus dem Staube machen. Das ist deine Sache! Aber kannst du denn weiterleben, wenn du die ganze Zeit mit mir auslöschst? Ach was, daß du mit mir zusammengewesen bist, ist ja schon ganz egal. Aber du kommst nicht daran vorbei, daß auch du in dieser Zeit gelebt hast. Willst du dir wirklich einreden, daß du nicht gelebt hast, daß du nicht einmal mehr weißt, ob du glücklich oder unglücklich warst, daß so etwas überhaupt nicht existiert hat? Glaubst du im Ernst, daß du danach noch weiterleben kannst? Kann ein Mensch überhaupt so leben? Das will ich wissen.«

»...«

»Ich jedenfalls könnte das nicht. Was bleibt denn schließlich übrig, wenn man auf diese Weise sich selbst Stück für Stück ausradiert? Alle müssen einmal sterben, aber wenn man auf diese Weise das vergangene Ich auslöscht, löscht man doch auch das gegenwärtige aus. – Wie schön muß das Gefühl sein, wenn man ganz sauber und ohne Reste verschwindet! Wenn man sich selbst vernichtet und bei dieser Gegelegenheit auch das Gegenüber, dann bleibt ja nichts mehr übrig, nicht wahr? – Das ist es. Ich habe es ja auch gerade eben gesagt, daß eine Frau zu allem fähig wird, wenn es ihr erst einmal nichts mehr ausmacht, ihre Würde zu verlieren.«

»...«

»Du brauchst keine Angst zu haben. Ich werde schon nichts anstellen, bilde dir das bloß nicht ein. Wo es sich doch gar nicht lohnt, für einen wie dich sein Leben zu verpfuschen. Aber wenn ich jemanden fertigmachen wollte, dann dich, und nicht deine Kleine da. Und wenn ich's täte, dann nur, um die Zeit mit dir abzuschließen. Das wäre besser, als sich ständig fragen zu müssen, ob man glücklich oder unglücklich ist. Jetzt hab' ich's! Das beste wäre doch, du brächtest mich um, wie seinerzeit der Professor an ich weiß nicht mehr welcher Universität. Dann würde ich irgendwo in der Erde vergraben werden und ganz ruhig ausharren. Jahrzehnte, Jahrhunderte. Und mich auf keinen Fall finden lassen. Überdies würdest du im Gegensatz zu dem Professor sicherlich ungeschoren davonkommen, kalt und stark wie du bist. Und du wärest fein raus, bräuchtest nicht ständig das Gesicht eines Toten machen, mit einem Bein schon im Jenseits und dabei noch den Schmähungen der verhaßten Frau ausgesetzt.«

»...«

» – Von was rede ich da eigentlich die ganze Zeit? Du bist doch für mich schon ein Fremder, was du machst, was aus dir wird, hat mit mir ja schon nichts mehr zu tun, nicht wahr? Wenn du ein Mann von der gemeinsten Sorte bist, dann bin ich die dumme Frau, die sich auf ihn eingelassen hat. Das bleibt, leider. Und das ist es doch, was die Sache zwischen Mann und Frau ausmacht, oder nicht? Wie gemein, wie verderbt der andere auch sein mag, schließlich hat man ihn selbst gewählt! Man ist in allem gleich verantwortlich und also dem anderen gegenüber absolut frei, egal, was man tut. Was auch immer ich tue, du hast mich ja, so wie ich bin, als Partner gewählt und bist also mitverantwortlich. Die Männer sind sich dessen ja schon lange bewußt. Es schadet nichts, wenn auch die Frauen so allmählich dahinterkommen. Dann werden auch sie ohne dieses erbärmliche Theater fertig damit, wenn sie vom Mann abgewiesen, wenn sie von ihm im Stich gelassen werden. Das ist gut! Also, ich lasse dich frei. Und werde selbst auch frei dabei! Ich sage nichts mehr. Geh!«

»...«

»Diesmal meine ich es ernst! Ich halte dich nicht mehr zurück. Wenn du mich das nächste Mal siehst, bin ich eine freie Frau.«

»...«

»Geh! Wirklich.«

Der Mann erhebt sich in aller Ruhe. Die Frau beobachtet seine Bewegungen genau.

»Also dann.«

Der Mann wendet der Frau den Rücken zu, seinen ausdruckslosen Rücken. Plötzlich stößt die Frau einen scharfen Schrei aus.

»Dreh dich um! Sieh mich an!«

Der Mann dreht sich um. Seine Brust und sein Bauch sind der Frau schutzlos ausgesetzt.

In der Hand der Frau blitzt plötzlich ein großes Küchenmesser auf.

Angst im Gesicht des Mannes, es ist der erste Ausdruck, der auf seinem Gesicht erscheint.

Der Mann und die Frau frieren für einen Moment in dieser Stellung fest, für einen endlosen Augenblick.

Wie dieser Moment sich löst – das hängt nun ab von der freien Entscheidung der Frau.

Wieder ein Streit mit seiner Frau. João verließ das Haus: »Warum stößt sie mir nicht das Messer ins Herz? Nein, sie ist viel niederträchtiger. Sie ritzt es nur ein klein wenig, gerade genug, daß es blutet. Jeden Tag reißt sie mir ein Stück Haut vom Leibe. Schau mich an, Mörderin! Bei lebendigem Leib bin ich am ganzen Körper geschunden!«

»Sollte ich einen Hausdrachen geheiratet haben?« befragte er seine Knöpfe. An den ersten Tagen nach der Trennung war alles eitel Wonne: er fand kein Haar im Ausguß, keine Haarspange rollte aus dem Schrank. Höschen und Strümpfe trockneten nicht mehr im Bad. Der ewig tropfende Wasserhahn – sie wußte nicht einmal, die große Schlampe, wie man einen Wasserhahn zudreht. Ihr Kopf voll bunter Haarwickler – enthauptete Meduse seiner letzten Illusionen – im Verein mit herzhaftem Gähnen. Gekränkt entsann er sich seiner Liebesnächte mit ihr, dankte dem Himmel, daß er keine Kinder hatte. João streckte sich mit ausgebreiteten Armen auf dem geräumigen Hotelbett aus.

Jetzt stand keine Falte mehr auf seiner Stirn, und er knirschte nicht mehr mit den Zähnen. Der Segen der Stille, ohne knackendes Toastbrot mit Erdbeergelee und dazu die irritierende, immer einen Ton zu hohe Stimme. Ruhig im Sessel sitzend, hörte João die Eisbläschen im Whiskyglas zerplatzen.

Die Ärmste, sie war allein zu Haus (nicht ganz so allein, in der ersten Woche rief sie gleich ihre Schwester), verloren zwischen den Teppichen, Gardinen, Pelzjacken –

reichen Beutestücken aus unglückseligen Schlachten. Dann verkündigte sie im Freundeskreis:

»João ist ein ganz raffinierter Schuft.«

Den ganzen Sonntag verbrachte er im Pyjama, kratzte sich am Bauch, amüsierte sich über die Kleinanzeigen. Beim Vorbeifahren eines Lastwagens bewegte sich das Wasser in der Flasche auf dem Tisch, zitterte die Glasscheibe im Rahmen. Ein ruhiges Alter, bei dem er in Hemdsärmeln seine Malven am Fenster goß – würde er den Kreuzworträtsel-Wettbewerb gewinnen?

Er tanzte im Nachtclub, das Getränk war vergiftet, die Damen vulgär – noch vulgärer als Maria! – und die Beziehungen enttäuschend. Vom Hotel ins möblierte Appartement, in heitere Behaglichkeit; er war ganz selig über die alte Briefmarkensammlung. Die schwarze Köchin befreite ihn von den zudringlichen Mäulern im Restaurant.

Er traf seine Frau überraschend in einem Laden, und einen Augenblick lang kam sie ihm schlanker vor (endlich hatte sie sich dazu entschlossen, zwei Kilo Popo-Fleisch abzunehmen) und hübscher: wer in Trennung lebt, putzt sich gern heraus.

In jener Nacht hatte er einen erotischen Traum – raten Sie mal von wem? Vor dem Beefsteak mit pommes frites ließ ihn eine Heerschar lüsterner Bilder aufschluchzen.

Das Gedächtnis ließ ihn elend im Stich: der Zuckerrest in der Kaffeetasse, das Flohblut auf dem Pyjama, ein Rest Schuppen auf der Jacke – alles war sie. Sie in den Armen einer anderen vergessen, bedeutete, sie noch stärker in Erinnerung zu rufen.

Lehmiges Wasser des Flüßchens, das, wenn sich der Regen gelegt hat, auf einmal wieder klar und durchsichtig wird mit seinen goldenen einherziehenden Fischchen, so dachte er ohne Schmerzen an seine verlorene Frau. Er entsann sich der tausend leidenschaftlichen Nächte. Der sieben ersten, in denen er impotent blieb – der Sanftmut und Geduld, mit der sie ihn unterstützte. Warum hatte er sie nicht häufiger in der schamlosesten Stellung besessen? Ihm wurde dabei heiß, er mußte sein Gesicht in kaltes Wasser tauchen.

Die Augen weit aufgerissen in der Nacht – geblendet vom plötzlichen Glanz ihrer Nacktheit. Ein Stöhnen entrang ihm die Vision eines Schönheitsflecks unter ihrem kleinen Busen. Hob er nicht mit einem kleinen Wutschrei ihren Rock hoch und zerknackte, als er ein Stück Schenkel einhüllte, einen Floh zwischen den Nägeln? Ebenso erregend wie ihr das Kleid auszuziehen war, ihr die Brille abzunehmen, ohne Brille war sie noch nackter als ohne Kleidung.

Er wählte sich seine Erinnerung aus, zerkleinerte ihre geheime Wonne, und, wenn er nicht so charakterstark gewesen wäre, wäre er dem einsamen Laster erlegen. Im Büro wurde er bei der geringsten Unachtsamkeit von ihrer Gegenwart angefallen: Leb wohl, Bankgeschäftsführer! João zählte die Tropfen am Wasserhahn der Zeit.

Maria bekam eine Leberkolik, und, da er nicht den Mut hatte, sie zu besuchen, schickte er ihr rote Rosen und argentinische Birnen. Als er sich vorstellte, wie sie im riesigen Ehebett saß, die Strickjacke um die Schultern, waren da nicht die Fliegen, die ihm über das Gesicht krochen, Tränen?

Sollte ich einen Engel geheiratet haben? – fragte er sich bestürzt. Auf dem Wege zum Büro blieb er am Schaufenster eines Geschäfts stehen, in dem das Mannequin das gleiche geheuchelte Lächeln zur Schau stellte. Er legte sich die Worte einer amüsanten Episode zurecht, und, als er den Schlüssel in die Tür steckte und den Mund öffnete, um sie zu rufen (lackierte sie sich immer noch die Nägel vor dem Spiegel?) bemerkte er seine vollständige Einsamkeit. Als er ins Badezimmer trat ... o je, wie gut wäre es, wenn dort ein, zwei, drei Spitzenhöschen hingen. Es war Winter und schwieriger, warme Füße zu bekommen.

Zu nächtlicher Stunde umstrich er das Haus, schaute oft zu den Fenstern auf. Eines von ihnen war erleuchtet, zwei Schatten hinter dem Vorhang – betrog sie ihn mit jemand anderem?

Er griff zum Telefon, sie war am Apparat. João konnte kein Wort herausbringen, sein Herz pochte ihm im Munde.

Sie mit langer Hose und dunkler Brille gewahren hieß, das Zeichen des Verrats zu entdecken; wenn sie sich erst ihr Haar blond färben ließe, gäbe es keine Hoffnung mehr. Am gleichen Nachmittag nahm er die Vermittlung seiner Schwägerin an.

João kehrte nach Hause zurück und wurde für immer unglücklich.

»Kürzlich habe ich mich von einer Freundin getrennt,
auf eine so seltsame Weise, daß ich es Ihnen erzählen
möchte. Wir fuhren nachts im Taxi. Ich hatte den Arm
um sie gelegt, und wir schauten beide zur gleichen Seite
hinaus. Es ging uns gut. Sie müssen auch noch wissen,
daß es sich um ein sehr junges Mädchen handelte, kaum
zwanzig Jahre alt, und ich hing sehr an ihr. Da sah ich im
Vorbeifahren ganz kurz auf dem Bürgersteig einen
Mann gehen. Ich konnte keine Einzelheiten an ihm erkennen, dazu war es zu dunkel auf der Straße; ich sah
nur, daß der Mann eher jung war. Und plötzlich hatte ich
die Vorstellung, das Mädchen neben mir würde sich bei
dem Anblick dieser Gestalt draußen bewußt, neben
einem welch alten Menschen sie da umschlungen im
Taxi sitze, und daß sie sich in diesem Augenblick vor mir
ekeln müßte! Diese Vorstellung war ein solcher Schock,
daß ich sofort den Arm von ihrer Schulter nahm. Ich fuhr
zwar noch mit zu ihr, ging mit ihr bis zur Haustür, aber
da sagte ich ihr dann, daß ich sie nicht mehr sehen wollte.
Ich brüllte sie an, sie solle verschwinden, ich hätte genug
von ihr, es sei aus, und lief sofort weg. Ich bin sicher, sie
weiß bis heute nicht, warum ich sie verlassen habe.
Wahrscheinlich hat sie sich gar nichts gedacht bei dem
Anblick des jungen Mannes auf dem Bürgersteig. Vielleicht hat sie ihn nicht einmal wahrgenommen...«

Wie schwer es ist, einen ›Abschiedsbrief‹ zu schreiben! Ich habe keine Lust, nun viel zu schluchzen, aber ich möchte meinen Wunsch auch nicht allzu deutlich äußern. Ich will Sie ganz klar und ohne daß wir einander verletzten, um die Scheidung bitten, aber unversehens schleicht sich zwischen meine Worte eine seltsame Pose ein. Es ist nun doch einmal ein Abschiedsbrief. Wer immer ihn auch schreibt, es kann nichts Schönes daran sein. Und so will ich jetzt absichtlich ganz kalt sein, es soll ein Brief werden, der wirklich nach Trennung und Abschied klingt! Erlauben Sie mir, daß ich entschlossen auch unangenehme Dinge sage, obgleich Sie das noch kaltherziger machen wird, als Sie schon immer gewesen sind!

Es war im Februar 1934. Ich stand, wie ich mich noch heute sehr deutlich erinnere, im ersten Stock des Atami-Hotels und sah von meinem Zimmer aus, wie Sie, in einem grauen Anzug, unterhalb meines Zimmers am Strand spazierengingen. Die ganze Geschichte liegt so weit zurück, daß sie mir schon fast wie ein Traum erscheint. So hören Sie mir, bitte, ruhigen Herzens zu! Wie schmerzlich mich damals der blaugraue Haori-Überwurf mit den Distelblumen-Mustern berührte, den die große, hübsche Frau trug, die hinter Ihnen einherging! Ich hatte wahrhaftig nicht damit gerechnet, daß sich meine schlimmen Ahnungen so präzise erfüllen würden. Um zu erkunden, ob mich mein seltsames Vorgefühl trug oder nicht, war ich in der Nacht zuvor mit dem Schnellzug, furchbar durchgerüttelt und schlaflos, nach Atami gefahren. Wenn ich ein schon abgedroschenes Wort gebrauchen darf: wäre alles ein Traum gewesen, hätte ich sicher, sogar im Traum, begierig gewünscht, schnell aufzuwachen. Ich war damals – so wie Shoko-san jetzt – zwanzig Jahre alt. Der Schock für eine junge, vom Leben nichts ahnende Frau, die gerade geheiratet hat, war ohne Zweifel allzu groß. Ich rief sofort nach dem Boy, der mich sehr erstaunt ansah, bezahlte mit möglichst unbefangener Miene die Rechnung und eilte sofort hinaus, weil ich keinen Augenblick länger im Zimmer sitzen konnte. Als ich dann auf dem Pflaster vor dem Hotel stand, durchstach meine Brust ein heißer, gleichsam rotglühender Schmerz, und ich überlegte kurz, ob ich ans Meer hinunter oder zum Bahnhof gehen sollte. Schließlich schlug ich den Weg zum Strande ein, aber nach ein paar Metern hielt ich erneut inne. Ich starrte hinaus auf das tiefwinterliche Meer, das in der Sonne so strahlend blau leuchtete, als habe man aus einer Farbtube Preußischblau darauf gedrückt. Nach einer Weile drehte ich dem Wasser meinen Rücken und richtete, nun anders entschlossen, meine Schritte zu dem Bahnhof, der in der entgegengesetzten Richtung lag. Heute bin ich mir klar, daß mich dies hierher und zu dieser Stunde geführt hat. Wäre ich zum Strand hinuntergegangen, wo Sie waren, stünde ich heute als ein anderer Mensch da. Doch ich tat es nicht – mag dies mein Glück oder Verhängnis gewesen sein. Zweifellos bedeutete es den großen Wendepunkt in meinem Leben.

Aus welchem Grunde bin ich wohl damals nicht zum Strand hinuntergegangen? Es war der folgende. Ich hatte immerzu das Gefühl, daß ich der schönen, fünf, sechs Jahre älteren Frau – also meiner Cousine Saiko – in jeglicher Hinsicht unterlegen war. Sowohl in bezug auf Lebenserfahrung, als auch an Wissen, Talenten, Schönheit, Zartheit der Empfindung, an der Anmut, eine Tasse Kaffee zu halten, an der Fähigkeit, Musik zu genießen, über Literatur zu plaudern, das Gesicht zurechtzumachen – in allem, war sie mir weit überlegen! Ach, wie wertlos ich mir damals vorkam. Es war das tiefe Unterlegenheitsgefühl einer jungverheirateten, zwanzigjährigen Frau, das ein Maler nur in einer ›reinen Linie‹ zum Ausdruck bringen könnte. Vielleicht haben Sie das Gleiche auch schon einmal empfunden, wenn Sie an einem frühen Herbsttag ins Meer gesprungen sind und sich nicht zu bewegen wagten, weil Sie die stechende Kälte des Wassers sonst allzu schmerzhaft gefühlt hätten. Ebenso fürchtete auch ich mich, irgendeine Bewegung zu machen. Erst sehr viel später habe ich den kühnen Entschluß gefaßt: da Sie mich betrogen haben, werde auch ich Sie fortan betrügen!

Sie und Saiko-san warteten einmal im Wartesaal Zweiter Klasse des Bahnhofs Sannomiya auf einen Schnellzug nach Tokyo. Ich glaube, es war dies ungefähr ein Jahr nach dem Erlebnis im Atami-Hotel. Ich befand mich mitten in einer Gruppe von blütenhaft schönen Schulmädchen, die sich zu einem Klassenausflug versammelt hatten, und ich überlegte angestrengt hin und her, ob ich den Wartesaal betreten sollte oder nicht. Und ebensowenig werde ich jene andere Nacht vergessen können, als ich lange vor dem verschlossenen Tor von Saikos Haus stand und nicht wußte, ob ich läuten sollte. Die Grillen zirpten laut, und ich schaute immerfort zu dem Zimmer im ersten Stock hinauf, wo durch eine kleine Spalte im Vorhang ein sanftes Licht nach außen drang. Ich glaube, dies war ungefähr zur gleichen Zeit wie jenes Zusammentreffen in Sannomiya, aber ich weiß nicht mehr, ob es damals Frühling oder Herbst war. Bei solchen Erinnerungen fehlt mir immer das Gefühl der Jahreszeit. Ach, es gab noch viele ähnliche Episoden, die, wenn ich sie Ihnen jetzt erzählte, Sie stark verstimmen würden. Aber schließlich raffte ich mich doch nicht zu einer Entscheidung auf. Sogar in Atami war ich ja nicht zum Strand hinuntergegangen! Selbst damals nicht! Doch wenn heute das Bild des preußischblau glitzernden Meeres vor meine Augen tritt, ich an jenen Augenblick denke, der mir einst so weh tat, nimmt der Schmerz, der mir damals unerträglich erschienen war, seltsam und so leise ab, als löste man hauchdünne Papierschichten sacht voneinander.

Aber es gab eine Periode in meinem Leben, wo ich wirklich glaubte, ich würde den Verstand verlieren. Doch nun hat ja wohl die Zeit alles zwischen Ihnen und mir in Ordnung gebracht. Sie sind langsam immer kälter zu mir geworden, so wie rotglühendes Eisen allmählich, aber sicher abkühlt. Und weil auch ich mich dann so verhielt, wurden Sie immer eisiger, und so entwickelten wir uns, wie Sie jetzt sehen, zu einer prachtvoll kalten Familie. So kalt, daß jeder von uns glaubt, die Augenwimpern seien ihm steif gefroren. Oh, das Wort Familie ist viel zu warm, viel zu menschlich, als daß wir es für uns in Anspruch nehmen dürften. Ich finde die Bezeichnung Festung sehr viel besser, und ich möchte vermuten, daß Sie einverstanden sind. Jeder von uns hat sich länger als zehn Jahre in seine Festung eingeschlossen, Sie betrogen mich und ich betrog Sie (aber Sie haben damit angefangen!). Was für schmerzliche ›Geschäfte‹ der Mensch

doch fertigbringt! Unser tägliches Leben war auf Ge-
heimnissen aufgebaut, die wir voreinander hatten. Ihre
Miene war zwar manchmal verächtlich, verstimmt oder
gelangweilt, aber Sie taten nach außen immer, als be-
merkten Sie es kaum, wenn ich mich unerträglich be-
nahm. Oft schrie ich etwas mit lauter Stimme aus dem
Bad zu unserer alten Dienerin, sie sollte mir Zigaretten
hereinreichen. Kam ich von irgendeiner Verabredung
nach Hause, so nahm ich ein Kino-Programm aus der
Handtasche und fächelte mir zu, oder ich machte mich
im Empfangszimmer oder auf dem Korridor mit meinem
französischen Puder zurecht, oder tat ein paar Walzer-
schritte, kaum hatte ich das Telefon aufgelegt. Ich lud die
jungen Tänzerinnen der Takarazuka-Truppe zu einem
Fest ein und ließ mich in ihrer Mitte photographieren.
Ich spielte Mahjong im wattierten Kimono. An meinem
Geburtstag trug ich sogar dem Dienstmädchen auf, sich
Bänder durch das Haar zu stecken, und lud Studenten zu
lärmenden Parties ein. Natürlich wußte ich genau, wie
ärgerlich Sie die Augenbrauen runzelten. Aber Sie schal-
ten mich nie, Sie wagten es nicht! Kein einziges strenges
Wort kam je über Ihre Lippen. So haben wir also nie
miteinander gestritten. Die Stille unserer Festungen
wurde nie unterbrochen. Nur die Luft in ihnen war rauh
und wunderlich kalt. Wenn Sie fähig waren, einen Fasan
oder eine Wildtaube zu erlegen, warum brachten Sie es
nicht fertig, mich durchs Herz zu schießen? Wenn Sie
mich schon betrogen, warum taten Sie das nicht noch
grausamer und gründlicher? Eine Frau kann sich selbst
durch die Lügen eines Mannes in eine Göttin verwandeln!

Ein solches, über zehn Jahre währendes Leben konnte

ich wohl nur deshalb ertragen, weil ich heimlich irgendwo in meinem Herzen die zwar vage, aber ständige Erwartung hegte, daß die Ehe mit Ihnen eines Tages zu Ende sei, irgendwann einmal etwas Entscheidendes geschähe. Meiner Überzeugung nach gab es da nur zwei Möglichkeiten: entweder ich warf mich mit geschlossenen Augen an Ihre Brust, oder ich stieß Ihnen das kleine Messer, das Sie mir zur Erinnerung an Ihre Ägyptenreise geschenkt haben, so tief in Ihr Herz, daß das Blut in hohem Bogen hervorschoß!

Auf welche dieser beiden Möglichkeiten ich gehofft habe? Ich weiß es selber nicht.

Nun, es war vor etwa fünf Jahren, da geschah folgendes. Ob Sie sich noch erinnern? Es war, ganz sicher, nach Ihrer Rückkehr aus Südasien. Ich war zwei Tage lang von zu Hause fortgewesen, am dritten kam ich etwas angetrunken und auf recht schwankenden Füßen heim. Ich hatte geglaubt, Sie seien, um etwas zu erledigen, nach Tokyo gefahren, aber Sie waren aus irgendeinem Grund schon wieder zurück. Sie standen im Wohnzimer und hantierten mit einer Flinte. »Guten Tag!« sagte ich flüchtig, dann trat ich auf die Veranda und setzte mich, mit dem Rücken zu Ihnen, auf das Sofa und kühlte mich in der Brise. Da die Markise für den Gartentisch an der Dachrinne lehnte, konnte man in der Glasschiebetüre wie in einem Spiegel einen Teil des Wohnzimmers sehen. Ich erkannte, daß Sie den Lauf Ihrer Flinte mit einem weißen Tuch blankrieben. Ich selber befand mich in einer schlaffen, matten, andererseits, wie es nach anstrengenden Vergnügungen ja leicht geschieht, auch etwas gereizten Stimmung, war unfähig, mich zu irgend etwas aufzuraffen oder auch nur einen Finger zu rühren, und so starrte ich gedankenlos auf Ihre Bewegungen im Spiegel. Nachdem Sie den Lauf gereinigt hatten, setzten Sie den ebenfalls geputzten Verschluß ein. Hierauf hoben und senkten Sie den Flintenlauf einige Male, lehnten das Gewehr dabei gegen Ihre Schulter, aber plötzlich merkte ich, daß es sich nicht mehr bewegte, es lag nun fest in Ihrer Schulter und Sie zielten, wobei Sie das eine Auge leicht geschlossen hatten. Mit einem Mal erkannte ich, daß der Lauf auf meinen Rücken gerichtet war!

Ob Sie mich, so fragte ich mich, wohl gern erschießen würden? Das Gewehr war natürlich nicht geladen, aber es fesselte mich, Ihnen zuzusehen, um herauszufinden, ob Sie mich zu töten wünschten. Dann aber setzte ich eine gleichgültige Miene auf und schloß beide Augen.

Zielt er wohl, überlegte ich, auf meine Schulter, meinen Hinterkopf oder meinen Nacken?

Ungeduldig wartete ich darauf, daß nun, jeden Augenblick, das Klicken des Abzugshahnes kalt die Stille des Raumes durchbrach. Aber soviel Zeit auch hinging, es war nichts zu hören. Ich hatte beschlossen, mich, falls ich dieses Klicken vernahm, wie in einem Ohnmachtsanfall auf den Boden fallen zu lassen. Ich war in meinem Innern darauf vorbereitet, als sei dies seit Jahren das heiß ersehnte Ziel meines Lebens gewesen.

Doch dann verlor ich schließlich die Geduld, öffnete heimlich die Augen und sah, daß Sie noch immer auf mich zielten. Geraume Zeit saß ich noch so da. Plötzlich aber kam mir das Ganze lächerlich vor, und ich bewegte mich ein wenig. Gleichzeitig blickte ich nach Ihnen, nicht nach Ihrer Spiegelung in der Glastür, – und da nahmen Sie schnell die Mündung der Flinte herab und zielten auf die Rhododendren, die Sie vom Amagi-Berg hierher ver-

pflanzt hatten, und die nun in diesem Jahr zum ersten
Mal aufgeblüht waren. Schließlich drückten Sie auf den
Abzug. Warum erschossen Sie Ihr treuloses Eheweib
denn nicht? Ich hätte es wahrhaftig verdient! Sie hatten
so brennend Lust, mich zu ermorden, und doch berührten Sie den Abzug nicht! Hätten Sie es getan, meine
Untreue nicht so schwächlichen Herzens verziehen, sondern Ihren Haß mitten in mein Herz geschossen, wäre
ich Ihnen wohl, höchst unerwartet, an die Brust gesun-
ken. Oder aber ich hätte Ihnen vorgeführt, wie geschickt
ich selber im Schießen war. Nun, Sie handelten jedenfalls
nicht, und so nahm ich meine Blicke von den Rhododendren fort und ging mit Schritten, die schwankender
als nötig waren, in mein Zimmer, wobei ich die Melodie
›Unter den Dächern von Paris‹ sorglos vor mich hin
summte.

Eines Tages erzähle ich meiner Mutter von meinen Scheidungsplänen. Von Piet Hein erzähle ich ihr und von all den Geschenken, die er mir macht, und wie er für mich in Zukunft sorgen will. Meine Mutter runzelt die Brauen und denkt lange nach. In unserer Straße zu Hause wird niemals irgend jemand geschieden. Sie beschimpfen und prügeln einander und leben wie Hund und Katze, aber von Scheidung ist niemals die Rede. Das muß etwas sein, was in besseren Kreisen üblich ist, ungewiß warum.

Ja, aber will er dich denn nicht heiraten? fragt sie schließlich und reibt sich die Nase mit dem Zeigefinger wie immer, wenn ihr etwas Kopfzerbrechen macht. Ich sage, davon habe er noch nicht gesprochen, aber das werde er schon noch tun. Ich sage, ich könne es nicht länger aushalten, mit Viggo F. verheiratet zu sein, ich hätte jeden Tag Herzbeschwerden um die Zeit, wenn er nach Hause komme. Ich sage, die Heirat sei von beiden Seiten ein Fehler gewesen. Ja, sagt sie, in einer Weise verstehe ich dich ganz gut. Es sieht ja auch zu dumm aus, wenn ihr nebeneinander auf der Straße geht, daß er soviel kleiner ist als du. Meine Mutter ist vollkommen unfähig, sich in den Gedankengang eines anderen Menschen zu versetzen. Dadurch wird sie daran gehindert, mir allzu nahe zu kommen, und das paßt mir ausgezeichnet.

Jetzt gehe ich jeden Donnerstag nach dem Clubabend mit Piet Hein zu ihm nach Hause. Ich sage zu Viggo F., die Diskussionen nach dem Vortrag zögen sich so lange hin, und als Vorsitzende könne ich es mir doch nicht leisten, als erste zu gehen. Ich sage, daß er nicht auf mich warten, sondern ruhig schlafengehen solle. Wenn er schläft, kann nichts ihn aufwecken, und er merkt nicht, wie spät ich nach Hause komme. Aber warum, sagt Piet ungeduldig, sagst du ihm nicht, was los ist? Ich verspreche immer wieder, es am nächsten Tag zu sagen, und schließlich habe ich das verzweifelte Gefühl, daß ich es niemals fertigbringen könne. Ich habe Angst davor, wie er reagieren wird. Ich fürchte mich vor Streit und Auseinandersetzungen und denke immer mit Grauen an die Zeit, als mein Vater und mein Bruder sich jeden Abend stritten, so daß in unserer kleinen Stube nie mehr Ruhe war. Wenn du es nicht sagen kannst, sagt Piet eines Abends, kannst du ja einfach ausziehen. Du darfst allerdings nicht mehr als dein Zeug mitnehmen. Aber das kann ich nicht tun, das wäre zu schäbig, zu brutal und undankbar. Piet sagt auch, ich solle mich etwas mehr um Nadja kümmern, die so unglücklich sei, weil er sie verlassen hat. Ich besuche sie auch oft. Sie sitzt in einem Stahlrohrsessel, streckt die langen Beine aus und reibt irritiert in ihrem Gesicht herum, als ob sie alle Züge verändern wolle. Sie sagt, Piet sei ein gefährlicher Mensch, ganz dazu geschaffen, viele Frauen unglücklich zu machen. Sie will ihr Leben anders einrichten, nachdem er sie nun verlassen hat. Sie will auf die Universität gehen und Psychologie studieren, denn sie hat sich schon immer mehr für andere Leute als für sich selbst interessiert. Das soll ihre Rettung sein. Sie sagt betrübt: Dich wird er auch sitzen lassen. Er kommt eines Tages und sagt: Ich habe eine andere gefunden. Ich bin sicher, du wirst das durchstehen. »Durchstehen«, das sei sein Lieblingsausdruck. Sie sagt auch, ich solle mich trotzdem scheiden lassen, Piet könne ein ausgezeichneter Scheidungsgrund sein. Mich läßt es ziemlich kalt, was sie sagt, denn alles in allem ist sie doch ein sitzengebliebenes Mädchen voller Bitterkeit.

Dann und wann wird es mir etwas zuviel, wenn ich in Piet Heins Armen liege und er Zukunftspläne für mich entwirft. Es paßt mir nicht, daß er in meinem Leben herumfuhrwerken und alles ändern und neu einrichten will, als ob ich nicht dazu imstande sei, es selbst in die Hand zu nehmen. Und ich wünsche, er ließe mich in Frieden. Ich wünsche, das Leben ginge so wie jetzt weiter bis in alle Ewigkeit. Ich wünsche, ich könnte mich weiter zwischen ihm und Viggo F. hin und her bewegen, ohne einen von beiden aufzugeben, und ohne große Veränderungen. Ich habe Veränderungen immer gehaßt und Sicherheit in der Vorstellung gefunden, alles werde so bleiben, wie es immer gewesen ist. Doch es kann ja nicht immer so weitergehen. Jetzt kann ich es gut ertragen, Liebespaare auf der Straße zu sehen, aber ich wende mich ab, wenn ich Mütter mit kleinen Kindern sehe. Ich vermeide es, in Kinderwagen zu gucken und an die Mädchen aus unserer Straße zu Hause zu denken, die stolz waren, wenn sie ein Kind erwarteten, bevor sie achtzehn waren. Ich begrabe alle derartigen Hoffnungen, denn Piet paßt auf, daß ich nicht schwanger werde. Er sagt, Dichterinnen sollten keine Kinder kriegen, es seien genug andere da, die es könnten, wohingegen es nicht viele gebe, die Bücher schreiben könnten.

Plötzlich verschlimmert sich mein elender Zustand, der immer gegen fünf Uhr nachmittags einsetzt. Während ich in der Küche die Kartoffeln aufsetze, fängt mein Herz heftig an zu hämmern, und die weiße Kachelwand hinter dem Gasherd flimmert vor meinen Augen, als ob die Kacheln gleich herausfielen. Wenn Viggo F. hereinkommt mit seinem finsteren, verdrießlichen Gesicht, fange ich fieberhaft an zu sprechen, wie um eine Gefahr abzuwenden, ich weiß nicht welche. Ich fahre fort zu reden, während wir essen, obwohl er nur einsilbig antwortet. Ich bin voller Angst, er könne etwas Unglaubliches, Unwiderrufliches sagen oder tun, etwas, was er niemals zuvor gesagt oder getan hat. Wenn es mir glückt, seine Aufmerksamkeit zu gewinnen, läßt das Herzklopfen etwas nach, und ich kann ruhig atmen, bis wieder eine Pause in der Unterhaltung eintritt. Ich rede von allem Möglichen, von Frau Jensen, die – als ich ihr eine Zeichnung zeigte, die Ernst Hansen von mir gemacht hat – gesagt hat: Ist das eine Handzeichnung? Von meiner Mutter rede ich und ihrem Blutdruck, der jetzt zu hoch ist, während er früher immer zu niedrig war. Ich spreche von meinem Buch, das von Gyldendal zurückgekommen ist mit einer sonderbaren Beurteilung: Man nimmt an, ich hätte zuviel Freud gelesen. Dabei weiß ich nicht einmal, wer Freud ist. Jetzt habe ich das Buch an den neuen Verlag Athenäum geschickt und warte täglich gespannt auf Antwort. Eines Abends fällt ihm meine Unruhe auf, und er sagt, ich sei eine richtige Quasselstrippe geworden. Ich erzähle ihm, ich fühlte mich nicht so recht wohl und glaubte, ich hätte etwas mit dem Herzen. Dummes Zeug, lacht er, nicht in deinem Alter, das ist höchstens Nervosität. Er sieht mich beunruhigt an und fragt, ob mich irgend etwas quäle. Ich versichere ihm, es sei nichts, und ich fühle mich wunschlos zufrieden. Ich werde Geert Jörgensen anrufen, sagt er, und einen Termin für dich ausmachen. Er ist Psychiater, ich war selbst einmal vor Jahren bei ihm, ein sehr vernünftiger Mann.

Dann sitze ich dem Arzt gegenüber, einem großen, knochigen Mann mit enormen Augen, die aussehen, als wollten sie aus den Höhlen springen. Ich erzähle ihm alles. Ich erzähle ihm von Piet Hein, und daß ich es sicher niemals fertigbringen könne, zu Viggo F. zu sagen, wir sollten uns scheiden lassen. Geert Jörgensen lächelt mir ermunternd zu, während er mit einem Papiermesser auf seinem Schreibtisch spielt.

Ist es nicht trotz allem interessant, sagt er, zwischen zwei Männern zu stehen?

Ja, sage ich verblüfft, denn das ist es ja tatsächlich. Sie sollten sich von Herrn Möller trennen, sagt er geradezu, das ist ja eine wahnsinnige Ehe. Wie Sie vielleicht wissen, bin ich Chefarzt des Hareskov-Sanatoriums. Ich werde Ihrem Mann vorschlagen, daß Sie für eine Weile dahin gehen. Ich werde mich schon um alles kümmern. Sobald Sie ihn nicht mehr sehen, verliert sich die Herzneurose.

Er ruft Viggo F. gleich an, der hat nichts gegen den Vorschlag. Schon am Tage darauf packe ich meinen Koffer und fahre nach Hareskov, wo ich ein Einzelzimmer mit Aussicht auf den Wald bekomme. Ich spreche noch einmal mit dem Chefarzt, und er sagt, Piet Hein dürfe mich nicht besuchen, bevor nicht alles geklärt sei. Er will ihn anrufen und ihn bitten wegzubleiben. In dem Sanatorium sind nur Damen im Alter meiner Mutter, sehr feine und elegante, und ich fühle mich bedrückt in meinem schäbigen Zeug und denke an all die Kleider, die Piet mir geschenkt hat und die ich jetzt noch nicht tragen kann. Die Tage gehen friedlich hin, und mein Herz kommt wieder zur Ruhe. Ich habe mir in Bagsvaerd eine Schreibmaschine geliehen, und ich schreibe ein Gedicht: Die ewigen Drei. Warum kreuzen zwei Männer in der Welt immer wieder den Weg meines Lebens? Der eine ist der, den ich immer liebe, der andere liebt mich, vergebens. Aber eigentlich weiß ich nicht, ob ich Piet Hein liebe, wie er ja auch niemals gesagt hat, er liebe mich. Er schickt mir Schokolade und Briefe, und eines Tages eine Orchidee in einer langen Pappschachtel. Ich stelle sie in eine schlanke Vase und setze sie auf den Nachttisch, ohne weiter darüber nachzudenken. An dem Tage, als Viggo F. mit dem Chefarzt verabredet ist, kommt er als erstes in mein Zimmer hinauf. Er hat kaum guten Tag gesagt, als er die Orchidee sieht. Er wird blaß und stützt sich auf die Lehne eines Stuhls. Erschrocken sehe ich, wie sein Unterkiefer heftig bebt. Das da, sagt er mit zitternder Stimme, und zeigt auf die Orchidee, von wem hast du das? Ist da ein anderer?

Ih wo, sage ich, die kam anonym, von irgendeinem Verehrer.

Während ich das sage, denke ich an meine Mutter; deren flinke Ausreden habe ich also nicht umsonst meine ganze Kindheit hindurch bewundert.

Von dem Pochen unter der Haut wird er wach. Doris ist weg. Auf dem Waschbeckenrand liegen, zwei großen schwarzen Fliegen ähnlich, lange falsche Wimpern. Eine Aufforderung an ihn, endlich zu dem zu stehen, was er ist? Der zur roten Blase geschwollene Fleck in seinem Gesicht ist jetzt am Morgen kurz vor dem Ausbruch. Das Pochen wird unerträglich. Eine interessante Krankheit, sagte der Arzt vor einer Woche, merkwürdig dieses Auf und Ab.

Ihre Bücherkartons sind im Flur die Wand hoch gestapelt. Doris zieht zu Sabine. Auf dem Küchentisch liegt der Zettel, Lieber Max, bitte verstehe... Ja, natürlich, ich verstehe alles, du Sauluder. Wie traurig, sagt er sich, und wie grandios muß es sein für einen Mann, wenn statt so einem Wisch ein anderer da läge, Lieber Max, ich kann nicht ohne dich leben. Du hast mich verlassen, ich sehe keinen Ausweg mehr. Oder so ähnlich. Es ist unerträglich mit ihr. Im Grunde ist das ganze Rein-Raus auf Dauer unerträglich.

Er ruft Anton an. Er merkt, daß es ihm echt leid tut. Er lauert auf die heimliche Freude. Nichts. Ein wirklicher Freund.

Es klingt blöde, sagt Anton, aber es ist zwischen euch eine schwierige und tiefe Beziehung, die Phase, in der ihr euch jetzt befindet...

Klingt allerdings blöde, sagt Max. Was soll ich damit anfangen?

Hör zu, sagt Anton, ihr beide seid noch längst nicht auseinander.

Ich weiß, sagt Max bitter, die Liebe, die zur echten Freundschaft verkommt.

Er geht in die Küche und räumt den Tisch ab. Brotkante, Eierschalen, Wurstpelle und Zigarettenreste sammelt er auf einem Teller und schiebt sie in den Abfalleimer. Er bemerkt die Milchtüte im Dreck und ist erschrocken, daß er sie nicht für den nassen Kaffeefilter aufgeschnitten hat. Damit ist es vorbei, Doris, auch mit der Frischmilch in den Kaffee, ich habe es eigentlich nie gemocht. Ein säuerlicher Geruch steigt aus dem Eimer hoch. Wenn ich noch einmal Tüten aufschneide, dann nur, um ohne schlechtes Gewissen reinzukotzen.

Sie haben an der Böschung neben dem Fußballplatz gezündelt und eine Woche lang auf einem Dosendeckel Regenwürmer gebraten. Hubert, blaß und aufgeregt, wußte, daß eigentlich immer nur er gemeint war, und er sammelte wie ein Verrückter die Regenwürmer, damit sie nicht auf ihn kämen. Aber er fand zu viele. So mußte er, als das Spiel langweilig wurde, einen dicken Wurm essen. Er gehörte nun wieder eine Weile zu ihnen, obwohl er den Wurm sofort erbrach. Du hast deine Chance vertan, sagte Rainer zu dem Wurm und zwitschte ihn mit dem Stock auf den heißen Dosendeckel. Max konnte es nicht mehr ertragen, er holte ihn aus dem Feuer und begrub ihn tief in dem sandigen Boden. Ich habe sie alle schreien gehört, sagt Hubert, als sie nachhause gingen, jeden einzelnen, die ganze Woche lang. Max nickte. Ich habe es anfangs nicht gemerkt, sagte er, aber dann hörte ich sie ganz dünn und leise um Hilfe rufen … und ich weiß, daß wir dafür bestraft werden.

Er schiebt den Zettel mit dem Messer verächtlich zur Seite, ein paar Salzkörner auf ihm geraten in Bewegung.

Lieber Max, bitte verstehe...

Ich verstehe genau, ganz gewiß, da kannst du beruhigt sein. Mach dir keine Sorgen um mein Verstehen, mein Problem ist, daß ich es dennoch alles nicht nachvollziehen kann. Ich liebe dich, so tief ich es vermag und glaube mir, ich kapiere auch viel von dem, was sich dieser Liebe leider entzieht, wenn es nur irgendwie mit dir zusammenhängt. Verlange nur nicht von mir, daß ich dich und deine Trennung von mir analysiere, denn dazu bin ich nicht in der Lage. Meine Leidenschaft erkennt dich und alles was du tust, sie tastet dich innen und außen mit unendlicher Intensität und Geduld ab. Ich vertraue meiner Zunge und meine Lippen, die von deiner Stirn zu deinen Fersen wandernd nach Austausch und Widerstand suchen, als Erkenntnisorganen mehr als meinem Verstand, der es erklären würde. Leider ist das wahrscheinlich gar nicht das Problem. Du willst einfach nicht, basta.

Er ruft Anton an, der gerade einen Apfel ißt.

Laß sie ein paar Tage in Ruhe.

Ich muß mit ihr reden, jetzt sofort.

Überlege es dir, es ist bestimmt besser zu warten.

Bestimmt nicht für mich. Nimm den Apfel bitte aus dem Mund, es macht mich rasend.

Überlege es dir sorgfältig, was Besseres kannst du im Augenblick nicht tun.

Mensch, Anton, schreit Max, wie kannst du so etwas sagen! Das ewige Überlegen, Nachdenken, Kommentieren... du weißt genau, das ist die totale, perfekte Scheiße, die uns kaputt macht.

Ich bin in fünf Minuten bei dir.

Ja, sagt Max ruhig, weißt du, ich bin sicher, daß mein

Leben jetzt schon im wesentlichen verbraucht ist.

Er geht ans Fenster und sieht auf der Straße seine Wörter. Ich verachte dich, Doris, weil du mir so leichthin meine Unschuld nimmst. Ich will dir nicht Unrecht tun, ich werde streng gegen mich sein, unnachgiebig, nur sei nicht so ungeheuer leichtsinnig gegen mich. Ich mache das nicht mehr mit, ich will nie mehr was mit dir zu tun haben, du kannst mich auf ewig am Arsch lecken. Er steigert sich in seine Wut und spürt Erleichterung. Er nimmt die kleine grüne Plastikgießkanne, füllt warmes Wasser nach und gießt seine Pflanzen. Als das Telefon klingelt, stürzt er auf den Flur. Es ist Anton, der erst in einer halben Stunde kommen kann, da er noch aufgehalten wird.

Max legt den Hörer auf und bleibt unbeweglich stehen. Wenn ich schon so nah am Apparat bin, denkt er, kann ich auch anrufen. Sabines Stimme geht sofort runter, als sie ihn erkennt.

Doris will dich nicht sprechen.

Dann will ich auch nicht angerufen haben.

Sie fesselten Hubert im Vorgarten der Witwe an die lange Birke mit der geborstenen Rinde. Als sie anfingen, ihn auszuziehen, wehrte er sich verzweifelt und schrie, ich esse wieder einen Wurm oder trinke eure Pisse, aber zieht mich nicht hier aus! Max wurde es übel vor Mitleid, aber er traute sich nicht einzugreifen und verschwand im Garten gegenüber, um von dort das Geschehen zu beobachten. Sie zogen ihn vollständig aus und fesselten ihn erneut an den Baum. Sie klingelten und liefen unter wildem Indianergeheul weg. Die blasse Frau mit dem großen Kopf, mit ihrem riesigen Haarwellenaufbau und den langen klirrenden Ohrringen öffnete die

Tür, starrte auf Hubert und wurde rot. Sie band ihn los und half ihm beim Anziehen. Sie gingen zusammen ins Haus, Hubert kam mit einer Tafel Schokolade wieder raus. Er weinte furchtbar, er war wochenlang nicht mehr zu sehen. Max besuchte ihn endlich und schenkte ihm seinen goldenen Tretroller, den er sorgfältig geputzt und mit einer Fahne an der Lenkstange geschmückt hatte.

Unter dem Fleck in seinem Gesicht pochte es wie wahnsinnig.

An seinen Blickrändern fällt Max die Farbe des Zimmers auf, gelb und braun.

Lieben heißt durchhalten. Je mehr ich dich liebe, desto heftiger sehne ich mich danach, woanders zu sein..., sehne ich mich danach, ein anderer zu sein.

Vor ihm ein Wesen, das er gut kennt und das ihn mit zögernder Zustimmung erwartet: sein Alter.

Er geht ins Badezimmer und zwingt sich dazu, die große Blase unter seinem Auge zu übersehen. Er zieht das Hemd aus und betrachtet seinen Oberkörper. Er küßt seine Arme, die Schultern, die Finger, die Handinnenflächen, er versucht, seinen Körper sich ganz nah zu bringen und zu lieben. Meine Haut ist nicht schlecht, sie könnte sie streicheln, ohne daß ich Ansprüche daraus herleiten würde, sie könnte mich überhaupt anfassen, und wenn es aus Versehen wäre, einfach so, sie brauchte keine Angst zu haben vor Bedürfnissen meinerseits, sie sind zu schwach, um solange zu existieren, daß sie zur Gefahr werden könnten, auch meine Zärtlichkeit ist arglos und eigentlich ohne genaues Ziel.

Überhaupt das viele Gerede. Ich bin ein leidenschaftlicher Anhänger des stummen Teils der Sprache. Sprechen heißt leben, und das ist mir zu heilig, um damit herumzuprotzen. Die Zunge, diese schnelle Lügnerin, leckt das Aas ab und alles, was reinkommt, schiebt es in den Schlund und schlappt schon die Wörter raus, mit höchster Wahrscheinlichkeit falsch oder zu spät mit den Gedanken vermittelt.

Max zieht sich ganz aus und macht einen Dauerlauf durch die Wohnung, bis der Körper glänzt und riecht. Er setzt sich nackt an den Schreibtisch vor die völlig verbogene Schreibmaschine. Er reibt sein Glied und denkt an die Anziehungskraft des Schlimmsten: daß seine Mutter ihm beim Onanieren zusieht.

Sie fuhren zusammen zum Bodensee. Seine Mutter wollte nach dreißig Jahren ihre alten Freundinnen in Konstanz wiedersehen und war während der Fahrt ganz weich vor Freude. Max war unerträglich, er hatte Durst, er stopfte Süßigkeiten in sich rein, er machte Grimassen, er kotzte vor Langeweile, er konnte nicht sitzen, er konnte nur quengeln. Ihre Bekannten fand er alle blöd, ihr Gelächter, auch ihre Süßigkeiten. Wenn die Mutter ihn abends ins Bett brachte, ihm erklärte, wie sehr sie sich freue, ihre Freundinnen zu sehen, und ihn bat, nur ein paar Tage auszuhalten, fing er an zu toben und zu schreien und machte Grimassen. Am nächsten Tag begann er, in den Wohnungen herumzuspucken, er schmierte sich haufenweise Butterbrote und ließ sie überall liegen, er riß Bilder aus den Büchern, er wälzte sich draußen auf einer Baustelle in Kalk und Dreck. Die Mutter brach die Besuche ab und fuhr mit ihm endlich an den Strand. Sie saßen den ganzen Tag allein am Wasser, die Mutter weinte, und Max begriff es und wollte es nicht begreifen.

Max zieht sich an und geht ans Telefon. Ich möchte Doris sprechen. Nur auf ein Wort.

Was soll das, sagt Sabine. Wie jeder weiß, hältst du nicht viel von den Wörtern.

Das geht dich nichts an, du Nutte. Ich möchte Doris sprechen.

Sofort?

Jetzt gleich und nicht erst, wenn du noch älter und unerträglicher geworden bist.

Sie ist nicht da. Sie ist außerdem für dich nicht zu sprechen.

Ich möchte sie fragen, wann sie ihre Bücherkartons abholt. Ich bringe sie morgen ins Antiquariat. Ich fahre um zehn los, spätestens Viertel nach zehn bin ich im Antiquariat am Seltersweg.

Du hast nur Scheiße im Kopf.

Wann kommt sie zurück, wenn sie überhaupt weg ist?

Laß sie in Ruhe.

Wie soll ich ihr das mit den Büchern sagen, wenn ich sie nicht sprechen kann?

Nimm ein gut temperiertes Bad und mach einen langen Spaziergang. Du hast einen ganzen Tag Zeit, dieses Problem zu überlegen.

Sie hängt ein. Max hört von fern Stimmen in der Leitung.

Er geht ins Bad und betupft den Fleck mit Jod. Er drückt an der Blase, sie platzt gleich auf, er hatte es vermutet, heraus quillt das Kleinvieh, dessen Gewimmel er schon lange gespürt hatte. Tack, tack, tack, das drohende Lied der Ameisen. Er spült die Ameisen in den Abfluß und klebt sich ein Pflaster unter das Auge.

Im Hausflur hört er Anton vor seiner Tür husten. Ich muß mit dir reden, sagt Anton verlegen. Du wolltest sowieso kommen, sagt Max in größter Angst, als könnte er mit diesem Satz noch etwas abwenden.

Sie setzen sich an den Küchentisch. Max wird es schlecht vor Hoffnungslosigkeit. Doris und ich, sagt Anton, fahren nächste Woche zum Gardasee. Danach wollen wir eine Weile zusammenwohnen, mit Sabine. Wir konnten es dir nicht früher sagen, es ist uns selbst erst heute morgen klar geworden.

Max kommt nicht von dem Gedanken los, daß er jetzt noch mehr rauchen wird, was ihm nicht gut tut. Ich muß diesen Tag und diesen Monat überleben, mein Gesicht ist wieder in Ordnung, und das andere werden wir sehen. Er macht das Radio an, Verkehrsnachrichten, keine Störungen auf den Autobahnen.

Anton ist jetzt etwas härter geworden, klarer, freundlicher, weil er überzeugt ist von dem, was er sagt. Es mag sich kompliziert anhören, aber wir sind der Meinung, daß wir trotzdem alle drei zusammengehören. Ich glaube sogar, daß es mit Doris und mir nicht gehen würde, wenn wir nicht alle drei eine Einheit wären.

Max nickt. Er sieht Hubert mit seiner schweren Maschine auf dem Hof. Er läßt den Motor aufheulen, immer wieder, nichts weiter. Aber der verwegene Blick in die Runde, das ist es, das Aufglucksen in der Kehle, und es muß gar nicht losgehen.

Ja, sagt Max. Er fühlt seinen Fleck, der endlich kein Gewicht mehr hat. Laß mich bitte allein, ich habe gerade wieder die Hunde im Kopf und ich möchte ein bißchen bei ihnen bleiben.

Anton sieht ihn verwundert an. Gut. Sehen wir uns heute noch? Ich sage Doris Bescheid und wir reden über alles.

Ich bin ab elf im Wohnzimer.

Versteh ich nicht.

Die Kneipe ist von nun an mein Wohnzimmer, das ist doch ziemlich klar, oder?

Anton weiß nicht genau, wie es gemeint ist. Er verläßt leise die Wohnung.

Alvan Hervey bog zweimal nach links, einmal nach rechts, umschritt zwei Seiten eines Platzes, in dessen Mitte Gruppen mutlos wirkender Bäume in ehrfürchtiger Gefangenschaft hinter Eisenstäben standen, und klingelte an seiner Haustür. Ein Stubenmädchen öffnete. Auch so eine Grille seiner Frau: nur weibliche Bedienung zu haben. Dieses Mädchen sagte, während es ihm Hut und Mantel abnahm, etwas, das ihn einen Blick auf seine Uhr werfen ließ. Fünf Uhr, und seine Frau noch nicht zu Hause. Es war nichts Ungewöhnliches. Er sagte: »Nein, keinen Tee«, und ging die Treppe hinauf.

Er stieg geräuschlos hinan. Messingstangen blinkten über die ganze Länge des Läufers hin. Auf dem Treppenabsatz des ersten Stockwerks schob eine sittsam von Kopf bis Fuß in Steingewänder gehüllte marmorne Frau eine Reihe lebloser Zehen an den Rand eines Piedestals und streckte blindlings einen starren weißen Arm aus, der ein Lichterbündel hielt. Er bewies künstlerischen Geschmack – in seinem Haus. Schwere Portieren drängten dunkle Winkel zurück und verbargen sie halb. Auf der üppigen, gedruckten Tapete hingen Zeichnungen, Aquarelle, Stiche. Sein Geschmack war sehr ausgeprägt künstlerisch. Alte Kirchtürme lugten über grüne Laubmassen: die Berge waren purpurn, der Strand gelb, die Meere sonnig, die Himmel blau. Eine junge Dame streckte sich in einem vertäuten Boot neben einem Frühstückskorb, einer Champagnerflasche und einem verliebten Mann in einem Blazer. Knaben mit nackten Beinen kosten rührend mit zerlumpten Maiden, schliefen auf Steinstufen, tummelten sich mit Hunden. Ein ergreifend mageres Mädchen, das an eine kahle Häuserwand gepreßt dastand, hob ein Paar erlöschender Augen und bot eine Blume feil; in nächster Nähe dagegen gaben die großen Photographien eines berühmten und verstümmelten Basreliefs ein in Stein verwandeltes Gemetzel wieder.

Natürlich sah er sich nichts davon an, stieg noch eine Treppe hinauf und ging geradewegs in das Ankleidezimmer. Ein Bronzedrachen, der mit seinem Schwanz an einer Konsole befestigt war, bog sich in ruhigen Windungen von der Wand ab und hielt zwischen den konventionell gebleckten Zähnen eine grelle Gasflamme, die einem Schmetterling ähnelte. Das Zimmer war natürlich leer; doch als er eintrat, füllte es sich sogleich mit der Bewegung vieler Menschen; denn die Glasflächen in den Türen der Schränke und der lange Spiegel seiner Frau reflektierten ihn von Kopf bis Fuß und vervielfachten sein Bild um eine Menge eleganter und sklavischer Imitatoren, die genau wie er selber angezogen waren; dieselben zurückhaltenden und spärlichen Gesten machten; die sich mit ihm bewegten, in unterwürfiger Reglosigkeit mit ihm stehenblieben und genau jene Anzeichen des Lebens und Gefühle aufwiesen, wie sie zu äußern ihm für jeden Menschen würdig und zuträglich erschien. Und wie wirkliche Menschen, die die Sklaven allgemeiner, nicht aus ihnen stammender Gedanken sind, heuchelten auch sie eine schattenhafte Unabhängigkeit durch die oberflächliche Mannigfaltigkeit ihrer Bewegungen. Sie bewegten sich zusammen mit ihm, oder sie schritten von ihm fort; sie tauchten auf; sie verschwanden; sie schienen hinter Nußbaummöbel zu schlüpfen, um sich dann wieder tief in den polierten Scheiben blicken zu lassen, während sie deutlich und unwirklich in der überzeugenden Illusion eines Raums umhergingen. Und wie bei den Menschen, die er achtete, konnte er sich darauf verlassen, daß auch sie nichts Persönliches tun würden – nichts Unvorhergesehenes und nichts Unschickliches.

Er bewegte sich eine Weile ziellos in dieser guten Gesellschaft, summte eine populäre, doch verfeinerte Weise vor sich hin und dachte an einen Geschäftsbrief aus Übersee, der am nächsten Morgen unter behutsamer Umgehung des Sachverhalts beantwortet werden mußte. Dann, als er auf seinen Kleiderschrank zuging, sah er in dem langen Spiegel hinter seinem Rücken eine Ecke des Frisiertisches seiner Frau und unter dem Geglitzer silbergefaßter Gegenstände darauf den großen weißen Fleck eines Briefumschlags. Das war etwas so Ungewöhnliches in dieser Umgebung, daß er sich auf den Fersen herumdrehte, beinahe noch ehe er sich seiner Überraschung bewußt geworden war; und all die Schattenmänner um ihn her drehten sich gleichfalls um ihre Achse: alle schienen überrascht und schritten geschwind auf Toilettentische mit Briefumschlägen zu.

Er erkannte die Handschrift seiner Frau und sah, daß der der Brief an ihn adressiert war. Er murmelte: »Wie sonderbar«, und fühlte sich verstimmt. Abgesehen davon, daß jede wunderliche Handlung an sich schon etwas Ungehöriges war, machte die Tatsache, daß seine Frau sich eine solche leistete, ihm diese Handlung doppelt verhaßt. Daß sie ihm überhaupt schrieb, da sie doch wußte, daß er zum Abendessen heimkam, war vollkommen lächerlich; daß sie aber den Brief herumliegen ließ – deutlich sichtbar für alle, die Einblick nehmen wollten –, erschien ihm so unerhört, daß er, während er darüber nachdachte, ein bestürzendes Gefühl der Unsicherheit durchlebte, die alberne und unsinnige blitzhafte Vorstellung, das Haus könne sich ein wenig unter seinen Füßen bewegt haben. Er riß den Umschlag auf, warf einen Blick auf den Brief und setzte sich auf einen Stuhl in der Nähe.

Er hielt sich das Blatt vor die Augen und blickte auf ein halbes Dutzend Zeilen, während er von einem sinnlosen und heftigen Lärm betäubt wurde, der wie das Dröhnen eines Gongs oder das Rühren von Trommeln war; ein großes, zielloses Getöse, welches gewissermaßen verhinderte, daß er sich denken hörte, und welches aus seinem Geist eine absolute Leere machte. Dieser absurde und verwirrende Tumult schien aus den geschriebenen Worten zu sickern, zwischen seinen Fingern hervorzuquellen, die zitternd das Blatt Papier hielten. Und plötzlich ließ er den Brief fallen, als wäre er etwas Heißes oder Giftiges oder Schmutziges gewesen. Mit der unüberlegten Hast eines Mannes, der Feuer- oder Mordalarm schlagen will, stürzte er ans Fenster, schob es hoch und streckte seinen Kopf hinaus. Ein eisiger Windstoß, der durch die feuchte und rußige Dunkelheit über der Masse der Dächer und Schornsteine fegte, schlug ihm naßkalt ins Gesicht. Er sah eine grenzenlose Finsternis vor sich, in der ein Gewirr von Mauern stand, und zwischen ihnen erstreckten sich die vielen Reihen Gaslaternen wie aufgefädelte Feuerperlen bis in weite Ferne. Ein düsterer Schein gleich dem einer verborgenen Feuersbrunst erleuchtete von unten schwach den Nebel, der sich über die sich auftürmende und reglose See aus Schiefer und Backsteinen herabgesenkt hatte. Bei dem Rattern des hochgestoße-

nen Fensters schien die Welt aus der Nacht hervorzu-
springen und sich ihm entgegenzuwerfen, während von
unten ein gewaltiger Ton an sein Ohr drang. Das tiefe
Raunen von etwas Unermeßlichem und Lebendigem. Es
durchbebte ihn mit einem Gefühl des Schreckens, und er
keuchte leise. Von dem Droschkenstand auf dem Platz
unten vernahm man deutliche, rauhe Stimmen und ein
Hohngelächter, das unheilverkündend hart und grausam war. Es klang bedrohlich. Er zog den Kopf ein, wie
vor einem gezielten Hieb, und schob schnell das Fenster
herab. Er machte einige Schritte, stolperte über einen
Stuhl, nahm alle seine Kräfte zusammen, um eines bestimmten Gedankens habhaft zu werden, der frei in seinem Kopf herumsauste. Endlich gelang es ihm – nach
größerer Anstrengung, als er erwartet hatte; sein Gesicht
war gerötet, und er keuchte, als hätte er ihn mit seinen
Händen gepackt, doch seine geistige Herrschaft war
schwach darüber – so schwach, daß er es für notwendig
erachtete, ihn laut zu wiederholen –, ihn mit fester
Stimme anzusprechen, um von ihm restlos Besitz zu
ergreifen. Aber er war nicht willens, seine Stimme zu
hören – überhaupt irgendeinen Laut zu hören –, und
zwar als Folge eines verschwommenen Glaubens, der
sich langsam in ihm formte, daß Einsamkeit und Stille
die größte Glückseligkeit des Menschen seien. Im nächsten Augenblick dämmerte ihm, daß sie vollkommen
unerreichbar seien – daß Gesichter angesehen, Wörter
gesprochen, Gedanken gehört werden müßten. All die
Wörter – all die Gedanken!

Er sagte sehr deutlich und blickte auf den Teppich: »Sie
ist fort.«

Es war fürchterlich – nicht die Tatsache, sondern die

Worte; die Worte waren geladen mit der schattenhaften Gewalt einer Bedeutung, die die unerhörte Macht zu haben schien, das Schicksal auf die Erde herabzubeschwören, gleich jenen seltsamen und erschreckenden Worten, die man gelegentlich im Schlaf vernimmt. Sie vibrierten in einer metallischen Atmosphäre hin und her, in einem Raum von der Härte des Eisens und mit der Resonanz der Bronze. Während er auf die Spitzen seiner Schuhe hinabblickte, schien er sinnend auf die verebbende Schallwelle zu horchen; auf die Welle, die in einen immer weiter werdenden Kreis auslief, die Straßen. Dächer, Kirchtürme umschloß – und weiterwanderte, endlos sich ausbreitend, weit, sehr weit, bis dorthin, wo er nichts mehr hören konnte, wo er sich nichts mehr vorstellen konnte – wo er...

»Und – mit diesem... Esel«, sagte er wiederholt, ohne sich im geringsten zu rühren. Und es gab nichts als Demütigung. Nichts. Aus keinem Aspekt dieser Situation, die nach allen Seiten nur Schmerz ausstrahlte, war ein moralischer Trost zu ziehen. Schmerz. Was für ein Schmerz? Ihm kam zu Bewußtsein, daß ihm das Herz brechen müßte; aber binnen eines erstaunlich kurzen Moments erkannte er, daß sein Leiden nicht von so belangloser und unwürdiger Art war. Es war alles in allem eine viel ernstere Sache und hatte eher Teil an dem Wesen jener verschwiegenen und grausamen Gefühle, die von einem Fußtritt oder Peitschenhieb geweckt werden.

Er fühlte sich speiübel – physisch speiübel –, als hätte er auf etwas Ekelhaftes gebissen. Das Leben, das für ein geordnetes Gemüt eine zur Beglückwünschung auffordernde Sache sein sollte, erschien ihm sekundenlang völlig unerträglich. Er hob das Blatt vom Boden auf und setzte sich mit dem Wunsch hin, alles durchzudenken: zu verstehen, warum seine Frau – *seine* Frau! – ihn verlassen haben sollte, warum sie Achtung, Bequemlichkeit, Frieden, Schicklichkeit, Stellung von sich geworfen haben sollte – alles von sich geworfen haben sollte für nichts! Er setzte sich, um die verborgene Logik ihres Handelns zu durchdenken – eine geistige Unternehmung, die der Mußestunden in einem Tollhaus würdig gewesen wäre, wenn er sich das auch nicht eingestehen konnte. Und er dachte an seine Frau in jeder Beziehung, nur in der einen, allem zugrunde liegenden, nicht. Er dachte an sie als ein wohlerzogenes Mädchen, als eine Ehefrau, als eine kultivierte Person, als die Herrin eines Hauses, als eine Dame; aber nicht einen Moment lang dachte er schlicht an sie als eine Frau.

Dann fegte eine neue Woge, eine wütende Woge der Demütigung über seinen Geist hin und ließ dort nichts zurück als ein Gefühl tiefster, unverdienter Erniedrigung. Warum mußte er in eine so schauerliche Bloßstellung verwickelt werden! Sie vernichtete alle Vorteile seiner wohlgeordneten Vergangenheit durch eine Wahrheit, die wirksam und ungerecht wie eine Verleumdung war – und die Vergangenheit war vertan. Ihr Versagen war enthüllt – ein deutliches Versagen auf seiner Seite –, das Versagen nämlich, zu erkennen, zu wachen, zu verstehen. Es konnte nicht geleugnet werden, es konnte nicht wegerklärt, nicht unter den Tisch fallen gelassen werden. Er konnte nicht gute Miene zum bösen Spiel machen. Nein – wenn sie bloß gestorben wäre!

Wenn sie bloß gestorben wäre! Er wurde dazu getrieben, auf solch einen ehrbaren Verlust neidisch zu sein –

einen Verlust, der so vollkommen frei von jedem Anflug des Unglücks war, daß sogar sein bester Freund oder sein größter Feind nicht den leisesten Jubel empfunden hätte. Niemand hätte sich darum gekümmert. Er suchte Trost in der fortgesetzten Betrachtung des einzigen Faktums im Leben, das, im Geschnatter und Prunk schöner Worte untergehen zu lassen, die entschlossenen Anstrengungen der Menschheit niemals erfolglos waren. Und nichts leistet der Lüge mehr Vorschub als der Tod. Wenn sie nur gestorben wäre! Bestimmte Worte wären in traurigem Ton zu ihm gesprochen worden, und er hätte mit geziemender Seelenstärke die schicklichen Antworten gegeben. Es gab Präzedenzfälle für so etwas. Und niemand hätte sich darum gekümmert. Wenn sie bloß gestorben wäre! Die Versprechen, die Schrecken, die Hoffnungen auf Ewigkeit, sie sind Sache der Verwesten; aber die offenkundige Süße des Lebens gehört den lebendigen, gesunden Menschen. Und das Leben war seine Sache: dieses vernünftige und ersprießliche Dasein, das nicht von zu viel Liebe oder zu viel Reue gestört wurde. Sie hatte dieses Dasein durchkreuzt, hatte es entstellt. Und plötzlich sagte er sich, er müsse wahnsinnig gewesen sein, daß er eine Ehe eingegangen war. Es kam zu sehr einem sich Wegwerfen gleich, einem offen zur Schau Tragen der Gefühle. Aber jeder heiratete. War die ganze Menschheit verrückt?

Unter dem Schlag dieses überraschenden Gedankens blickte er auf und sah zu seiner Linken, seiner Rechten, vor sich, in weiter Ferne Männer in Stühlen sitzen und ihn mit wilden Augen anstarren – Abgesandte einer zerrütteten Menschheit, die eindrangen, um ihn in seinem Schmerz und seiner Demütigung heimlich zu belau-

schen. Es war nicht zum Aushalten. Er stand rasch auf,
und auch die andern rings um ihn sprangen auf. Er blieb
still in der Mitte des Zimmers stehen, als hätte ihn ihre
Wachamkeit entmutigt. Kein Entrinnen! Er fühlt etwas
wie Verzweiflung. Jeder mußt es wissen. Die Dienstbo-
ten würden es noch heute abend erfahren. Er knirschte
mit den Zähnen... Und er hatte nichts bemerkt, hatte
nie etwas vermutet. Jeder würde es erfahren. Er überlegte. Die Frau ist ein Ungeheuer, aber jeder wird mich
für einen Tölpel halten; und während er, noch immer
umgeben von ernsten Nußbaummöbeln, dastand, verspürte er einen solchen Sturm der Seelenpein in sich, daß
er schon sah, wie er sich auf dem Teppich wälzte und
seinen Kopf gegen die Wand schlug. Er ekelte sich vor
sich selbst, vor den abscheulichen Gefühlswallungen, die
alle Reserven durchbrachen, welche seine Mannesehre
bewachten. Etwas Unbekanntes, Lähmendes und Giftiges war in sein Leben eingedrungen, war dicht an ihm
vorübergeglitten, hatte ihn berührt, und nun war ihm
der Boden unter den Füßen weggezogen. Er war erschrocken. Was war es? Sie war fort. Warum? Sein Kopf
war im Begriff, bei der Bemühung, ihr Handeln und sein
heimliches Grauen davor zu verstehen, auseinanderzu-
springen. Alles war verändert. Warum? Nur ein Weib
fort, wenn schon; und doch hatte er eine Vision, eine
Vision – jäh und deutlich wie ein Traum: die Vision, daß
alles, was er für unantastbar und sicher in der Welt
gehalten hatte, rings um ihn her zusammenbrach, wie es
feste Mauern unter dem wütenden Ansturm eines Or-
kans tun. Er starrte vor sich hin, zitterte am ganzen Leib,
während er den zerstörerischen Ansturm spürte, den
geheimnisvollen Sturm der Leidenschaft, der den tiefen

Frieden seines Hauses aufwühlte. Er sah sich furchtsam um. Ja. Ein Verbrechen mag verziehen werden; selbstloses Opfer, blindes Vertrauen, flammender Glaube, andere Narrheiten mögen sich als nützlich erweisen; Leiden, selbst der Tod, mögen mit einem Grinsen oder einem Stirnrunzeln aus der Welt geschafft werden; aber Leidenschaft ist die unverzeihliche und geheime Schändlichkeit unseres Herzens, etwas, das man verflucht, verbirgt und leugnet; ein schamloses und hoffnungsloses Ding, das die lächelnden Versprechen niedertrampelt, das die freundliche Maske herunterreißt, das den Leib des Lebens bloßlegt. Und ihm war das zugestoßen! Es hatte seine unsaubere Hand auf die blütenreine Gewandung seines Daseins gelegt, und er mußte es allein durchstehen, während alle Welt zusah. Alle Welt! Und er dachte, daß schon der bloße Verdacht solch eines Gegners innerhalb seines Hauses einen Makel und einen Fluch in sich trage. Er streckte seine Hände aus, um die Annäherung einer entehrenden Wahrheit abzuwehren; und sogleich führte die entsetzte Versammlung unwirklicher Männer, die jenseits der klaren Spiegelflächen stumm um ihn herum standen, dieselbe zurückweisende Geste gegen ihn aus.

Er blickte umsonst hierhin und dorthin, wie ein Mann, der in seiner Verzweiflung nach einer Waffe oder einem Versteck Ausschau hält, und verstand endlich, daß er entwaffnet und in die Enge getrieben worden war von jenem Feind, der ihn bedenkenlos niederstrecken und sein Herz entblößen würde. Er konnte nirgends Hilfe finden und nicht einmal mit sich zu Rate gehen, denn in dem plötzlichen Entsetzen über ihre Fahnenflucht waren die Stimmungen, die er, getreu seiner Erziehung, seinen

Vorurteilen und seiner Umgebung, hätte empfinden müssen, so überwuchert worden von der Neuheit echten Gefühls, ursprünglichen Gefühls, welches nichts von Glaubensbekenntnissen, von Stand oder Erziehung weiß, daß er nicht in der Lage war, deutlich zwischen dem zu unterscheiden, was ist, und dem, was sein sollte; zwischen unverzeihlicher Wahrheit und berechtigten Ansprüchen. Und er wußte sogleich, daß die Wahrheit ihm nichts nützen würde. Eine Verheimlichung schien notwendig, weil man nichts erklären kann. Natürlich nicht! Wer würde zuhören? Man hatte einfach ohne Makel und ohne Tadel zu sein, um seinen Platz in der vordersten Reihe des Lebens zu behaupten.

Unten im Haus roch es nach frischgebackenem Kuchen.
Lenau lächelte ein wenig; wahrscheinlich hatte das Kind
ihn zu backen versucht. Jedenfalls würde er überrascht
tun und nicht sagen, daß er ihn schon unten gerochen
hatte. Als er im vierten Stock aus dem Lift stieg, war der
Geruch weg. In der Wohnung war es still. Im Vorzimmer
der Kleiderständer leer bis auf das Netz mit Esthers Ball.
Lenau drückte mit dem Rücken die Tür ins Schloß und
stellte das Gepäck ab. Niemand da, dachte er, aber er
wußte, daß er nur vorbeugend dachte. Er hängte seine
Jacke auf und öffnete die Wohnzimmertür. Nichts
rührte sich. Es war sauber aufgeräumt, wie selten sonst,
aber für eine Geburtstagsfeier war nichts hergerichtet. Er
ging von Zimmer zu Zimmer, sah sogar ins Klo, erwartete jeden Moment, Kathrin und das Kind würden vielleicht plötzlich die Badezimmertür aufmachen und her-
ausstürmen, happy birthday to you, oder vielleicht aus
dem Abstellraum, aus einem Schrank springen, an dem
er schon vorbeigegangen war, aber mit jeder Tür, die er
aufmachte, ohne mehr dahinter zu finden als Gegenstände, wurde ihm klarer, daß er tatsächlich allein in der
Wohnung war. Wozu hatte er das Telegramm geschickt?
Wahrscheinlich lagen sie im Strandbad. Und er war ja
viel zu unwichtig, als daß sie extra wegen ihm früher
nach Hause gekommen wären. Auch nicht an seinem
Geburtstag. Während er sogar ein Telegramm schickte.
Nicht einmal eine Nachricht war für ihn da. Und die
Blumen waren offenbar seit Tagen nicht gegossen worden. Aber das, dachte er, bedeutet nichts. Damit war sie

ja schon immer nachlässig gewesen. Der schöne Papyrus, den er ihr zum letzten Geburtstag geschenkt hatte, war schlaff und hatte nur noch vertrocknete Blattspitzen. Plötzlich fiel ihm auf, daß überall die Fenster geschlossen waren. Bei diesem Wetter? Das war ja nicht nur eine leere, das war ja eine verlassene Wohnung! Er zog die verschwitzten Schuhe aus, schleuderte einen plötzlich durchs Vorzimmer gegen die Tür und grinste sich dann schnell und ein wenig verlegen im Spiegel an. Er hatte doch gar keine Wut. Nur eine Pose war das gewesen: Als spiele er sich selber vor, wie er gerne reagiert hätte; wie er *eigentlich* hätte reagieren müssen.

In der Küche faulten und schimmelten Erdbeeren in einer Schüssel. Und im Kühlschrank waren nur Reste. Also auch eingekauft hatte sie nichts für eine Feier! Das Ablaufdatum der Milch war Mittwoch. Da war offenbar seit Tagen niemand in der Wohnung gewesen! Und sein Telegramm? Der Lift stand noch im selben Stockwerk und er fuhr hinunter. Schon von weitem sah er den kleinen weißen Zettel auf dem Postkasten kleben. Telegramm im Brieffach, stand darauf. Das Fach war vollgestopft mit Zeitungen und ein paar unwichtigen Briefen. Die älteste Zeitung war vom Dienstag. Also waren sie wahrscheinlich seit Montag nicht mehr dagewesen! Er riß sein Telegramm auf. Komme schon heute gegen fünfzehn Uhr, Martin. Hatte er sich wirklich so aufs Heimkommen gefreut, oder kam ihm der Text jetzt nur so vor? Man konnte ihn ja auch einfach als nüchterne Mitteilung lesen. So hätte *sie* ihn wahrscheinlich verstanden. Oder?

Er öffnete alle Fenster, obwohl die Luft, die von der Straße heraufkam, fast noch heißer war und zwischen den Häusern wie eine kompakte Masse zu stehen schien. Sollte er die Blumenstöcke gießen oder es ihr aufheben, damit sie sehen könnte, was sie angerichtet hatte? Nur die große Fächerpalme schien dieses Klima gewöhnt zu sein. Aber der Papyrus würde sich wahrscheinlich nicht mehr erholen. Und er war im Jänner einen ganzen Samstagvormittag in der Stadt herumgefahren, obwohl er zuerst überall gehört hatte, erst im Frühjahr wieder. Die Pflanzen in der ausgedörrten Erde taten ihm leid. Sie konnten nichts dafür. Oder tat er sich selber leid, weil er sie jetzt *trotzdem* goß? Selbstmitleid, dachte er. Und warum nicht Selbstmitleid, sagte er laut. Aber das Gefühl war schon weggescheucht, und plötzlich spürte er den drückenden Schmerz unter den Rippen wieder. Vielleicht doch die Leber, obwohl der Test vor einem Monat negativ gewesen war.

Langsam begann er die Reisetasche auszuräumen, roch am Hemd, das er getragen hatte, als er bei Sonja gewesen war, aber es roch nur nach verschwitzten Socken. Ihr Name fiel ihm auf einmal nicht mehr ein. Aber den konnte er jetzt ohnedies vergessen. Ohne Führerschein.

Er ordnete die nichtgebrauchte Wäsche zurück in den Schrank, in die Schubladen, räumte alles an seinen Platz zurück. Und dabei war es ihm auf einmal schwer, sich selber als nicht mehr da, als für immer weggegangen vorzustellen. Und eben war das noch ganz leicht zu denken gewesen. Wie freundlich die Dinge waren! Einfach da. Dort, wo er sie gewußt hatte. Alles hatte seinen Platz. Wie eine Beruhigung war das. Etwas Sicheres. Worauf man sich verlassen konnte. Und das einen nicht verließ.

Unter der Dusche war er so müde, daß er sich auf den

Boden der Badewanne hockte, und zusammengekauert mit offenem Mund und dem Kopf zwischen den Knien, das Wasser über sich laufen ließ. Der schon seit Monaten tropfende Wasserhahn über der Wanne hatte eine braune, an den Rändern kalkkrustige Spur zum Abfluß gezogen. Immer wieder hatte er sich vorgenommen, und Kathrin hatte ihn auch schon oft darum gebeten, die Dichtung zu erneuern, aber er hatte es jedesmal auf den nächsten Tag aufgeschoben.

Schon seit längerer Zeit ging das so mit ihm: Daß er ständig das Gefühl hatte, nichts mehr zu schaffen, von allem überfordert zu sein, das nur ein wenig außerhalb der beruflichen Routine und des Alltäglichsten lag. Alles *Zusätzliche* erschöpfte ihn. Schon allein der Gedanke, so etwas tun zu sollen, wie etwa diese lächerliche Dichtung auszuwechseln, machte ihn so müde und mutlos, daß ihm schon beim Hingreifen die Hand in der Luft stehenblieb und herunterfiel, oder er etwas schon Ergriffenes so sachte wieder aus der Hand legte, als wolle er sich entschuldigen: Nein, da sei jetzt gar keine Absicht gewesen; er habe das wirklich nicht tun wollen, was ihm da gerade eben bereits in der Vorstellung zu erschöpfend gewesen ist.

Lenau sah zu, wie das Wasser unter ihm weggurgelte, der schönste Moment des heutigen Tages war das, nicht nur des heutigen Tages, eine Geborgenheit, als gäbe es gar kein *Draußen*, nichts als das Rauschen des Wassers um seinen Körper, die Wärme, doch mit einem Mal stand da ein Gedanke in seinem Kopf, unvermittelt und ohne daß er mit dem Denken auch nur in die Nähe gekommen wäre: Er hatte das Telegramm nur geschickt, weil das Telefon ständig besetzt gewesen war! Also

mußte heute morgen doch jemand in der Wohnung gewesen sein! Er versuchte die Bilder wegzudenken, die
sofort auftauchten, aber dann stand er auf, drehte das
Wasser ab und ging, ohne sich abzutrocknen, ins Schlafzimmer hinüber.

Offenbar hatte auch in seinem Bett jemand gelegen.
Aber das war wahrscheinlich nur Esther gewesen, Kathrin ließ das Kind, wenn er nicht da war, ja meist bei
sich schlafen. Und sonst gab es da nichts Auffälliges. Er
schämte sich plötzlich und drehte sich weg. Wie ein
Detektiv war er. Ein Polizist. Warum gab er denn immer
wieder nach? Er wollte doch nichts wissen. Und welche
Indizien hatte er denn finden wollen? Herumliegende
Präservative? Flecken auf dem Bettzeug? Oder gleich
Polaroidaufnahmen? Und was hätte ihm so ein Wissen
genützt? Möglichst schnell hätte er es wieder vergessen
müssen. Vorwerfen konnte er sich nichts. Aber das Telefon war trotzdem besetzt gewesen. Er ging ins Vorzimmer. Der Hörer lag nicht auf. Einen Moment war er
erleichtert. Doch warum lag er nicht auf? Was hatte
Kathrin damit gewollt? Hatte sie das für ihn, wegen ihm
gemacht? Damit er, wenn er nachts anrufen sollte, nicht
merken kann, sie ist nicht da? Was für Unsinn, dachte
Lenau, was mir für Unsinn in den Kopf kommt. Kathrin
hatte doch keine Anwesenheitspflicht, wenn er nicht da
war. Sie mußte sich nicht entschuldigen, brauchte nichts
zu vertuschen. Sie würde sich das auch nicht zumuten
lassen. *Sie* hatte ja Ferien. Er wußte gar nicht recht, wie
sie zueinander gestanden waren, als er wegfuhr. Wie war
der Abschied gewesen? Er war schon sehr früh weggefahren, ja, schon vor fünf. Und Kathrin war nicht aufgestanden, um ihm das Frühstück zu machen. Das hatte er

ja auch nicht erwartet. Aber sie hatte sich auch nicht zu
ihm gesetzt. Sie hatte vielleicht wirklich nicht daran
gedacht, daß er jetzt für zwei Wochen wegfuhr, oder es
war ihr gleichgültig gewesen. Sie war, als er gesagt hatte,
er fährt jetzt, kaum wachgeworden und hatte sich, ehe er
noch die Tür hinter sich zuzog, auf die andere Seite
gedreht. Dafür war das Kind herausgetappt, als er beim
Frühstück saß, und hatte ihm Gesellschaft leisten wollen. Aber er hatte es wieder ins Bett geschickt: Es sei noch
so früh und er fahre ja schon. Wahrscheinlich hatte er es
auch deshalb weggescheucht, weil er sich sonst nicht
hätte bedauern können, allein beim Frühstück sitzen zu
müssen.

Langsam zog Lenau sich an. Sein weichstes Hemd.
Wenn schon sonst keine, dann wenigstens die Zärtlichkeit eines weichen Stoffes auf der Haut. Überhaupt,
dachte er, werde ich das jetzt viel öfter tragen. Insgeheim
war es sein Lieblingshemd. Und diese Rücksicht auf
Kathrin geht sowieso zu weit: Jedesmal, wenn er in das
Hemd schlüpft, hat er das Gefühl, auch sie wird sich
daran erinnern, wie es dazu gekommen ist. An diesen
entsetzlichen Streit. An den zerbrochenen Spiegel. Er
war betrunken gewesen damals, natürlich, und immer
mehr in Panik geraten, als er merkte, daß alles, was er
sagte, nur Kathrins Angriffe bestätigte, er sich nicht
mehr verständlich machen konnte, und im Entsetzen
dieser Sprachlosigkeit hatte er den Spiegel, der das
einzige war, das er von den Großeltern besaß, plötzlich
von der Wand genommen und zerschlagen, in der wahn-
witzigen Hoffnung, ihr so seine Sprachlosigkeit verständlich machen zu können, aber für Kathrin war das
nur etwas gegen sie Gerichtetes gewesen, und so hatte er,

fast gegen seinen Willen, die Tür hinter sich zuwerfen müssen und war, weil er nicht gewußt hatte, wo sonst hin, zu Fanny gefahren, dort würde er sich nicht aufspielen müssen, um ernst genommen zu werden, Fanny nimmt ihn, wie er ist, auch so betrunken, anders kannte sie ihn kaum, so hatte sie ihn kennengelernt und nüchtern werdend war er ja immer sofort zurückgefahren: Fanny hatte am nächsten Tag dieses Hemd für ihn ausgesucht, und als Kathrin es zum ersten Mal gewaschen hatte, war auch eine rote Bluse des Kindes in der Waschmaschine gewesen, ihr unerklärlich, wie Kathrin beteuerte, und das Hemd dann rosa, sodaß sie, als ginge es ums Leben, dann bis spät in die Nacht mit Entfärbe- und Bleichmittel herumgewerkelt hatte, bis das Hemd doch wieder beinahe wie zuvor war.

Er holte sich die Bierdose, die er im Kühlschrank gesehen hatte, setzte sich ins Wohnzimmer, und als er nach dem ersten langen Zug die Dose absetzte und noch kühl vom Duschen in den wohltuend frischen Kleidern dasaß, und vor dem Fenster blähte sich der Vorhang im Luftzug, war da fast eine Erleichterung darüber, daß Kathrin nicht hier war. So war wenigstens nichts zu befürchten. Kein *Geständnis*. Und auch kein Streit. Und die, weil in letzter Zeit fast alles zu einem Streit werden konnte, immer mehr um sich greifende freiwillige Selbstzensur fiel auch weg, die immer häufiger so weit ging, daß sein Ärger über diese Selbstverstümmelung erst recht zu einer Auseinandersetzung führte. Der heutige Tag, dachte er, ist einfach ein geschenkter. Er wird tun, wozu er Lust hat. Solche Tage waren ohnedies höchst selten. Allerdings hätte er dann auch nicht so überstürzt nach Hause fahren müssen. Das war ihm jetzt ohnedies unverständlich. Er hätte zu Sonja fahren können. Vielleicht hätte es diesmal doch geklappt. Ein ganzer Tag wäre das gewesen, für den er sich für Kathrin nicht erst Ausreden hätte einfallen lassen müssen. Oder in M. aus dem Zug steigen und Fanny besuchen. An sie hatte er in letzter Zeit nur noch selten gedacht. Aber als der Zug heute dort hielt, hatte ihn die Erinnerung, wie sie ihn einmal zum Bahnhof brachte, fast aus dem Zug gezogen: Fanny hatte ihre hochhackigen Schuhe abgestreift und war barfuß Auto gefahren, und obwohl das sicher nur einen praktischen Grund gehabt hatte, waren ihm die auf den kantigen Pedalen plötzlich so verletzbar scheinenden Füße wie eine übermütige Geste der Vertraulichkeit vorgekommen, und er hatte sich ihr zum ersten Mal wirklich nahe gefühlt. Sollte er sie anrufen und seinen Geburtstag mit ihr feiern, wenn schon Kathrin nicht wollte? Allerdings war heute im Zug dieses Gefühl, zu ihr gehen zu müssen, ja auch gleich wieder weg gewesen, kaum daß der Zug den Bahnhof verlassen hatte. Und wozu überhaupt Geburtstag feiern? Warum war er auf einmal darauf aus? Im Grunde, dachte er, gibt es ja überhaupt keinen Grund, beglückwünscht zu werden, soundso alt geworden zu sein. Oder höchstens einen zynischen für Biertische, mit Freunden, oder vielmehr mit ehemaligen Freunden! Da könnte man sagen, na immerhin, eine reife Leistung, in dieser Gesellschaft so alt geworden zu sein, so viele Jahre geschafft, überlebt zu haben. Aber das würde heute wahrscheinlich nur noch ein vages Grinsen hervorrufen. Würde vielleicht schon als eine unpassende, *veraltete* Bemerkung genommen werden, oder als Hinweis, was man einmal, damals, in einer solchen Situation gewiß gesagt hätte.

Und um sich Glückwünsche einzuhandeln, müßte er nur die Mutter anrufen.

Er ging zum Telefon und wählte ein paar Nummern, Günther, Harry, Michael, aber anscheinend waren alle schon weg, eingeklemmt in die Autokolonnen, die sich aus der Stadt zwängten. Bei jedem ließ er es endlos lange läuten, obwohl in seinem Kopf längst nur mehr Bilder von sinnlos in leeren Wohnungen klingelnden Telefonen waren. Doch dann wurde abgehoben, eine fremde Männerstimme im Hörer, nicht Michael wie erwartet, der sei nicht da, auch Gerda sei im Moment nicht zu sprechen, sie stehe unter der Dusche. Michael möge ihn, wenn er kommt, anrufen, bat Lenau. Es war einen Moment still und dann plötzlich ein Satz im Hörer: Lenau spürte, wie sich sein Magen ruckartig zuammenkrampfte, nein, stammelte er, das gibt es doch nicht. Aber sicher, Michael wohnt nicht mehr hier, wiederholte der Mann, vor einer Woche schon sei er ausgezogen. Und wer sind Sie, fragte Lenau. Wir kennen uns nicht, sagte der Mann.

Lenau stand wie erstarrt da, dann schüttelte er den Kopf, sah sich vor sich im Spiegel den Kopf schütteln, und plötzlich lachte er auf und drehte sich weg. Michael ausgezogen und ein anderer statt ihm eingezogen! Jetzt lösten sich sogar schon die Symbiosen auf! Bevor er weggefahren war, hatte er Günther angerufen und gehört, Maria, Günthers Frau, ist ausgezogen. Angeblich endgültig. Und ein paar Wochen zuvor dasselbe mit Harry und Elisabeth. Und zuvor Stefan und Ingrid. Jedesmal war die Frau es gewesen, die diesen Schritt machte. Und jedesmal bei ihm dieser plötzliche Schrekken: Kathrin ist die nächste! Wenn sie das erfährt, dann kann sie gar nicht anders, als ihn auch verlassen! Als ob sie auf ein Beispiel angewiesen wäre. Als ob sie nur darauf gewartet hätte, daß ihr jemand ein *Zeichen* gibt. Und gerade eben einen Moment auch noch der Gedanke: Sie ist nicht da: Sie hat es schon getan!

Das Bier schmeckte auf einmal stark nach Dose, und er trank sie nur aus, um sie wegwerfen zu können. Dann blätterte er sein Adreßbuch durch. Aber da war niemand, den er gerne gesehen hätte: Eine Menge Nummern, aber bei jeder gleich das Gefühl, das wäre nur ein Ersatz. Ohne daß er wußte für wen. Aber so war das ja schon immer gewesen: Viele Bekannte, aber nur selten jemand, bei dem ihm das Wort »Freund« nicht wie eine Übertreibung vorgekommen wäre. Als Kind hatte er heimliche Freundschaften gehabt. Von denen oft nur er allein gewußt hatte. Drüben die Kinder in der Arbeitersiedlung: Unter ihnen wäre er gern gewesen; einer von ihnen. Obwohl sie sich über ihn lustig gemacht hatten. Über seine Kleider. Und weil er nicht Dialekt sprechen konnte wie sie. Und weil er auch im Sommer nicht barfuß laufen durfte. Aber eigentlich ausgeschlossen hatten sie ihn nicht. Das hatte sich *von selber* ergeben. Bei vielem hatte er ja nicht mittun können. Seine Kleider, seine Schuhe hätten darunter gelitten. Und so lange hatte er ja auch nie weggedurft. Nie bis in die Dunkelheit hinein. Er hatte ja lernen müssen. Klavierüben müssen. Und wenn er erhitzt nach Hause gekommen war, sofort die vorwurfsvollen Augen der Mutter: Bist du schon wieder *drüben* gewesen?! Martin, das ist doch kein Umgang für dich. Meistens hatte er ihnen nur von ferne zugeschaut. Aber er wußte, er ist ein anderer. Er muß ein anderer sein, weil die Mutter es will. Sollte er sie anrufen? Dann hätte ich es hinter mir, dachte er. Er rief sie meistens nur an, um es wieder hinter sich zu haben.

Wo bist du, bist du schon daheim, fragte die Mutter, die so schnell abgehoben hatte, als hätte sie das Telefon bewacht. Nein, sagte Lenau schnell, ich bin noch auf Tour, in Z., aber ich habe gerade ein paar Minuten Zeit. Er wußte zu genau, was es geheißen hätte zuzugeben, er sei schon zurück. Sofort hätte sie gesagt, er soll zu ihr kommen; oder sie kommt vorbei: Sie habe da nämlich eine Kleinigkeit zum Geburtstag für ihn. Jedes Jahr war das so gewesen. Und die Kleinigkeit immer dasselbe: eine Torte und Geld. Obwohl er längst bei weitem mehr hatte als sie. Jedes Jahr dieselbe Erpressung, mit der sie ihn zwang, sie zu treffen. Und Gesundheit, sagte die Mutter, wünsche sie ihm auch, das sei nämlich das Wichtigste. Und Zufriedenheit. Danke, sagte Lenau, und wie geht es dir? Er hörte, wie die Mutter bedeutungvoll aufseufzte, und wußte, daß er den Telefonhörer jetzt ruhig fünf Minuten zur Seite legen könnte, ohne daß ihr das auffiele. Warum hatte er auch gleich danach gefragt? Aber ihr Hauptthema, dachte er, wäre sowieso nicht zu vermeiden gewesen. Stell dir vor, sagte sie empört, mein Antrag auf Frührente ist jetzt endgültig abgelehnt worden. Das habe sie ihm letztes Mal schon erzählt, bemerkte Lenau. Ach so?, sagte die Mutter und redete trotzdem unbeirrt weiter. Hat sich Kathrin eigentlich bei dir gemeldet, fragte er rasch in eine ihrer theatralischen Pausen hinein. Aber ganz im Gegenteil, sagte die Mutter vorwurfsvoll. Die kümmere sich ja überhaupt nicht mehr um sie. Aber Elsa habe sie besucht. Und sie rufe auch öfter an. Und Thomas habe ihr vorgestern, bevor er mit seiner Familie in den Urlaub gefahren sei, noch den Durchlauferhitzer repariert. Lenau spürte, wie sein Kopf vor Wut heiß wurde, weißt du, wen ich hier getroffen

habe?, unterbrach er sie, den Fritz Unterweger, du wirst
dich doch an ihn erinnern können, die haben damals in
der Siedlung gewohnt. Jaja, sagte die Mutter, die Unter-
wegers, und Lenau sah sich im Spiegel zu, hörte, wie er
Sätze ins Telefon sagte, schnell und zielsicher, Sätze über
sie und über ihn und Fritz, den er überhaupt nicht getroffen, nicht mehr gesehen hatte, seit damals, als sie von M.
hierher übersiedelt waren, den er aber trotzdem nie vergessen hatte: Fritz Unterweger, eine der heimlichen
Freundschaften von damals, den er einmal mit nach
Hause genommen hatte, die Mutter war nicht da, und
endlich war da etwas gewesen, wofür er sich von einem
Siedlungskind bewundert fand: die elektrische Eisen-
bahn, die der Vater nach und nach dem Bruder geschenkt hatte, der damals schon nicht mehr damit
spielte, eine Stunde er und Fritz auf dem Fußboden, und
er hatte Fritz sogar die große Lok mit dem Tender überlassen, hatte sich gefreut über das Staunen und dann die
Sicherheit, mit der Fritz die Züge und Weichen und
Signale bediente, und dann war plötzlich die Mutter in
der Tür gestanden: Sofort, und ohne daß sie ein Wort
hätte sagen müssen, hatte Lenau gewußt, was für entsetzliches Verbrechen er begangen hatte, er war dage-
hockt und hatte nur noch kopflos an den Schaltern und
Hebeln gedreht, blind für die Logik des Spieles, und er
hatte auf die Schritte der Mutter in der Wohnung ge-
horcht und darauf gewartet, daß die Tür gleich wieder
aufgehen und sie freundlich lächelnd dastehen wird, und
so stand sie dann auch da, so, hatte sie gesagt, Martin
muß jetzt aber Hausaufgaben machen, und Fritz war
sofort aufgestanden, hatte den Waggon, den er gerade
ankuppeln wollte, wortlos aus der Hand gelegt, war,

ohne Lenau anzusehen, gegangen, hinaus und mit einem
schnellen Gruß, und er selber hatte zur Mutter nicht
gesagt, warum lügst du so?, sie wußte doch, daß er die
Aufgaben gleich nach der Schule gemacht hatte, er hatte
sich für sie nur noch schämen können, und es wäre gar
nicht nötig gewesen, ihm dann auch noch zu sagen, das
war das erste und letzte Mal, Martin, daß du mir solche
Kinder hier hereinschleppst: Das hätte er ohnedies nicht
mehr gewagt. Und weißt du, sagte Lenau, was du getan
hast, nachdem Fritz weg war? Du hast sofort die Wohnung zu putzen angefangen. Als müßtest du den Makel
restlos beseitigen, den ich dir in die Wohnung geschleppt
habe. Kannst du dich erinnern, fragte Lenau. Aber nein,
Martin, sagte die Mutter, so war das doch sicher nicht.
Eine falsche Erinnerung. Er habe doch ganz andere Interessen gehabt als die aus der Siedlung drüben. Sie hätte
ihn doch gar nicht extra fernhalten müssen. Thomas,
den Bruder, schon. Der war ja schwierig damals. Aber
du, Martin, du nicht. Damals nicht. Und sie hätte ihn ja
auch gar nicht abgehalten. Warum denn? Ganz nette
Leute seien darunter gewesen, die Frau Kreiner zum
Beispiel, der der Mann so früh gestorben sei. Ich erschlag
dich noch einmal, dachte Lenau. Ich muß jetzt Schluß
machen, sagte er schnell, der Kunde wartet schon.

Er zog die Vorhänge zu und legte sich aufs Bett. Sein
Körper juckte und er spürte, wie der Schweiß aus den
Achselhöhlen und über seinen Bauch lief. Er preßte die
Hand gegen den Schmerz unter den Rippen, nein, dachte
er, nein; es gibt überhaupt keinen Grund für ein schlech-
tes Gewissen. Überhaupt keinen. Sie hatte ja auch keines.
Immer nur diese widerliche Selbstgerechtigkeit. Mit der
sie sogar seine eigenen Erfahrungen unsinnig, zu einer

falschen Erinnerung machen will. Er durfte sich von der Tatsache, daß sie ein einsamer Mensch war, nicht immer erpressen lassen. Sollte sie sich einen Hund kaufen. Andere, die niemand hatten, hielten sich auch einen Hund. Der *mußte* dann dankbar sein. Dankbarer als der undankbare Sohn, als die Kinder, denen sie alles geopfert, derentwegen sie nicht mehr geheiratet hat. Er stellte sich wieder unter die Dusche und legte dann an der Eingangstür die Sicherheitskette vor, um von Kathrin nicht überrascht werden zu können. Dann streckte er sich im Bett aus.

Trinkst du mit mir einen Schluck Kognak? Nein? Na, dann nimm dir selber, was du magst, das heißt, es ist ja außer Kognak gar nichts da, nur Sodawasser, und im Eisschrank vielleicht noch Milch. Weißt du, ich brauche ja sehr wenig, so allein, und da hat es keinen Sinn, Vorräte anzulegen, außerdem: Ich bin nicht auf Gäste eingerichtet.

Du wunderst dich, daß mir Kognak neuerdings schmeckt. Das tut er genausowenig wie früher, ich trink' ihn nur, weil er am raschesten wirkt und ich nicht viel davon brauche. Schau mich nicht so entsetzt an, alle Welt trinkt, und ihr findet gar nichts dabei, wenn ich aber trinke, ist jeder entrüstet. Wirklich sehr komisch. Wer bin ich denn? Ein Wundertier oder ein Heiligtum, warum soll gerade ich mich nicht benehmen wie alle anderen Leute auch? Wozu der vorwurfsvolle Blick? Sag dir, sie hat genauso das Recht zu trinken wie ich, Gerti, Willi oder die ganze übrige Bande. Um die Wahrheit zu sagen, das geht mir auf die Nerven.

Warum ich so gereizt bin? Das ist ja komisch, gereizt! Freilich, du kannst nichts dafür. Denk nur daran, wie oft ich früher bei dir gesessen bin und dich angehört habe, stundenlang, tagelang, und habe nicht einmal piep dazu gesagt, habe nur dagesessen und hab' mir wie ein braver Esel deine Lasten aufladen lassen.

Heute rede einmal ich. Und ich würde es nicht einmal heute tun, wenn die Gelegenheit nicht gar so günstig wäre. Morgen steigst du ins Flugzeug, und wer weiß, ob ich dich noch einmal im Leben sehe. Und obendrein ist mir alles egal; du kannst diese Geschichte der Stewardeß erzählen, den Leuten in Toronto, den kanadischen Pelzjägern und Holzfällern, wenn es die wirklich gibt, und dem großen Schneemann am Polarkreis. Na, na, sei nicht so entrüstet, machen wir uns doch nichts vor, du hast doch immer alles weitererzählt, was man dir anvertraut hat, du bist ja direkt berühmt dafür, wahrscheinlich wirst du diese Geschichte brieflich über halb Europa verbreiten. Vertrauen? Nie im Leben hab' ich zu dir oder einer anderen Freundin Vertrauen gehabt, ich hab' nur so getan, weil man uns immer eingeredet hat, Vertrauen wäre eine edle und notwendige Sache, dabei ist es einfach eine Dummheit, sonst gar nichts. Jedes Wort, das ich jemals gesagt habe, habt ihr weitergetragen, nicht aus Bosheit, einfach um euch hervorzutun. Es ist so angenehm, wenn man im Mittelpunkt steht, weil man die neuesten Neuigkeiten weiß.

Ich versteh' das sehr gut, es hat mich immer eine schreckliche Überwindung gekostet, eure Geheimnisse, die längst keine Geheimnisse mehr waren, zu hüten. Beinahe erstickt bin ich manchmal an meiner Verschwiegenheit.

Gib mir bitte die Flasche herüber, ja, wenn du keinen Kognak magst, mußt du Sodawasser trinken. Ob ich den ganzen Tag trinke? Aber nein, das könnte ich gar nicht aushalten, nur am Abend brauch' ich ein paar Gläschen, wirklich, nur zwei oder drei, manchmal vielleicht vier, und sogar die merkt man mir schon an. Tu nicht so, ich hab' ja einen Spiegel und Augen im Kopf. Um die Augen herum sieht man es übrigens zuerst, man wird dort ein bißchen aufgeschwemmt, siehst du, hier und hier und da. Aber ich bin nicht süchtig, ich könnte es mir jederzeit abgewöhnen, wenn ich wollte, aber ich will nicht, weißt du. Wer schaut mich schon unter den Augen an, es macht ja auch gar nichts, solange ich sicher weiß, daß ich nicht die Anlage hab', süchtig zu werden. Ja, da hast du recht, das wäre schlimm, ich weiß zwar nicht, was daran für mich so schlimm wäre, aber man ist eben allgemein der Ansicht, und für die meisten Leute wird das wohl stimmen.

Aber nein, ich bin gar nicht so unglücklich, sehr glücklich natürlich auch nicht, eben, weder das eine noch das andere, wer ist denn schon in unserem Alter besonders glücklich. Nein, ausgehen tu' ich sehr wenig, nein, in Konzerte auch nicht, ich kann ja Platten spielen. Eigentlich bin ich abends immer daheim. Weißt du, ich mag nicht in die leere Wohnung heimkommen, mitten in der Nacht, ich fürchte mich vor leeren Räumen, immer schon, nur war ich früher nie allein, oder fast nie.

Nein, Gäste hab' ich sehr selten. Ich bin nicht witzig genug, um sie anzulocken, das war ich ja nie, nur angenehm und harmonisch, wie du das immer genannt hast. Manche Leute haben das gemocht, aber es hat eigentlich nur gewirkt, wenn Karl dabei war. Er hat alles gehabt, was mir gefehlt hat, sogar Witze hat er sich ganz leicht gemerkt. Ja, zusammen waren wir ein Paar, das die Leute angezogen hat. Wir haben viele Freunde gehabt. Wo die jetzt sind, möchtest du wissen; alle noch in der Stadt, keiner ist verzogen oder gestorben. Nur, sie kommen nicht mehr zu mir, und wie ich höre, auch nicht zu Karl. Es ist immer schwierig für Freunde geschiedener Partner, sie wissen nie, wem sie jetzt treu bleiben sollen, so ziehen sie sich eben ganz zurück. Eigentlich sehr vernünftig. Schau dich doch um, was könnten sie denn hier bei mir finden? Es ist die alte Wohnung, aber man kann sich nicht mehr wohl fühlen hier. Und Karl mit seiner Junggesellenbude! Jeden Abend sitzt er im Café und spielt Schach. Dabei verliert er fast immer. Woher ich das weiß? Nun, die Leute tragen mir natürlich zu, was er tut, er muß eine große Enttäuschung für sie sein, denn außer seinem Schachspiel gibt es über ihn nichts zu berichten. Ich brauche gar nicht zu fragen, sie freuen sich, mir irgendeine Neuigkeit bieten zu können. Nur ist es gar keine Neuigkeit. Ich hab' nie angenommen, daß er jetzt anfangen wird, sich zu amüsieren. Er spielt Schach, und ich trinke Kognak.

Du mußt nicht dieses wehleidig taktvolle Gesicht machen. Es ist ja keine Schande, geschieden zu sein, zumindest nicht bei anderen, nur bei mir können sich die Leute nicht darüber beruhigen. Ich weiß auch, warum, weil sie nicht die leiseste Ahnung haben, wie es passiert ist. Und außerdem war ich immer eine Art Musterkind, ein Wesen ohne Fehl und Tadel, Liebling der alten Damen.

Sag jetzt nicht, daß du Karl ohnedies nie hast ausstehen können. Ich weiß genau, wie du auf ihn geflogen bist, einmal hast du sogar versucht, ihn mir abspenstig zu machen, damals, drei Monate nach unserer Hochzeit. Aber nein, ich war dir nie böse, ich hab' immer verstanden, daß auch andere Frauen ihn anziehend gefunden haben, viel weniger verstanden hab' ich, daß ihn das so kaltgelassen hat. Ich glaub', es wäre besser gewesen, er hätte sich auch einmal in eine andere verliebt. Aber fünfzehn Jahre lang hat er, soviel ich weiß, keine andere Frau angeschaut. Du meinst, das glauben alle Ehefrauen von ihren Männern, na, hast du je ein Wort über Karl gehört, und das müßtest du ja gehört haben, wie ich deine Freundinnen kenne. Siehst du, kein Wort, weil es wirklich nichts gegeben hat, worüber man hätte reden können. Und du wirst lachen, wir mögen uns noch immer.

Ja, warum, zum Teufel, sitz' ich wohl da und er hockt jeden Abend im Café und spielt Schach und meistens verliert er auch noch, was ich für eine Schande halte. Aber das nur nebenbei. Früher hat er nämlich wirklich nur sehr selten verloren, dabei war er damals gar nicht in Übung. Ich werde dir etwas sagen: Er verliert dauernd, weil er sich nicht konzentrieren kann und, genau wie ich, immerzu darüber nachdenkt.

Ich weiß schon, das möchtest du gern wissen, und wenn ich es dir erzähle wirst du es sogar noch vom Mond aus verbreiten. Nur keine Entrüstung, bitte, ich erzähl' es dir ja trotzdem. Ich bitte dich gar nicht um Verschwiegenheit, man soll von den Menschen nicht verlangen, etwas zu lassen, was sie nicht lassen können. Nein, das ist von gar niemandem, nur von mir, soviel ich weiß. Manchmal fallen mir jetzt so weise Sprüche ein, weißt du, das muß vom Kognak kommen. Du kannst ja ein Rundschreiben verfassen: Die Ärmste sitzt bei Kerzenlicht und Kognak und denkt sich Aphorismen aus. Das wirst du, Gott behüte, nicht tun?

Jetzt dreh' ich aber den Strahler an, es wird kühl. Überhaupt ist es neuerdings viel kälter als früher. Ich hab' nie so viel gefroren wie in den letzten zwei Jahren. Ja, das ist auch ungefähr zwei Jahre her, das hat aber an sich nichts damit zu tun, ich bin seither einfach zu faul, um viel einzuheizen. Sonst besteht da gar kein Zusammenhang. Weißt du, die Ärzte sagen, wer in einem Jahr nicht über einen Verlust hinwegkommt, ist nicht ganz normal? Ich glaub', sie sagen es nur, um die Leute zum Vergessen anzueifern, jeder will ja unbedingt normal sein, obwohl ich nicht recht einsehen kann, warum. Worüber ich lachen muß? Über, du entschuldigst schon, über deinen gierigen Blick. Ich fang' ja schon an. Obwohl es außer uns niemand hört, möchte ich betonen, daß ich es nur erzähl', weil ich betrunken bin. Nicht sehr, gerade genug, um gewisse Hemmungen zu verlieren. Morgen wird es mir sehr leid tun, das weiß ich genau. Sei nicht schon wieder eingeschnappt, weißt du, wenn ich trinke, kann ich klarer denken; stimmt aber gar nicht, wie jedes Kind weiß, bildet man sich das nur ein. Für kurze Zeit kann ich's wirklich, aber es nützt auch nicht viel.

Vielleicht bin ich überhaupt zu dumm zum Denken. Du warst immer gescheiter als ich, fauler, aber intelligenter. Das hab' ich immer gewußt. Ich hab' dich nur nie beneidet, weil ich mir nicht erlaubt hab', neidisch zu sein. Neid ist ganz besonders abscheulich und verwerflich, haben sie mir immer gesagt, wie ich noch sooo winzig war, und ich Dummkopf hab' ihnen geglaubt. Überhaupt hab' ich ihnen jedes Wort geglaubt und bin ein so gutes, angenehmes Kind gewesen, na, du weißt es ja. Ich hab' ja auch keine Ursache gehabt, an ihren Worten zu zweifeln, immer ist alles gutgegangen. Später auch, mit Karl, er war immer zufrieden mit mir, und wir waren glücklich. Doch, bestimmt, er war auch glücklich. Na, entschuldige, das merkt man doch, wenn ein Mann nicht mehr glücklich ist, und schließlich, nicht wahr, hab' ich's ja auch gemerkt.

Das war knapp, nachdem du zum letztenmal bei uns warst, vor fünf Jahren, nein, vor vier Jahren. Damals haben wir roten Sekt getrunken, weil gerade nichts anderes im Haus war, am nächsten Tag war mir schlecht. Roten Sekt sollte man überhaupt niemals trinken, merk dir das, er ist Gift, reines Gift. Ja, wo war ich denn? Du bist also weggefahren, und ein paar Monate später hab' ich gemerkt, daß etwas nicht in Ordnung war. Ja, sofort hab' ich's gemerkt. Karl hat nämlich angefangen zu seufzen. Ja, zuerst hab' ich auch gelächelt, warum sollte ein Mann, der den ganzen Tag angestrengt arbeitet, am Abend nicht seufzen? Später hab' ich mich geärgert über diese Seufzerei. Er hat es nicht einmal gemerkt, ist nur still in seinem Sessel gesessen und hat geseufzt.

Was? Wie oft, ich hab' es nicht gezählt, findest du das so wichtig? Vielleicht durchschnittlich jeden Abend drei-, viermal. Das ist schon möglich, daß dein erster Mann mindestens zehnmal geseufzt hat und dein jetziger es auch tut, das gehört doch nicht zur Sache. Es ist eben ein Unterschied, wer seufzt. Und wenn Karl drei-, viermal geseufzt hat, so hat das mehr bedeutet, als wenn einer deiner Männer hundertmal seufzt.

Unsinn, was soll ich denn gegen deinen Mann haben? Ich kenn' ihn doch gar nicht. Von mir aus, sein Seufzen bedeutet auch irgend etwas. Soll ich jetzt weitererzählen oder nicht? Aber bitte, unterbrich mich nicht immer. Ja, geistesabwesend war er auch. Aber im übrigen ganz freundlich, wie immer, nur gelacht hat er seltener und fast nie mehr einen Witz erzählt, wenn er mit mir allein war.

Zuerst hab' ich an Überanstrengung gedacht, oder an eine Krankheit, die in ihm steckt, aber er hat nicht mehr gearbeitet als sonst, und die Krankheit ist nie zum Ausbruch gekommen. Schließlich hab' ich sogar an eine andere Frau gedacht, aber es hat überhaupt keinen Hinweis gegeben, und er ist ja jeden Abend zu Hause gesessen, bis auf mittwochs, wo er im Schachklub war, aber das hab' ich auch überprüft, dafür schäm' ich mich noch heute. Keine andere Frau, nicht die Spur davon.

Ich hab' angefangen zu grübeln und bin schweigsam geworden. Es ist ihm gar nicht aufgefallen. Und dann hab' ich die Nerven verloren und hab' etwas sehr Dummes getan. Ich war immerhin schon fünfunddreißig, und wir haben kein Kind gehabt; bis dahin hat mir das nicht viel ausgemacht, ich war mit Karl so zufrieden, wirklich, mir hat nichts gefehlt. Aber dann hab' ich darüber nachgedacht. Ich sagte mir, wer weiß, vielleicht wünscht er sich einen Sohn und will nicht darüber reden. Männer sind ja manchmal so komisch. Was weiß ich schon, was in ihm vorgeht, wenn er so dasitzt und seufzt und in die Luft starrt? Bei einem Mann kann das alles bedeuten, von Hühneraugen bis zu Geldsachen und Gewissensbissen, warum nicht auch einen Sohn?

Ja, freilich hätte es auch ein Mädchen werden können. Das weiß ich doch, ich hab' halt an einen Sohn gedacht, weil Männer immer Söhne wollen. Das verstehst du nicht, wo sie doch ihr ganzes Leben lang mit den Söhnen streiten, ich versteh' es auch nicht, aber das hat ja mit meiner Geschichte nichts zu tun. Du bringst mich immer durcheinander, gib mir lieber noch einen Schluck, so, danke.

Also hab' ich einmal zart angeklopft wegen Kind und so, du verstehst schon. Du brauchst gar nicht so aufgeregt zu sein. Er war freundlich und lieb wie immer, aber sichtlich erstaunt: »Wenn du gern eins möchtest«, hat er gesagt, »warum eigentlich nicht?«

Ein Kind war's also nicht, und weißt du, damals ist mir

klargeworden, daß er ganz ohne Hoffnung war. Das war sehr schrecklich, ich weiß nicht, warum, vielleicht weil eine Frau nie so ganz ohne Hoffnung sein kann wie ein Mann. Das verstehst du nicht? Das verstehst du sehr gut, du willst es nur nicht wissen, aber du kannst mir glauben, so ist es. Ein Mann verliert die Hoffnung sehr leicht, und dann macht ihm nichts mehr Freude. Na, ich hab' ihn doch nur anzuschauen brauchen, um das zu wissen, ich bin ja nicht blind.

Du meinst, man sollte die Männer nie so genau anschauen, dann kann einem so etwas nicht passieren? Da kannst du schon recht haben, aber was sollte ich denn tun, ich hab' ihn eben angeschaut! Ich hab' gedacht: Es ist meine Pflicht als Ehefrau. Und nachdem ich diese Entdeckung gemacht hab', was für eine? Na, daß er so hoffnungslos war, oder ist das vielleicht keine Entdeckung? Also, das war sehr arg. Stell dir doch vor, ein Mann, der gesund ist, erfolgreich und geliebt, glücklich verheiratet mit einer angenehmen, harmonischen Frau. Jedenfalls war mir genauso wie damals, als mir Jakob den Ziegelstein an den Kopf geworfen hat. Zuerst ein scharfer Schmerz und dann ein so leeres, schwindliges Gefühl, das zwei Wochen nicht vergangen ist.

Plötzlich war alles ganz unsicher, und ich hab' meine Unbefangenheit verloren. Das war wie ein Alptraum. Vor jedem Satz hab' ich ein paar Minuten nachgedacht. Du kannst dir vorstellen, wie diese Sätze dann ausgesehen haben, direkt blödsinnig. Ein wildfremder Mensch hätte merken müssen, was mit mir los war, ein wildfremder Mensch schon, aber Karl hat nichts gemerkt. Der ist in seinem roten Sessel gesessen, ja, in dem roten, in dem du jetzt sitzt, und hat jeden Abend drei-, viermal geseufzt. Es ist wohl ganz natürlich, daß man auf einen Menschen wütend wird, der einen so quält. Aber ich hab' das nicht gekonnt. Weinen, schreien oder auf den Tisch schlagen hätte ich sollen, aber ich kann es eben nicht. Ich weiß, das ist nicht normal, aber wenn ich es jemals gekonnt hab', müssen sie es mir so früh ausgetrieben haben, daß ich mich nicht erinnern kann. Im Ernst, ich glaub', ich könnte nicht einmal schreien, wenn mich einer erwürgen will. Das glaubst du nicht? Na, ich kann's dir ja nicht beweisen, und es ist auch ganz egal.

Ich bin dann nur so neben ihm gesessen, hab' gelesen oder gestrickt und mir den Kopf zerbrochen über den nächsten Satz. Jede Kleinigkeit war auf einmal ein Problem. Zum Beispiel der Abschiedskuß, den ich ihm jeden Tag gegeben hab'. Und am Abend hab' ich mich plötzlich nicht mehr vor ihm ausziehen können und bin ins Badezimmer gegangen. Aber er hat noch immer nichts gemerkt, oder doch? Ich werd' es nie wissen, er trinkt ja nicht, und beim Schachspiel wird er nichts ausplaudern.

Dann war ich so verzagt und hab' an Scheidung gedacht. Aber wie ihm das beibringen? Dann waren wieder Momente, wo ich mir gesagt hab', sei nicht hysterisch, was ist geschehen, gar nichts, dein Mann seufzt gelegentlich, denk an die Leute, die wirklich Kummer haben. Übrigens, hast du schon bemerkt, wie wenig Trost einem der Kummer anderer Leute bietet? Ich glaub', wir müssen Licht machen, die Stehlampe hinter dir, bitte. Langweilt dich die Geschichte? Du kannst auf keinen Fall nein sagen. Aber ich werd' mich kurz fassen. Weißt du, jetzt hört die anregende Wirkung auf, jetzt macht mich der Alkohol müde.

Ich überspringe die Zeit, in der sich gar nichts abgespielt hat, ungefähr ein Jahr. Schließlich hab' ich mich sogar ein wenig beruhigt, man gewöhnt sich ja an alles mögliche, warum nicht an ein paar Seufzer. Ich leide ungern, und so hab' ich halt langsam aufgehört zu leiden. Das findest du vernünftig? Ich hab' das von dir erwartet.

Bis dann im Winter die Sache mit dem Rascal passiert ist. Laß mir Zeit, du wirst es ja hören. Karl hat manchmal Jazzplatten gespielt. Ich hab' diese Musik nicht so gern, aber er war immer rücksichtsvoll und hat leise gespielt, und ich hab' gelesen und nicht hingehört. Es war ein Band Kurzgeschichten, ich hab' sie alle vergessen, nur den einen Satz daraus werd' ich mir immer merken: I'll be glad when you're dead, you rascal you.

Nein, natürlich ist das nichts Besonderes, du kennst eine Platte, auf der Armstrong das singt? Ja, ich kenn' sie auch, aber erst seit damals, denn gerade wie ich diesen Satz gelesen hab', hat Armstrong ihn gesungen. Ja, sehr komisch! Aber derartige Zufälle kommen vor. Ich hab' Karl das Buch gezeigt, und er hat gelacht, und ich war froh über den Gesprächsstoff, damit hat es ohnehin bei uns gehapert. Karl hat dann das Stück noch zweimal gespielt, und es war sehr lustig, weißt du, aber auf einmal ist mir seine Begeisterung auf die Nerven gegangen, und ich war froh, wie er endlich aufgehört hat. Das Buch hab' ich damals irgendwo hingesteckt, und es ist verschwunden. Nein, ich hab' tagelang gesucht, später, aber es ist wie vom Erdboden verschluckt. Du verstehst nicht, wie man sich über einen so dummen Zufall aufregen kann; weißt du, über einen Zufall reg' ich mich nicht auf, aber zu viele Zufälle, was zuviel ist, ist einfach zuviel.

Ungefähr zwei Wochen später waren wir bei Leuten

eingeladen, die du nicht kennst, egal wer, nein, ich sag'
dir doch, du kennst sie nicht, was hast du denn davon,
wenn ich den Namen sage. Nette Leute, ein bißchen
verrückt, aber lustig, die waren damals ganz versessen
aufs Tischrücken. Nein, ich nehm' so was nicht ernst,
aber diese Leute haben es ernstgenommen und alles ganz
feierlich aufgezogen, und man hat sich nicht ausschlie-
ßen können, warum auch, für mich war es ja nur ein
Spiel. Zunächst war's der übliche Unsinn; der ständige
Hausgeist hat sich gemeldet, ein Perser, und hat mit
Mühe und Not ein paar Plattheiten von sich gegeben,
dann wollten sie wissen, wo die Frau des Hauses ihren
Schirm hatte stehenlassen, und der Perser hat behauptet,
im Café Landsiedl, ich hab' nie erfahren, ob das ge-
stimmt hat. Es war ein furchtbares Gewackel von dem
Tisch, und ich wär' nie auf das Café Landsiedl gekommen, aber sie waren schon so geübt, daß sie ganz schnell
mitlesen konnten. Ja, ja, mitlesen ist nicht richtig, aber
wie soll ich's denn sonst ausdrücken, übersetzen vielleicht, bitte stör mich jetzt nicht. Ich war überhaupt
damals schon am Einschlafen, und die Augen sind mir
zugefallen. Karl hat mit seinem kleinen Finger meinen
kleinen Finger gestreichelt, und da war mein Schlaf weg
und ich war sehr glücklich. Das war das letzte Mal, daß
ich glücklich war, daran hab' ich noch gar nie gedacht.
Ich hab' gewußt: Alles wird wieder gut werden, wir
waren so vertraut wie früher miteinander.

Was sagst du? Nein, ich bin nicht eingeschlafen, entschuldige, ich hab' nur an etwas gedacht. Ja, was soll ich
dir denn noch sagen? Auf einmal fängt dieser verdammte
Tisch an zu klopfen und hört gar nicht mehr auf. Natürlich haben sie mitgeschrieben, und etwas ziemlich Un-

verständliches ist herausgekommen. Aber wie sie's mir gezeigt haben, hab' ich sofort gewußt, was es war. Sie hatten nur nicht mit einem englischen Satz gerechnet. Ich hab' so getan, als wüßte ich auch nichts damit anzufangen, dann haben sie es Karl gegeben, und er hat es gelesen und ganz schnell zu mir geschaut und dann den Kopf geschüttelt. Aber an dem Blick hab' ich gemerkt, daß er genauso verstanden hat wie ich. Du bist ein gescheites Kind, genau das hat der Tisch geklopft und nicht einmal, sondern immer wieder, wie ein Rasender, er war gar nicht zu halten, man hat das Spiel abbrechen müssen; das heißt, dann war es ja auch kein Spiel mehr.

Vier Monate später waren wir geschieden. Wir haben nie über den Vorfall geredet, was hätte man schon dazu sagen können? Ich hab' die Scheidung eingereicht, und Karl hat die ganze Schuld auf sich genommen, obwohl mir das ganz einerlei war.

Ja, ich kann mir denken, daß du es reinen Wahnsinn findest. Aber was hätten wir denn tun sollen, zwei Menschen, die nie miteinander gestritten haben, nicht ein böses Wort in fünfzehn Jahren. Hätten wir jeden Abend beisammensitzen sollen mit diesem schrecklichen Verdacht? Vielleicht kann man wirklich über alles reden, aber Karl und ich, wir haben es nicht gekonnt. Verstehst du denn nicht, einen Tisch haben wir gebraucht, daß er es in die Welt stampft und brüllt.

Seither bin ich ganz voll Haß und könnte alle umbringen, die ein sanftes, gutartiges Kind aus mir gemacht haben. Nein, ich könnte sie nicht umbringen, ich kann ja überhaupt nichts tun, nicht einmal schreien könnte ich, wenn mich einer umbringen will. Wenn ich nur wüßte, wo das Buch steckt. Weißt du, manchmal bilde ich mir ein, es hat nie ein Buch gegeben, und ich habe das alles nur geträumt. Ich hab' nur geträumt, oder die Botschaft war nicht für uns bestimmt. Ich male mir aus, wie ich ins Café geh' und Karl heimhole, und am Abend sitzen wir zusammen, er seufzt manchmal und ich lese, und es ist wie im Himmel. Dazu, weißt du, brauch' ich den Kognak, sonst kann ich mir das nicht vorstellen.

Mach dich nicht lächerlich, du kannst da gar nichts unternehmen, niemand kann in dieser Sache etwas tun.

Ja, ich versteh', du mußt jetzt wirklich gehen; es wird zu spät für dich. Und laß die Tür nur ins Schloß fallen. Nein, ich hab' keine Angst, bestimmt nicht. Ein komisches Gefühl, wenn man sich vor gar nichts fürchtet. Weißt du noch, wie wir in der Schule immer von der Freiheit geschwärmt haben? Ich sag' dir, etwas Trostloseres als die Freiheit gibt es nicht.

Es gibt Ehescheidungen und »eh« Scheidungen. Die letzteren sind die echten, sie werden nicht beschlossen, sondern sie vollziehen sich sozusagen automatisch, oder es sieht zumindest so aus. Aber die ersteren, die wie ein Donnerschlag aus heiterem Himmel verkündet werden, haben etwas Absurdes. Man will seinen Ohren trauen, aber man denkt doch dauernd: »Ich irre mich.« Ich sitze im falschen Theaterstück, ich habe die verkehrte Türe geöffnet – das ist nicht die Wirklichkeit. Und das ist sie dann auch nicht.

Man stelle sich Folgendes vor: Fast alle Außenstehenden denken zuerst an die Kinder, die unschuldigen Produkte einer aufgelösten Verbindung, später selber Erwachsene, aber frag nicht was für welche! Es fängt jedoch schon beim Büchergestell an. Zwei Seelen, die so fest zusammengeschmiedet sind, werden auf die Dauer doch ihre Bücher in ein Regal stellen. Und wenn sie nicht mehr jung sind und auch nicht dumm, dann haben sie eine ganze Anzahl solcher Regale mit Büchern gefüllt. »Du kannst deinen Krempel nehmen und verschwinden«, ist leicht gesagt. Aber wie trennt man die Bücher? Sie stützen sich gegenseitig, sie lehnen sich aneinander, sie können nicht auf eigenen Beinen stehen und fallen deshalb in den Lücken um.

Hunderte von Umarmungen, Tausende von Erinnerungen, wie soll man das auseinander klauben? »Das ist mein Buch, das weißt du doch!« »Ich dachte, daß es meins sei, du hast es mir doch geschenkt.« »Aber der Russell, der ist sicher mir.« »Ja, den hast du von mir zum

Geburtstag gekriegt.« »Aber den Fitzgerald habe ich mir selber gekauft.« »Kunststück, vom Haushaltsgeld.« »Bei *Howards End* bin ich sicher, das habe ich eingebracht.« »Aber weißt du noch, ich besaß es doch auch, und Doubletten haben wir damals weggegeben.« »Was sollen wir mit Elsschot tun, den haben wir gemeinsam von Emmen mit Widmung geschenkt gekriegt?« »Ja, so geht es, und wenn es nicht so geht, dann geht es trotzdem nicht. Ich kenne ein Ehepaar, das über die Jahre hinweg rigoros alle guten Bücher doppelt gekauft hat. Eins in ihr Gestell und eins in seins, denn sie wollten ihre Selbständigkeit nicht aufs Spiel setzen. Aber als die Stunde geschlagen hatte und nur noch eine Unterschrift auf den Papieren fehlte, da haben sie doch nicht unterschreiben können. Die Jahre der Vorbereitung hatten sie doch, als es darauf ankam, das Scheiden nicht gelehrt.

Sehr verehrte, gnädige Frau!

Nach allem und unter dem Bruch des gegebenen Versprechens sehe ich mich gedrängt, Ihnen dieses eine Mal noch einen Brief zu schreiben.

Ich kann die beiden Kanarienvögel, die Sie mir voriges Jahr schenkten, nicht länger behalten. Tatsächlich hatte mir meine Frau die Sorge für diese Vögel abgenommen. Meine Aufgabe bestand allein darin, daß ich sie anschaute. Und indem ich sie anschaute, kehrten meine Gedanken, Gnädigste, zu Ihnen zurück.

Wie sagten Sie doch damals?... »Sie haben eine Frau, ich habe einen Mann; besser, wir trennen uns. Ach, wären wenigstens Sie nicht verheiratet!... So nehmen Sie bitte zum Andenken an mich diese Kanarienvögel! Sehen Sie nur: es ist ein Pärchen! Irgendwo hat sich ein Vogelhändler nach Gutdünken ein Männchen und ein Weibchen gegriffen und hat sie zusammen in einen Käfig gesperrt. Die Vögel selber können nichts dafür. Sei dem, wie ihm wolle, jedenfalls bitte ich Sie, bei diesen Vögeln meiner zu gedenken. Gewiß mag es seltsam erscheinen, etwas Lebendiges als Souvenir zu verschenken. Doch es lebt schließlich auch unsere Erinnerung. Und wie das Kanarienpärchen irgendwann sterben wird, wollen wir, wenn die Zeit kommt, daß sie enden muß, auch unsere Erinnerungen aneinander sterben lassen...« Das waren Ihre Worte.

Und jetzt also werden diese Kanarienvögel sterben. Weil niemand mehr da ist, der sie füttert. Weil ich, der arme, der liederliche Maler, nicht imstande bin, für die zarten Vögel zu sorgen. Ich will es deutlicher sagen. Meine Frau, die sich um die Vögel kümmerte, ist tot. Sie ist gestorben, und so werden auch die Kanarienvögel sterben... Wenn ich es recht betrachte: hatte ich's nicht meiner Frau zu verdanken, daß mir die Erinnerung an Sie, Gnädigste, so lange blieb?

Ich habe mir überlegt, ob ich sie freilassen sollte, die beiden Kanarienvögel. Aber seit meine Frau gestorben ist, wirken ihre Flügel plötzlich wie ermattet. Zudem kennen sie sich ja am Himmel nicht aus. Weder hier in der Stadt noch in den nahen Wäldern hat dieses Pärchen Gefährten, in deren Schwarm es fliegen könnte. Und angenommen, die beiden trennten sich und flögen davon, so stürbe doch am Ende nur jeder für sich allein. Ein Vogelhändler irgendwo habe sich nach Gutdünken ein Männchen und ein Weibchen gegriffen und sie zusammen in einen Käfig gesperrt, sagten Sie damals, Gnädigste —

Dennoch, nein, an einen Vogelhändler mag ich sie nicht verkaufen. Sind sie doch, Gnädigste, ein Geschenk von Ihnen. Ebenso widerstrebt es mir, sie Ihnen zurückzugeben. War es doch meine Frau, die sich um die Vögel gekümmert hat. Außerdem dürfte Ihnen das Kanarienpärchen, das Sie vermutlich längst vergessen haben, nur lästig werden.

Um mich zu wiederholen: weil es meine Frau gab, sind die Kanarienvögel bis heute am Leben geblieben. Als eine Erinnerung, Gnädigste, an Sie... Deshalb möchte ich, verstehen Sie, daß diese Vögel meiner Frau nachfolgen in den Tod. Und es war ja nicht allein die Erinnerung. Wieso überhaupt konnte ich mich in eine Dame wie Sie, Gnädigste, verlieben? War's nicht, weil es meine

Frau gab? Sie ließ mich so ganz die Mühsal des Alltags vergessen. Sie sorgte dafür, daß ich die eine Hälfte des Lebens nicht zu Gesicht bekam. Anders hätte ich, Gnädigste, vor einer Dame, wie Sie es sind, gewiß zur Seite geblickt, oder scheu den Kopf gesenkt.

Es wird, Gnädigste, das beste sein, ich töte das Kanarienpärchen, um es auf dem Grab meiner Frau beizusetzen.

Autoren- und Quellenverzeichnis

Wang Anyi, geb. 1954
Ein Tag neigt sich seinem Ende zu. S. 186
Aus dem Chinesischen von Karin Hasselblatt.
Aus: Liebe im verwunschenen Tal. In: Kleine Lieben.
© 1988 Carl Hanser Verlag, München, Wien. S. 17–21

Rolf Dieter Brinkmann, 1940–1975
Die Bootsfahrt. S. 101
Aus: Rolf Brinkmann, Erzählungen.
Copyright © 1985 by Rowohlt Verlag GmbH, Reinbek. S. 91–99

Ivan Bunin, 1870–1953
Der letzte glückliche Tag. S. 11
Aus dem Russischen von Käthe Rosenberg.
Aus: Mitjas Liebe.
Copyright für die deutsche Übersetzung S. Fischer Verlag, Berlin 1925.
S. 7–20

Joseph Conrad, 1857–1924
Alvan Hervey bog zweimal nach links. S. 230
Aus dem Englischen von Fritz Lorch.
Aus: Die Rückkehr.
Für die deutsche Übersetzung von Fritz Lorch: © S. Fischer Verlag
GmbH, Frankfurt am Main 1963. S. 18–32

Tove Ditlevsen, 1917–1976
Eines Tages erzählte ich meiner Mutter von meinen Scheidungsplänen.
S. 215
Aus dem Dänischen von Erna Plett in Zusammenarbeit mit Else Kjaer.
Aus: Sucht. Erinnerungen.
© Suhrkamp Verlag, Frankfurt am Main 1982. S. 26–32

Andre Dubus, geb. 1946
Im Winter, bis ins Frühjahr hinein. S. 112
Aus dem Amerikanischen von Benjamin Schwarz.
Aus: Ehebruch.
© 1988 by Rowohlt Verlag GmbH, Reinbek. S. 271–286

Mao Dun, 1896–1981
Er schlug die müden Augen auf. S. 38
Übersetzt von Klaus Michel.
Aus: Eine ideale Frau. In: Hoffnung auf Frühling. Moderne chinesische
Erzählungen. Erster Band 1919–1949. Herausgegeben von Volker
Klöpsch und Roderich Ptak.
Suhrkamp Verlag, Frankfurt am Main 1980. © Oberbaum Verlag.
S. 134–147

Urs Faes, geb. 1947
Ihre letzte gemeinsame Reise. S. 177
Aus: Alphabeth des Abschieds.
© Suhrkamp Verlag, Frankfurt am Main 1991. S. 119–128

Federico Fellini, geb. 1920
Ich erzählte euch von dem Nachmittag. S. 146
Aus dem Italienischen von Olga Gloor.
Aus: Giulietta.
© 1989 by Diogenes Verlag AG, Zürich. S. 60–68

Max Frisch, 1911–1991
Mein Aufenthalt in Venezuela. S. 152
Aus: Homo faber.
© 1957 by Suhrkamp Verlag, Frankfurt am Main. S. 57–63

Maria Frisé, geb. 1926
Hinterher sieht alles ganz anders aus. S. 127
Aus: Montagsmänner und andere Frauengeschichten.
© Fischer Taschenbuch Verlag GmbH, Frankfurt am Main 1986.
S. 63–69

Alejandro Gándara, geb. 1957
Frauen am Rand des Abgrunds. S. 133
Übersetzt aus dem Spanischen von Petra Strien und René Strien.
In: Erotische Erzählungen aus dem Neuen Spanien.
© Büchergilde Gutenberg, Frankfurt am Main 1991. S. 113–124

Peter Handke, geb. 1942
Kürzlich habe ich mich von meiner Freundin getrennt. S. 206
Aus: Die linkshändige Frau.
© Suhrkamp Verlag, Frankfurt am Main 1976. S. 53–54

Marlen Haushofer, 1920–1970
I'll be glad when you're dead. S. 255
In: Schreckliche Treue.
© 1986 Claassen Verlag GmbH, Düsseldorf. S. 146–157

Yasushi Inoue, geb. 1907
Wie schwer ist es, einen ›Abschiedsbrief‹ zu schreiben. S. 207
Aus dem Japanischen von Oscar Benl.
Aus: Das Jagdgewehr.
© Suhrkamp Verlag, Frankfurt am Main 1964. S. 55–65

Hanna Johansen, geb. 1939
Kann ich dich anrufen? sagte ich. S. 25
Aus: Ein Mann vor der Tür.
© 1988 Carl Hanser Verlag, München, Wien. S. 121–145

Yasunari Kawabata, 1899–1972
Das Kanarienpärchen. S. 271
Aus: Handtellergeschichten.
Ausgewählt und aus dem Japanischen übersetzt von Siegfried Schaar-
schmidt.
© 1990 Carl Hanser Verlag, München, Wien. S. 15–17

Brigitte Kronauer, geb. 1940
An einem Märzabend. S. 58
Aus: Berittener Bogenschütze. Roman.
KLETT-COTTA, 4. Auflage 1989. S. 162–171

Jochen Link, geb. 1943
Von dem Pochen unter der Haut. S. 221
Aus: Das goldene Zeitalter.
© Suhrkamp Verlag, Frankfurt am Main 1981. S. 175–183

Luigi Malerba, geb. 1927
Strategie. S. 90
Aus dem Italienischen von Karin Fleischanderl.
Aus: Silberkopf. Erzählungen.
© 1989 Verlag Klaus Wagenbach, Berlin. S. 35–44

Angelika Mechtel

Mercè Rodoreda, 1909–1983
Sehn Sie – sagte sie zu mir. S. 71
Aus dem Katalanischen von Angelika Maass.
Aus: Das Blut. In: Der Fluß und das Boot.
© Suhrkamp Verlag, Frankfurt am Main 1986. S. 51–68

Renate Rubinstein, 1929–1990
Das Büchergestell. S. 269
Aus dem Niederländischen von Rahel E. Feilchenfeldt.
Aus: Immer verliebt.
© Suhrkamp Verlag, Frankfurt am Main 1986. S. 54–55

Shō Shibata, geb. 1935
Szenen einer Stadt. S. 191
Übersetzt von Quido Woldering.
Aus: Zeit der Zikaden. Herausgegeben von T. Arakiu und E. May.
© R. Piper GmbH & Co KG, München 1990. S. 195–202

Federigo Tozzi, 1883–1920
Mann und Frau. S. 50
Übersetzt von Moshe Kahn.
Aus: Eine Geliebte.
© R. Piper GmbH & Co KG, München 1990. S. 243–248

Dalton Trevisan, geb. 1925
Bei lebendigem Leibe geschunden. S. 202
Aus dem Brasilianischen von Georg Rudolf Lind.
Aus: Ehekrieg. Erzählungen.
© Suhrkamp Verlag, Frankfurt am Main 1980. S. 134–137

Gernot Wolfgruber, geb. 1944
Unten im Haus roch es nach frischgebackenem Kuchen. S. 241
Aus: Verlauf eines Sommers.
© 1981 Residenz Verlag, Salzburg und Wien. S. 17–27

Inhalt

250/1/8.90

Neue deutschsprachige Literatur
in den suhrkamp taschenbüchern

Neue deutschsprachige Literatur
in den suhrkamp taschenbüchern

114/1/11.92

Italienische und spanische Literatur
in der edition suhrkamp und
den suhrkamp taschenbüchern

114/2/11.92